石油央行

The Saudi Arabian Monetary
Agency, 1952–2016

Central Bank of Oil

[沙特阿拉伯] 艾哈迈德·巴纳菲
Ahmed Banafe

[英] 罗里·麦克劳德
Rory Macleod

/著　于杰/译

中信出版集团 | 北京

图书在版编目（CIP）数据

石油央行 /（沙特阿拉伯）艾哈迈德·巴纳菲，（英）
罗里·麦克劳德著；于杰译 . -- 北京：中信出版社，
2024. 12. -- ISBN 978-7-5217-7048-3
Ⅰ . F821.1
中国国家版本馆 CIP 数据核字第 2024F8C953 号

First published in English under the title
The Saudi Arabian Monetary Agency, 1952-2016: Central Bank of Oil
by Ahmed Banafe and Rory Macleod, edition:1
Copyright @ Ahmed Banafe, Rory Macleod 2017
This edition has been translated and published under licence from
Springer Nature Switzerland AG.
Springer Nature Switzerland AG takes no responsibility and shall not be made liable for
the accuracy of the translation.
Simplified Chinese translation copyright © 2024 by CITIC Press Corporation
ALL RIGHTS RESERVED
本书仅限中国大陆地区发行销售

石油央行

著者： ［沙特阿拉伯］艾哈迈德·巴纳菲　［英］罗里·麦克劳德
译者： 于杰
出版发行：中信出版集团股份有限公司
　　　　　（北京市朝阳区东三环北路 27 号嘉铭中心　邮编　100020）
承印者：中煤（北京）印务有限公司

开本：787mm×1092mm 1/16　印张：26.75　字数：335 千字
版次：2024 年 12 月第 1 版　　　印次：2024 年 12 月第 1 次印刷
京权图字：01-2024-5530　　　　书号：ISBN 978-7-5217-7048-3
　　　　　　　　　　　　　　　定价：79.00 元

版权所有·侵权必究
如有印刷、装订问题，本公司负责调换。
服务热线：400-600-8099
投稿邮箱：author@citicpub.com

本书献给沙特阿拉伯货币局（SAMA）
过去、现在和未来的工作人员和顾问们

总序

中国再全球化，须读石油美元三部曲

一

1979年初，邓小平在访美的飞机上提到，同美国建立良好关系的国家普遍取得了经济发展。

1978年，时任国务院副总理谷牧带团访问了包括西德在内的西欧五国；同年，邓小平先后访问了日本和曾被称为"美帝国主义走狗"的新加坡[1]。其时，西德早已经完成战后西方经济复苏中的第一个奇迹，日本GDP则在1968年超越西德，位居西方阵营第二。邓小平访日之时，正值西方国家讨论"日本经济奇迹"、酝酿着后来学者所称"日本第一"的当口。先进工业化带来的强烈视觉冲击，要求决策者思考这种变化的原因。美国是西方的领导者，西德、日本和新加坡的经济成绩，离不开美国的帮助。这是前述邓小平访美时的背景。

不过，1979年前后，恰是西方，特别是美国，经济形势处于低

---

[1] https://china.huanqiu.com/article/9CaKrnJl212。2024年5月30日访问。

谷之时。

第一次石油危机之后的滞胀还在持续，第二次石油危机已在路上，时任美国总统卡特公开表示"美国公众没了信心"。美国双赤字攀升，美元遭遇了 20 世纪以来最严重的信任危机，代表美国参加中美建交美国驻华大使馆开馆仪式并同中国商讨第一个双边贸易协议的传奇财政部长布卢门撒尔曾急赴沙特，劝后者继续将"石油美元"回流美国，购买美国国债、维护美元汇率稳定。1978 年，在波恩举行的七国集团峰会上，美国希望西德、日本能共同发挥"西方经济火车头"的作用，但效果不明显，后两者继续靠向美国出口拉动经济增长。

也是在 1979 年，随着沃尔克接任美联储主席，其强势货币政策逆转了美元颓势，油价在 1982 年见顶后快速回落，加之西方经济体之间的资本流动管制放松，全球资本流动开启新阶段。这期间，"石油美元"逐渐让位给日本的"贸易黑字美元"，美国步入"大缓和"时期，西方经济随之走出停滞困扰，实现稳步增长。

很难说中国的决策者是准确地意识到且精准地把握了美国经济的拐点，相信更多是迫于当时国内经济形势的压力。日本和沙特自冷战之初即被美国纳入己方阵营，而当时的中国对国际货币基金组织（IMF）和《关税与贸易总协定》（GATT）既无经历也无缘，有限的外汇储备选择的是日渐没落的英镑。改革开放的决策者及研究者对战后货币和贸易秩序尚处于学习阶段。比如：什么是合资企业？[2] 面对拉美债务危机，中国是否准备大规模利用外资？[3] 在美国官员建议中国加入 GATT 时，国内相关方面最初的反应如何？至少在 20 世纪 80

2　李岚清. 突围——国门初开的岁月［M］. 北京：中央文献出版社，2008：211.
3　Hulmut Schmidt, Man and Powers, 1989 年英文版，330-339 页。

年代，中国在包括人力资源、知识储备等基础设施方面，对"跟上美国的节奏"准备不足。对中国经济而言，开放首先是一个学习过程，美国经济在 1980 年前后的触底反弹，给当时的中国带来的直接影响并不大。

1992 年"南方谈话"之后，伴随"市场经济体制"概念的提出，中国跻身美国主导的国际经济体系的步伐加快。[4] 此时距离邓小平访美已然过去了 13 年。其后的 9 年里，中美经贸关系波折与进展并存，但与中国的期望相距甚远。中国自 2001 年 12 月成为世界贸易组织（WTO）成员，才真正全面参与全球化，经济总量和社会福祉均大幅提升，在历史上前所未有：GDP 超过德、日；此前处于半失业状态的劳动力，可以通过其在纽约第五大道上销售的产品获得货币收入；可同时享受双休的福利。

二

日本、新加坡的发达，是战后西方经济"局部全球化"的结果；中国加入 WTO 之后的成绩，则得益于更大范围的全球化。战后迄今，不论什么范围的"经济全球化"，均为美元主导下国际贸易扩张和资本流动的增加。

1944 年 7 月召开的布雷顿森林会议，以协定（布雷顿森林协定是《国际货币基金协定》和《国际复兴开发银行协定》的总称）的形式，确认了美元既有的全球主导货币地位。说"既有地位"，是因为

---

[4] http://shiguangsheng.mofcom.gov.cn/activities/201204/20120408094228.shtml。2024 年 5 月 15 日访问。

美元的这一角色可以回溯到一战后的20世纪20年代，1935年中国币制改革以及抗战时期美元发挥的作用也是印证。或许是因为布雷顿森林会议参与者对固定汇率制的历史记忆，又或者是人性追求低波动性的趋向使然，国际货币基金组织成立协定秉承了固定汇率制。协定条款不曾提及但却默认的一项极为重要的条件，是美国同意按35美元/盎司*的价格，兑换其他成员当局手中积累的（经常项目）盈余。这是1934年美国总统富兰克林·罗斯福在签署《黄金储备法案》后对外宣布的，是美国单方面的承诺。美国总统尼克松于1971年8月15日宣布美元同黄金脱钩，即为放弃这一承诺。从《国际货币基金协定》条款的角度，美国的做法并不构成违约。1971年之后的历史发展表明，布雷顿森林会议本质上明确了美元本位，只是那些参会的历史人物割舍不掉黄金信仰。

协定的主要缘起，是为避免重演此前各成员为争取贸易优势而竞相贬值本币的做法（"以邻为壑"），重塑稳定的国际货币体系和贸易秩序。美元主导地位的确立，使得同期的国际复兴开发银行（通常被称为"世界银行"）以及后续的GATT（1947年），乃至更晚近的世界贸易组织（1995年）成为可能。试想，如果各参与经济体不是为了赚美元，那么美国主导的诸多贸易协定里的限制条款和规范完全没有遵守的必要，相关的国际组织也没有存在的意义和可能。战后至今的国际经济秩序，即为以美元本位为基础的国际货币体系和国际贸易规则。所谓美元本位，就是美元为国际最重要的商品以及金融交易中的定价和结算货币，其他币种相对美元确定汇率，并最终积累美元为主

---

* 1盎司=28.35克。——编者注

的储备。或有这类情况，国际贸易以美元、欧元之外的小币种结算，但其定价必定是按美元测算，然后换算成其他币种进行交易。其目的多为规避某种限制，最直接的结果是增加了交易成本。

通过前述美国的承诺，美国继续着金汇兑本位的安排。后续的历史发展表明，其开放条件下，货币的国际地位、对外币值，是由市场参与者共同决定的，发行国政府难凭一己之力左右。国际货币基金组织成立协定仅对经常项目的资金流动做了约定；1980年前，西方的跨国资本流动受限，但西方经济体的战后复兴仰赖美国，技术/设备引进自美国，马歇尔计划无法满足这些经济体的资金需求。1950年前后，西方因此出现了"美元荒"，黄金价格甚至低于美国给出的35美元/盎司水平。这一格局在进入20世纪60年代之后彻底逆转，"美元泛滥"使得不少国家或明或暗用美元自美国兑换黄金，其中以法国最为高调，戴高乐用军舰将黄金自美国运回法国的做法，便常被流传为"挑战美元嚣张的特权"的"佳话"。但如前述，官方无力左右本币汇率，事后不久，戴高乐便因法郎贬值（系重要原因之一）而下野。不过这不影响法国为稳定币值寻求美国的帮助。

当美国之外的美元积累远超美国的黄金储备后，布雷顿森林体系崩溃就只是时间问题。这同样是美国无法左右、西方各国合力（无论真诚与否）也无法逆转的。即便美元是西方货币体系里的主导货币，美国是西方世界的领导者，美国也断不会以牺牲本国利益来继续受制于黄金枷锁的束缚。美国社会经济不保，如何保住布雷顿森林体系安排？保住了又有什么意义？这同美国后续其他的财政、货币政策目的吻合——美国本国利益为先，时下亦然。这是尼克松在1971年8月15日终结黄金美元兑换承诺最重要的原因，说唯一也不为过。尼克松当时针对脱钩可能造成外溢冲击的那一句"我管他该死的（意大利）里拉"，是最真实的应激表达；当然，康纳利公开场合转述的他人的名言"美元是我们的货币，但却是你们的问题"则更为赤裸裸。时任西德国防部长，后来相继担任西德经济部长和总理的施密特，在得知尼克松的决定时脱口而出："这表明美国至少是不愿意在货币事务上再充当西方的头领了。"外人同样心知肚明。如此背景之下，去寻找一个替代黄金继续禁锢美元和美国经济的约束，是在质疑西方决策者的智商，更不要提这个替代品是比黄金更难控制的石油。要破除"美元绑定石油"的讹传，没有比美国同沙特间的协议更有说服力的了。我在《石油美元》的附录中，补充了1974年6月8日美国与沙特签署的联合声明（即坊间所传的"协议"）的原文。

因为其时西方并没有考虑放弃布雷顿森林体系，且其他西方经济体宁肯清除黄金约束而仍继续固定汇率制，所以有了沃尔克乘坐军机穿梭协调各国间的汇率安排。出于决策者管理的考虑，以及受其信仰遗产的影响，即便1974年之后浮动汇率制成为事实，仍不妨碍1987年七国集团（G7）在卢浮宫召开的会议上继续固定汇率制的尝试，哪怕以失败告终。

1971年之后，英镑没落中继，其他货币无能力也无意愿并肩美元，没有替代者的美元因此并没有崩溃，虽然东西方媒体的类似预言自此从没有停止过。这让"特里芬两难"的提出者罗伯特·特里芬也倍感诧异。虽然不乏偶尔出现"回归金本位"的声音，但显然趋势不可逆。在《石油央行》中，"石油美元"最重要的持有者沙特，为提高手中的美元资产收益，千方百计"争抢"沙特境内稀缺的通信资源以应对投资市场瞬息变化的经历，说明黄金已经不宜承担货币角色。

1976年的牙买加会议取消黄金官方价格，黄金的货币角色终结。

20世纪70年代"石油美元"的兴起，通过协助解决美国国内经济问题，稳定了美元主导的国际经济秩序，开启了全球化的新格局。这个新格局就是"石油美元回流"美国，缓解后者的赤字和通胀压力，美国从而得以进一步维持贸易逆差，拉动其他经济体的出口。尼克松在其财金官员的建议下将美元同黄金脱钩，同时也在其任上搭建了"石油美元回流"的闭环。他安排其第二任期的新财长威廉·西蒙赴沙特，说服后者用"石油美元"购买美国国债（即"回流"），给出的指令是"不成不归"（no coming back empty-handed）。西蒙作为经办人，成功地开启了一个新的时代。

"石油美元"回流，还包括其作为"欧洲美元"的重要构成，通过欧美金融机构，不受监管约束，"回流"到其他的石油贸易赤字国和资金需求国（包括拉美）。"石油美元"本质上同20世纪80年代之后日本的美元贸易顺差、中国入世之后的美元贸易顺差相同，主要是自美国的贸易顺差，差别在于"石油美元"源于单一的出口产品——石油，而日本和中国的顺差贸易品则丰富得多。"石油美元回流"为后来的日本和中国美元顺差的国际流动提供了样板，三者恰好形成了时间上的接续，并在2008年之前，成为美国国债最重要的境外资金来源。这种格局实则是20世纪70年代以来一脉的全球化模式，也恰是美元主导的国际经济秩序。

20世纪60年代以来，沙特货币里亚尔相继经历了贵金属（金/银）本位、钉住特别提款权（SDR）及一篮子货币，最终于1986年钉住美元并持续至今。这一制度安排非常有代表性，即布雷顿森林体系崩溃后出口经济体继续坚持的固定汇率制。由于石油价格波动会导致沙特的出口收入大起大落，沙特里亚尔的固定汇率制不如人民币汇率机制在安排上更具典型的布雷顿森林体系2.0特点，即相对稳定可控（类钉住）的汇率安排，保证持续不断的出口顺差。这些顺差大国积累的庞大美元储备，是对美元最重要的信任票，也即市场参与者对美元的支持，顺差国进而成为美元国际地位的利益攸关方、美元体系和现有国际经济秩序的维护者，无论这种维护是有意还是无意。当然，这些经济体也受益于这一格局。不考虑美国自身因素，美元资产持有者的做法，使得西德马克、日元以及后来的欧元都很难撼动美元的地位，即"美元霸权"。毋庸置疑，长远而言，美国自身才是美元地位的决定性因素，而不是任何第三方。

三

尼克松当年反制沙特石油禁运威胁时的反应——"没有（美国的）需求，你们的石油就卖不出去"，显然低估了西方社会经济发展（工业化）对能源需求的增长。中国也是在1993年由石油出口国变成了进口国。"石油美元"是全球化的结果，反过来又促进了全球化，这体现了全球化过程中贸易发展和资金流动的相互促进。

能源不同于其他工业品。虽然沙特官员不认为石油行业存在周期，但沙特的石油收入显然随着油价波动而如潮汐一般起落，因为自然资源的产能受限。日本和中国的可贸易工业品则完全不同，产能相对需求可以近乎无限提高。这是日本和中国参与全球化的经历，是典型的东亚增长模式，差别只在于参与的先后和经济体量。

美元资本会因包括税收等影响收益的因素继续全球化，而产能远超本土需求的经济体则更迫切要求继续全球化。但从终端产品最重要的出口目的国——美国的角度，全球化给社会各阶层的影响则是苦乐不均，典型表现即自20世纪70年代开始不断扩大的"锈带"，这会使全球化成为美国及其他发达经济体的国内政治问题，形成反对全球化的力量。如前所述，美国必须以其国内的社会经济诉求为首要考虑。可以预见，包括关税在内的各种贸易手段会成为常态，甚至可能出现约束资本流动的措施。战后的经济全球化基于"美元本位"展开，尽管美国国内不乏"反对美元作为全球主导货币"的声音，但考虑到美国在西方世界的角色和地位，这种取向不会成为主流，全球化仍将继续。因为对美元的持续需求，国际贸易组织的作用逐渐式微，美国一方的态度将更趋强势，且将重新设计美元主导的全球化布局。这很难定义为"逆全球化（或反全球化）"，只是让目前的全球化更有利于美国——毕竟，如果美国国内社会经济动荡导致美元危机，无数全球化参与者均将成为殉葬者。这一趋势下，希望继续依托全球化消纳本土产能的经济体将面临重重困难。

为反"美元霸权"计，也为防范风险计，过去半个多世纪里不乏改革国际货币体系的建议，比如较早的特别提款权，后来的美元、西德马克（或欧元）和日元三足鼎立设计，以及晚近的布雷顿森林体系3.0（基于大宗商品给货币定价）。自20世纪90年代的亚洲金融危机始，各类货币危机最终多依赖美国（美元）出手，证明第二项建议的可操作性存疑；过去几年，国际储备中的货币多元化，也只是储备国出于收益考虑，增加配置美元体系里的小币种，没有改变美元的地位和角色。至于将主要货币挂钩大宗商品，则并非新想法，其弊端在前文已有提及。且应该注意到，沙特自战后从不曾将其本币以任何方式同石油绑定或挂钩。《石油央行》中沙特的"石油美元"波动带来的困扰是最好的例证。

要颠覆、替代或改进现有的国际经济秩序，需要出现一个至少比肩美元的货币。这实际上是布雷顿森林会议上凯恩斯想努力促成而不得的方向。若成功，起码可以消解美国目前在国际金融和贸易事务上的话语权。新的挑战者要能够做到如美国这般在目前内向型经济的基础上，满足周围国家的贸易需求。如果做不到这一点，现有的国际经济秩序不会有根本性的改变，脱离现有格局的经济体如不能找到替代此前的增长方式，将面临明显的增长失速风险，且对外依赖越强，失速越严重。

从经济的角度，一些发展中经济体从全球化浪潮中获益颇大。随着经济体量的增加，在全球经济中的话语权提升，其本币的国际地位问题也会提上日程。不断积累美元顺差、对外输出美元债权，这是在进一步巩固美元地位和美元主导的国际经济秩序，而不是本币的国际化；国际结算中本币比重偶有提升，根本原因是有美元背书。无论是否贸易逆差，要能实现本币输出才是关键，即本币不需要背书而被其他经济体接受。但本币被广泛接受的难度，远超千方百计成为一个顺差国的难度。贸易逆差、借美元还外债的国家并不在少数，中国自美国以外的逆差国获得的顺差也多为美元，相信这肯定不是"美国同中国达成协议，只用美元结算出口品"的结果。对于外向型的经济体而言，以主导货币角色对外输出本币，既有的增长和分配方式需要进行重大调整，否则，只能是纸上预期。美元之所以被广泛接受，根本原因是美国国内因素，其他诸如国际贸易、储备、金融交易等，均建基于此。而这，又远远超出了经济讨论的范畴。

市面上关于"广场会议""石油美元"等历史事件的一些失之偏颇的解读，对市场参与者、学术界甚至政策制定者产生了非常不利的影响，甚至对全社会来说，代价远超收益。希望包括石油美元三部曲在内的"时运变迁"系列，能够正本清源，给读者提供更理性的思考视角。

于杰

2024年6月

译者序

什么是"石油美元"

即便不关心美元、石油,你也会听闻那些充斥在各类媒体上的"石油美元"传闻,诸如尼克松在1971年将美元脱钩黄金之后,派"基辛格"赴沙特"秘密"签订"不可动摇协议",约定"仅使用美元结算石油",自此"美元绑定石油"。至于是安排基辛格还是其他官员,是1971年还是1972年,抑或是1973年、1974年去的沙特,讲者不同,时间和人物也不同。

这是一个流行于阴谋论者中间的讹传,自英语世界传播至中文世界。

"Petrodollar"(石油美元)一词最早公开出现于1973年7月9日的《华盛顿邮报》上,由当年2月辞任美国商务部长的彼得·彼得森〔(Peter Peterson,2018年离世),他去职后同苏世民创办黑石集团,另外也是美国彼得森国际经济研究所的联合创始人〕提出。1973年八九月,美国《时代》周刊和《纽约时报》再度关联报道了彼得森和"石油美元"。1974年3月初,在美国哥伦比亚大学关于世界货币危机的学术会议上,美国乔治城大学埃及裔教授易卜拉欣·M.乌韦斯(Ibrahim M. Oweiss,2023年离世)的论文"Petrodollar:Problems and Prospects"，对"石油美元"问题做了比较系统的阐述。我们无法了解两人是否对这一问题有过交流，但他们对"石油美元"的定义是一致的，即石油出口国出口石油获得的美元收入（积累的结余）。不仅是沙特有"石油美元"，中东其他石油出口国以及冷战期间的产油大国苏联，同样有"石油美元"。这一定义被严肃的学术界和官方接受并使用。"Petrodollar"一词的出现，要远远早于坊间传说的基辛格等人赴沙特谈判，以及两国在华盛顿签订协议的时间。

虽然不少人将"Petrodollar"这个概念归于乌韦斯教授，但我更倾向于最早提出者为彼得森。这不仅是因为彼得森提出"石油美元"这个词的时间更早，更因为他作为财经官员的亲历和敏感及其系统性的战略思维。彼得森在1973年2月去职之前已经遍访世界各地，意识到中东产油国积累的大量"石油美元"问题，尤其是从1970年开始，伴随美国石油需求增加、国内供给受限，该国石油赤字激增。他出访后便在美国国会听证会上提出其顾虑并给出对策——"石油美元回流"。1974年美国新任财政部长威廉·西蒙同沙特达成经济方面的合作协议，总体上仍是彼得森在1973年提出的框架（"Petrodollar"这个词，甚至与彼得森的本姓"Petropoulos"接近）。

彼得森于1972年2月接任美国商务部长以前，尼克松为他专门设置了一个职务——总统国际经济事务助理，正是在这个职务上，彼得森为尼克松准备了一份关于美国贸易压力的秘密报告（1971年4月）。人们普遍认为，这份报告帮助尼克松下定了美元脱钩黄金的决心。有这样的认知，彼得森万不会建议美国在挣脱黄金枷锁之后，再套上一个束缚更甚于黄金的制约。另外，即便同时期官员普遍认为"基辛格不懂经济"，但这位传奇的外交人物，不至于放任美元命运掌握在美国完全无法掌控且已经将石油作为武器对付美国的一方政权手中。要知道，正是在1973年10月中东穿梭外交以前，面对牵头发起对美国等以色列支持国石油禁运的沙特，这位犹太裔的国务卿甚至爆粗口威胁道"万不得已，就去抢占沙特的油田"。至于1974年负责美方同沙特谈判的西蒙，则是一个彻底的市场主义者，他是哈耶克和弗里德曼的忠实拥趸，给货币找一个围栏不是这一派的信仰。

彼得森当然看到了美元当时的弱势，所以他提议让沙特等石油美元持有国购买美国国债，从而稳定美元。西蒙后来的做法，一方面满足了这一需求，另一方面也解决了美国的赤字问题。

1974年6月8日，美国同沙特在华盛顿签署《沙特阿拉伯-美国合作联合声明》（见《石油美元》附录）。从时间上，这就是坊间讹传的"秘密不可动摇协议"。这实际上只是一份两国经济和军事合作的方向性框架，短短1 000多词的内容，只字未提石油和美元，且《纽约时报》接下来两天大篇幅报道，其他产油国也试图效仿，毫无秘密可言。"联合声明"中的第一条，即成立经济合作联合委员会，由财政部长西蒙事后牵头负责，细化合作内容中涉及"石油美元"的，即清晰表述为"石油美元回流"。这一安排延续20多年，公开可查。"石油美元回流"可谓沙、美两国一拍即合的设计，因为沙特经济无力消耗快速、海量增加的石油美元盈余，需要为其美元头寸寻找"出口"。书中为此也做了详细记录。

沙特同美国之间有没有私下特别的安排？有。沙特希望"石油美元"回流美国时，美国政府（财政部）能对其定向发行美国国债，且"严格保密"。美国政府接受了沙特的要求。40多年后，美国媒体根据美国相关法律，要求美国财政部公布了这一约定下沙特所持美国国债的真实规模。这才是真正的"秘密",但据信美国财政部给出的数据,离"真实"仍有距离。因此,对于时下美国国债的海外大户,公开数据并不可信,当然可能并非美国财政部的因素。

在时间线上,"美元结算石油"先于"石油美元"事实,后者要先于"石油美元"这个概念,几经讹传的"石油绑定美元、美元为唯一结算货币"的时间则是最晚的。过去几年,我曾就这个讹传查询美国公开档案,并多方咨询资深研究者和当年的亲历者,得到了同一个反问:"1974 年之前用什么结算石油?"而这正是我译介三部曲中《石油英镑》的原因之一。这个阴谋论的制造者们,似乎忘记了布雷顿森林会议的宗旨。二战之后,随着美元在石油贸易结算中的比重增加,英镑的结算比重逐渐下降,但即便是在 1974 年 6 月美国同沙特签订《沙特阿拉伯-美国合作联合声明》之后,沙特仍有部分石油贸易使用英镑结算。

至于"沙特劝说石油输出国组织(OPEC)成员均用美元结算"的叙事,则完全可以忽略。石油美元三部曲不是关于 OPEC 的专著,但其中涉及颇多与之相关的内容。20 世纪七八十年代 OPEC 成员之间的协调行动,十之成一已算高比例,这归因于沙特的不配合。另外,在我有限的阅读中,OPEC 成员公开排斥美元结算,最早见于 1975 年 4 月,不知道这个时间同坊间流传的"沙特说服 OPEC 成员使用美元结算"的说法孰早孰晚。20 世纪 60 年代之后,OPEC 成员及其他非石油经济体,甚至美国的盟友,多次宣称要弃用美元,但无一落实。如果理解了战后"美元本位"的实质,就会明白这些声音仅仅是博眼球而已。

作为沙特阿拉伯中央银行的资深官员和顾问,本书两位作者关于"石油美元"的缘起、流向，以及沙特同美国之间的经济关系的记录，无疑更有说服力，给出美国作者完全不同的角度。沙特现代金融起于美国，是美国人阿瑟·杨格设计、建立了沙特阿拉伯货币局（SAMA）；其发展也依赖美国，SAMA的几任总裁均有设在美国的国际机构工作经验或在美国的求学经历，且英文是该机构内部工作语言之一。SAMA积累的石油美元一度完全委托给英美团队管理，其海外资产以美国市场和金融产品为主。SAMA机构的变迁，无疑也受到西方对口机构的影响。如果继续回溯沙特同美国签订的协议，可以上至现代沙特阿拉伯的国王伊本·沙特在创建国家的岁月里，曾从美国石油公司预借了几万美元维系开支。

经济即政治。王位几度更替，沙特同美国的关系仍然稳如磐石。作者在书中论及的海湾统一货币、全球资产配置、国际货币体系的发展方向，均有"石油美元"的影子。沙特方面的态度，的确是国际上利益相关方无法忽视的要素。

在中东，沙特阿拉伯是一个特殊的存在，因为其同邻国及美国的关系。但不只是沙特拥有"石油美元"，中东的其他产油国同样拥有。"石油美元"一如其他出口商品经济体的美元储备，或者更简单的——个人美元储蓄。对于政权而言，有了钱，除了社会经济发展、居民消费，还可以加强军事并参与因此而起的博弈、争斗。半个世纪以来，中东的大小战事及所涉恐怖袭击，均离不开"石油美元"。这是三部曲中的《石油美元》的内容。

于杰
2024年5月

目录

缩略词 *07*
前言 *11*

第一章　沙特阿拉伯金融挑战的背景　001
一、石油　003
二、石油经济的四个悖论　005
三、管理外汇储备　011
四、管理货币及银行业政策　012
五、数据说明　014

第一部分　历史

第二章　石油的发现及沙特阿拉伯货币局的创立（1902—1952）　019
一、阿卜杜勒-阿齐兹·沙特国王　021
二、阿卜杜拉·苏莱曼：沙特阿拉伯首位财政大臣　025
三、阿瑟·杨格：中央银行计划　029

第三章　第一次石油危机前的金融发展（1953—1974）　　039

　　一、椰枣树和绵羊　　041
　　二、危机：1953—1957　　043
　　三、恢复：1958—1962　　046
　　四、长期繁荣：1963—1974　　048

第四章　石油美元的回流和银行系统的沙特化（1975—1982）　　059

　　一、第一次石油繁荣　　061
　　二、解决石油美元的回流　　063
　　三、怀特-巴林咨询团队（WB）：1975—1978　　067
　　四、外汇多元化与汇率：1975—1982　　075
　　五、第二波石油繁荣：1979—1982　　077
　　六、国内银行的沙特化　　084
　　七、避免犯错　　088

第五章　外汇储备下降及伊拉克入侵科威特（1983—1993）　　091

　　一、为石油而战　　093
　　二、经济和财政背景：90% 解决方案　　096
　　三、换人　　100
　　四、卖资产：1983—1990　　103
　　五、权益投资：1983—1990　　109
　　六、发行国债：1984—1993　　113
　　七、沙中界线：1990—1993　　119
　　八、一个关于信任的问题　　125

第六章　低油价、攀升的政府债务和外部危机（1994—2004）　　129

　　一、押红赢　　131
　　二、经济和财政背景　　133

三、管理政府债务　　　　　　　　　　　　　　137
　　四、照管外汇储备　　　　　　　　　　　　　　140
　　五、银行体系的挑战　　　　　　　　　　　　　144
　　六、股市时代来临　　　　　　　　　　　　　　152
　　七、全球参与者　　　　　　　　　　　　　　　155

第七章　全球金融危机的影响及其余波（2005—2016）　159
　　一、股市崩盘：2006　　　　　　　　　　　　　161
　　二、财政和经济背景　　　　　　　　　　　　　163
　　三、替代政府债务　　　　　　　　　　　　　　166
　　四、里亚尔之战：2007—2008　　　　　　　　　168
　　五、SAMA 和全球金融危机：2005—2010　　　172
　　六、外汇储备：应对收益率下降　　　　　　　　185
　　七、将住房抵押贷款引入沙特　　　　　　　　　189
　　八、交班　　　　　　　　　　　　　　　　　　191

第二部分　现代世界中的 SAMA

第八章　海湾货币联盟的未来　　　　　　　　　　　197
　　一、共同货币的吸引力　　　　　　　　　　　　199
　　二、共同货币的基础：1975—1998　　　　　　　200
　　三、努力实现货币联盟：1999—2016　　　　　　203
　　四、运行共同货币需要的条件　　　　　　　　　209
　　五、共同货币理论应用于欧元区和海湾货币联盟　211
　　六、海湾统一货币的现实障碍　　　　　　　　　216
　　七、等待经济多元化　　　　　　　　　　　　　218

第九章　外汇储备管理——SAMA 的经验　　223

一、SAMA 和主权财富基金　　225

二、从 20 世纪 60 年代至今　　227

三、副总裁级投资局的结构　　229

四、投资目标、理念和流程　　230

五、SAMA 投资组合的特点　　234

六、绩效评估和风险管理　　238

七、时下的一些问题　　240

八、对比挪威的做法　　242

第十章　发展国内债券市场　　245

一、启动政府债　　247

二、中央银行在债券市场上的作用　　250

三、企业债市场的结构性挑战　　252

四、发展二级债券市场：接下来呢？　　255

五、SAMA 如何为政府债定价　　257

第十一章　汇率制度和货币政策　　261

一、钉住汇率　　263

二、石油经济的汇率影响　　265

三、管理里亚尔：1952—2016　　268

四、货币政策的运行　　272

五、选择钉住汇率制　　273

六、替代钉住汇率制：挪威和智利　　277

七、摆脱钉住的第一步？　　280

第十二章　SAMA 与国际货币体系　　285

一、大苦湖　　287

二、美元的双重角色　　288

  三、资本流动和石油美元回流：1974—1988　　292
  四、债券市场主导的体系：1989—2016　　295
  五、国际货币体系可能的未来与沙特阿拉伯的角色　　298
  六、顺势而为　　303

第十三章　沙特的银行体系　　305
  一、SAMA 的权威及其局限　　307
  二、沙特银行体系的演进　　308
  三、今天的银行业体系　　312
  四、沙特银行业的未来　　317
  五、银行监管的基本原则　　320
  六、宏观审慎政策　　321
  七、符合伊斯兰教法的金融　　327
  八、建立银行破产制度　　329

第十四章　SAMA 及未来　　331
  一、现代化和重组　　333
  二、向亚洲倾斜　　337
  三、人口挑战　　339
  四、沙特阿拉伯应设立财政规则吗？　　341
  五、务实、稳定和持续　　344

附录　深入了解 SAMA　　347

术语表　　357

注释　　369

参考文献　　377

致谢　　387

译后记　　389

缩略词

ADIA	Abu Dhabi Investment Authority	阿布扎比投资局
AHAB	Ahmed Hamad Al-Gosaibi & Brothers	艾哈迈德·哈马德-古赛比兄弟集团
AMF	Arab Monetary Fund	阿拉伯货币基金组织
APR	Annual Percentage Rate	年利率
Aramco	Arabian American Oil Company（also Saudi Aramco）	阿拉伯-美国石油公司（即沙特阿美石油公司）
ASEAN	Association of Southeast Asian Nations	东南亚国家联盟
BBC	Basket Band and Crawl	篮子、区间和爬行
BIS	Bank for International Settlements	国际清算银行
BP	British Petroleum	英国石油公司
BSDA	Bankers' Security Deposit Account	银行安全存款账户
CAR	Capital Adequacy Ratio	资本充足率
Casoc	California Arabian Standard Oil Company	加利福尼亚-阿拉伯标准石油公司
CDO	Collateralized Debt Obligation	担保债务凭证
CEDA	Council of Economic and Development Affairs	经济与发展事务委员会
CMA	Capital Market Authority	资本市场管理局
DMO	Debt Management Office	债务管理办公室
D-SIB	Domestic Systemically Important Bank	国内系统重要性银行
EC	European Commission	欧盟委员会
ECB	European Central Bank	欧洲中央银行
EDF	Economic Development Fund	经济发展基金

（续表）

EME	Emerging Market Economy	新兴市场经济体
EMI	European Monetary Institute	欧洲货币局
ESB	End of Service Benefits	离职福利金
EU	European Union	欧洲联盟
FDI	Foreign Direct Investment	外国直接投资
FRED	Federal Reserve Economic Database	美联储经济数据库
FRN	Floating Rate Note	浮息票据
GCC	Gulf Cooperation Council	海湾阿拉伯国家合作委员会
GDB	Government Development Bond	政府发展债券
GDP	Gross Domestic Product	国内生产总值
GIPS	Global Investment Performance Standards	全球投资绩效标准
GMC	Gulf Monetary Council	海湾货币委员会
GMU	Gulf Monetary Union	海湾货币联盟
GOSI	General Organization for Social Insurance	社会保险总局
GPFG	Government Pension Fund（General）of Norway	挪威政府养老金基金
ICM	Investment Committee Meeting	投资委员会会议
IDB	Islamic Development Bank	伊斯兰开发银行
IEA	International Energy Agency	国际能源署
IFI	International Financial Institution	国际金融机构
IFS	International Financial Statistics	国际金融统计
IFSB	Islamic Financial Services Board	伊斯兰金融服务委员会
IMF	International Monetary Fund	国际货币基金组织
IOB	Institute of Banking	银行学会
IOF	Institute of Finance	金融学会
IP	Investment Portfolio	投资组合
IPO	Initial Public Offering	首次公开发行
LCR	Liquidity Coverage Ratio	流动性覆盖率
LDR	Loan to Deposit Ratio	贷存比
LIBOR	London Interbank Offered Rate	伦敦同业拆出利息率
LOLR	Lender of Last Resort	最后贷款人
LTV	Loan to Value ratio	抵押率

（续表）

缩略词	英文全称	中文
MAS	Monetary Authority of Singapore	新加坡金融管理局
NCB	National Commercial Bank	国家商业银行
NCCI	National Company for Cooperative Insurance	国家合作保险公司
NEER	Nominal Effective Exchange Rate	名义有效汇率
NPL	Non Performing Loan	不良贷款
OBU	Offshore Banking Unit	离岸银行机构
OPEC	Organization of the Petroleum Exporting Countries	石油输出国组织
PIF	Public Investment Fund	公共投资基金
PPA	Public Pension Agency	公共养老金机构
PSIA	Profit Sharing Investment Account	利润分享投资账户
REDF	Real Estate Development Fund	房地产发展基金
REER	Real Effective Exchange Rate	实际有效汇率
RMB	Renminbi	人民币
RP	Reserves Portfolio	储备组合
SAA	Strategic Asset Allocation	战略资产配置
SABIC	Saudi Arabian Basic Industries Corporation	沙特阿拉伯基础工业公司
SAGIA	Saudi Arabian General Investment Authority	沙特阿拉伯投资总局
SAIBOR	Saudi Arabia Interbank Offered Rate	沙特阿拉伯同业拆出利息率
SAMA	Saudi Arabian Monetary Agency/Authority	沙特阿拉伯货币局
SAMBA	Saudi American Bank	沙特美国银行
S&P	Standard and Poor's	标准普尔
SAR	Saudi Arabian Riyal	沙特里亚尔
SARIE	Saudi Arabian Riyal Interbank Express	沙特阿拉伯里亚尔银行间快速汇款系统
SCI	Specialized Credit Institutions	专项信贷机构
SDF	Saudi Fund for Development	沙特发展基金
SDR	Special Drawing Right	特别提款权
SME	Small and Medium-sized Enterprises	中小型企业
SIDF	Saudi Industrial Development Fund	沙特工业发展基金
SIMAH	Saudi Credit Bureau	沙特信用局
Socal	Standard Oil Company of California	加利福尼亚标准石油公司

(续表)

SPV	Special Purpose Vehicle	特殊目的实体
SWF	Sovereign Wealth Fund	主权财富基金
TAA	Tactical Asset Allocation	战术资产配置
Tadawul	Saudi Stock Exchange	沙特阿拉伯证券交易所
TASI	Tadawul All-Share Index	沙特股票市场指数
TIBC	The International Banking Corporation	国际银行公司
TIPS	Treasury Inflation-Protected Security	通胀保值债
UAE	United Arab Emirates	阿拉伯联合酋长国
WB	White Weld and Baring Brothers advisory team	怀特–巴林咨询团队

前言

这本书已经酝酿了30年。它可以追溯到我们在SAMA*投资部工作的时候，罗里·麦克劳德（Rory Macleod）本人一直在编写SAMA的历史，这也是本书第一部分的基础。1993年，艾哈迈德·巴纳菲出版了关于沙特金融体系的书。此后几十年的合作，加深了我们对沙特经济、金融体系和中央银行所发挥的作用的理解。该部门的内部语言和档案主要是英文的，这为我们的研究和写作提供了便利。我们不认为此举涉及泄密。

我们认为，几乎所有关于沙特阿拉伯的文章，都缺乏对沙特政府实际运作方式的了解，尤其是缺乏行政管理方面的历史。相反，一战后伦敦出版的一系列作品解释了英国政府如何应对战争（战时财政、

---

* SAMA最初为"Saudi Arabian Monetary Agency"的首字母缩写，本书的英文名字即采用这几个词。到两位作者完成本书时（2017年），沙特政府已将其改为Saudi Arabian Monetary Authority，仍简写为SAMA。2020年11月24日，沙内阁会议将"货币局"改称为"中央银行"，但新机构对外仍沿用SAMA。另，SAMA成立之后便发挥着中央银行的作用，从作者在书里的记录中可见，其业务范围甚至超出很多国家的中央银行。作者在书中经常将SAMA称作"中央银行"（central bank）。考虑到沙特官方对SAMA的称谓变化，书中对governor的翻译均为"总裁"，而不是"行长"。另，为表述方便，全书中的SAMA均使用缩略词。——译者注

食品配给等方面）的挑战。二战期间，（英国）这些部门史被证明是非常有价值的参考文件，因为揭示了战争的有效应对措施。这一传统在英国和美国一直延续至今。同样，我们希望 SAMA 的现任和未来官员，能从我们对历史事件以及中央银行如何应对这些事件的叙述中受益。

我们还希望，通过我们对沙特政府内部情况的了解，能够展示沙特政府的行政管理能力。为此，我们介绍了中央银行面临的政策挑战，以及如何理性分析和应对这些挑战。事实是阴谋论最好的消毒剂[*]，所以我们也相信，我们可以让那些兜售沙特政府各种传闻的分析文章，以及那些将论者偏好的理论框架强加于沙特政府决策的学术文章不再以讹传讹、混淆视听。换句话说，我们想传播这样一种观点——至少在金融问题上——沙特王国与其他国家无异，尽管肯定有其自身特殊性。沙特的政策制定者知道，石油是祸也是福，它既带来了巨大的脆弱性，也带来了巨大的优势，他们已经巧妙地处理了这一难题。

本书第一章提出了沙特金融的四个悖论；第一部分（第二至第七章）回顾了 SAMA 的由来，讲述 SAMA 的创立和前 60 年的历史；第二部分（第八至第十四章）讨论了当前面临的问题，其中第八章分析了海湾货币联盟的可能性，第九章讲述了对外汇储备的管理，第十章探讨了沙特国内债券市场的发展，第十一章讨论了货币政策和货币挂钩的未来，第十二章探讨了沙特在可能出现的多极货币体系中的作用，第十三章回顾了沙特的银行系统，第十四章探讨了 SAMA 和沙特经济未来面临的挑战。

---

[*] 译者专门问及本书作者沙特同美国之间是否有"只用美元结算石油"的秘密协议，作者回复称"没有"。——译者注

就在我们完成本书时，SAMA 英文全名改为 Saudi Arabian Monetary Authority，政府启动了迄今为止最坚定的尝试，以结束该国对石油的依赖。这两件事都标志着我们的工作所涉时期的结束。

艾哈迈德·巴纳菲

罗里·麦克劳德

写于利雅得和牛津，2017 年 5 月

第一章

沙特阿拉伯金融挑战的背景

一、石油

试想一个石油资源耗尽的世界，比如1979年第二次石油危机期间拍摄的电影《疯狂的麦克斯》（Mad Max）中的情景——摩托帮在澳大利亚内陆呼啸而过，争夺剩下的燃料，并恐吓当地居民。我们并不需要跟随梅尔·吉布森进入这个反乌托邦的未来，就可以意识到石油对我们的重要性。我们出行驾驶的汽车、送货上门的卡车、穿越海洋的船舶、凌空飞过的飞机、提供电力的电站……如果没有石油这种高效、易于运输的能源，所有这些都将无声停摆。石油是现代世界中最重要的物资——可以说，它塑造了现代世界的面貌。石油无处不在。从手机、衣服到体内植入物，我们的周围和体内都存在着由石油制成的塑料。源自石油的肥料，能为地球提供食物。很难想象一个没有石油的世界——生活在这样的世界里肯定会寸步难行。

沙特阿拉伯王国是这种宝贵物资的最重要的供应国，作为一支稳定的力量，为维护世界秩序做出了重要贡献。然而，沙特阿拉伯地处世界上最动荡的地区之一，直到1932年才成为一个民族国家。无论以何种标准衡量，沙特阿拉伯崛起为一个现代世界强国的过程，都是一个了不起的故事。沙特王国之所以非比寻常且尤为重要，是因为它在历史上扮演着世界石油"摇摆生产国"的角色，拥有足够的备用产能，能够介入并防止其他产油区供应中断进而影响世界经济。当其他国家无法供应石油时，例如1979年的伊朗、1990年的科威特、20世纪90年代的伊拉克、2011年之后的利比亚，以及直到最近，都是沙特阿拉伯填补了这一空缺。同样，当石油供应过多、油价暴跌时，沙特可以限产。多年来，沙特一直宣称其角色是稳定世界油价，就像中央银行稳定一个经济体的价格水平一样。

但是自2014年起，沙特的石油政策发生了变化。受美国页岩油的冲击，沙特决定由市场供求决定价格，沙特继续保持其产量不变。随着油价暴跌，沙特计划通过一段时期的廉价石油来阻止页岩油生产商，从而在一个更高的价格水平建立供需平衡。到2016年底，有迹象表明这一策略必须调整为包括减产措施。

"石油央行"[1]是沙特阿拉伯货币当局的代称，2016年改用SAMA（Saudi Arabian Monetary Authority）这一英文名，过去30年来，它的总部一直位于首都利雅得的沙特国王大街。正如沙特王国在石油市场的稳定作用很少得到赞誉一样，人们对SAMA的重要性也了解甚少。SAMA有三项主要职能：管理外汇储备，管理货币及银行业政策，以及监管银行和其他大部分金融部门。它由阿卜杜勒-阿齐兹·伊本·沙特国王于1952年创立，是所有石油出口国中最成功的中央银行，也是所有发展中国家中最成功的中央银行之一——这在很大程度上是因为它了解沙特这个经济体的特殊性，在该经济体中，几乎所有的政府支出均通过石油出口赚取。

二、石油经济的四个悖论

多年来，SAMA 在管理和运作沙特经济中积累了丰富的专业知识。沙特经济的核心存在四个悖论，以下逐一解释。SAMA 在应对这些悖论方面发挥了关键作用。

悖论 1：多元化与依赖性

"多元化与依赖性"悖论是其他悖论的基础。没有石油，沙特经济就会遭受重创，但不论沙特阿拉伯如何实现经济多元化，它都没有实质性减少对石油的依赖。1980 年以前，石油一直被视为一种暂时的财富来源，将为多元化的现代经济提供资金支持。但趋势并没有按理论家们预期的那样发展。

这并非因为缺钱。自 1970 年的第一个发展计划以来，沙特政府已经耗资超过一万亿美元，用于经济和社会各方面的现代化改造——包括基础设施、教育、工业等领域，目的是摆脱对石油的依赖并实现多元化。但这个计划取得的成功有限。一个不争的事实是，沙特王国几乎没有自然竞争优势。沙特阿拉伯是一个炎热、贫瘠的国家，没有河流或湖泊，除了石油和其他矿产外，几乎没有更多资源，因此大部分商品和服务依赖进口，即便是本地生产，也是由外籍劳工完成的，他们往往将大部分收入汇回母国。教育对沙特人适应经济工作的帮助不大，生产率很低。大多数沙特男子在公共部门工作，而大多数妇女则负责主持家务。

沙特的国民账户统计结果颇具迷惑性。统计数据似乎给出了相反的结论，即多元化已经取得成功，石油部门的重要性已经下降。但这是误导，因为使当地经济多元化，从而降低石油部门对国内生产总值（GDP）的贡献，与减少对石油的依赖是不同的。王国的确实现了第一个目标，非石油经济已经增长，提供的商品和服务的规模和品类也有所增加。但是这个国家仍然依赖通过公共开支进入（经济领域）的石油收入——石油的重要性丝毫没有减弱。2016年，沙特政府推出了"2030愿景"，该战略旨在通过出售沙特国有能源公司沙特阿美的部分股权，建立主权财富基金，从全球投资中创造收益，从而打破沙特对石油收入的依赖，能否成功尚有待观察。

到目前为止，尽管沙特政府尽了最大努力，但在寻找其他收入来源方面仍乏善可陈。近半个世纪以来，通过增加非石油收入的比重来实现政府收入多元化，一直是沙特政府制订计划的不变主题。但地方税收和各类费用远远不能为预算提供足够的收入。一个简单的事实是，政府的大部分支出依赖石油收入。从沙特王国早期发现石油起就是如此。

一个显而易见的问题是：如果政府的支出以石油收入为助力，而石油又是迄今为止最重要的出口产品，那么非石油部门如何变得更加重要呢？答案在于公共支出的影响，而国民账户统计数据在这方面也存在误导。方便理解这一点的最佳方法就是凯恩斯乘数（Keynesian multiplier）。我们知道预算赤字如何避免经济陷入萧条。沙特阿拉伯的情况可直接作为参照。政府预算在经济中产生需求，其运作方式类似于预算赤字，因为几乎没有当地税收。支出资金来源于石油收入。这种需求进入各种商品和服务领域，每一轮支出都会产生更多的国内生产总值（乘数效应）。这类需求很快转化为储蓄和商品进口，或变成外籍劳工的汇款（相当于服务进口）。随着经济内部变得更加多元化，消费的轮次也随之增加，从而扩大了非石油部门的规模。

但如果石油收入停止流入——比如说，可再生能源的成本取得突破，使得油价暴跌后持续低迷——除非通过在当地征税，否则政府将没有钱可用，而征税会使经济遭受重创。与此同时，没有出口可以支付进口需求。有一组数据能更好地说明这一问题：2015 年，沙特石油收入为 1 190 亿美元，GDP 为 6 460 亿美元，这意味着如果没有石油，沙特政府将需要通过当地税收和借款的组合，筹集占到 GDP 近五分之一的资金。[2] 实际上，这个比例要高得多，因为 GDP 本身会下滑。可见，沙特经济仍然依赖石油。

悖论 2："90% 解决方案"

第二个悖论是：由石油收入支持的政府支出对应着等额的外汇储备损失。这个结论令人警醒，因为它意味着——除非有某些根本性的变化——沙特将继续依赖于迅速流向商品和服务进口的石油收入。这正是 SAMA 发挥作用之处，因为账面上，进口最终是由中央银行持有的外汇储备支付的。早在 20 世纪 70 年代，SAMA 就意识到，并非由当地税收提供资金的政府支出与外汇外流之间存在着非常密切的关系。在 SAMA 工作的美国顾问和英国顾问团队称之为 "90% 解决方案"。1993 年，艾哈迈德·巴纳菲将该结论公开发表。[3] 在很长一段时间里，统计拟合效果良好。

从几十年的长期角度来看，可以了解沙特政府财政最重要的事实：一些政府支出直接用美元支付，根据定义，与之相匹配的是在储备金中损失等额美元。相对较小部分的（国内）支出是由地方收入支持的，其余部分则纯粹是向经济注入购买力。如图 1-1 所示，在过去30多年[4]中，用里亚尔计算的公共开支（不是由地方收入支付的部分）与同年私营部门的国际收支赤字进行比较，得出的"最佳拟合/最小二乘法"统计结果为0.893。也就是说，这两个序列的趋势密切相关。图中这条线的斜率约为0.894，这意味着平均而言，由石油收入支持的国家公共开支近90%在同一年以国际收支逆差的形式流出，而SAMA的外汇储备损失即为支付这部分逆差。这种（相关）关系每年都会变化。以2013—2015年这三年为例，2013年的比例仅为76%，意味着石油支持的政府支出并没有如往常一样大量流到境外，2014年达到106%，2015年加速达到121%，流到境外的钱比政府从石油收入中支出的还要多。但在这三年中，两个（绝对）数值之间的差额仅为50亿美元。值得注意却令人不安的是，"90%解决方案"在很久以前就已被发现，现在依然有效。

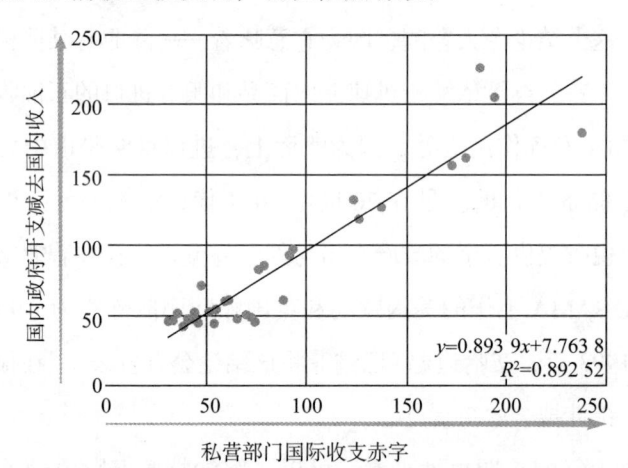

图1-1 1982—2015年沙特阿拉伯政府开支和国际收支
（单位：10亿美元，2010年不变美元）

数据来源：SAMA Annual Reports。

支出与储备水平之间的关系简单地说就是：当财政部出现预算盈余时，以美元形式流入SAMA储备的石油收入超过因公共支出而从（沙特）经济中流出的资金，外汇储备就会增加；当出现预算赤字时，美元流出额大于美元流入额，储备则下降。因此，沙特经济中需要关注的关键变量是SAMA的外汇储备额。1988年以后政府出售国内债以弥补预算赤字，这在一定程度上是一种会计操作[5]——最新一轮发债也是如此。决定政府能花多少钱从而维持经济增长的关键因素是外汇储备水平。

悖论3：石油的轮盘赌

如果石油收入可靠，前两个悖论不难解决。第三个悖论是，政府赖以维持稳定的石油收入是不可预测的。"90%解决方案"对沙特政策制定者来说已经很难接受。更困难的是，未来的油价完全未知。用技术术语来说，这是一种随机漫步，不存在持续时间依赖性（duration dependency）：无论油价已经低迷或繁荣多久，反向变动的可能性始终保持不变。这就像轮盘赌的赔率。小球刚刚连续2次、5次或20次落在红色槽中，并不改变它下次落在黑色槽中的概率。[6]这个概率保持不变。未来并不取决于过去，未来不可预测。正如我们将在本书中看到的，油价可以像在20世纪80年代和90年代那样持续低迷20年；或者在2007年至2011年的四年间，油价先翻番，再腰斩，然后再翻番。SAMA已经见识过这一切。这意味着很难进行前瞻性预算规划，结果便是财政支出必须高度灵活。年度预算大多是指示性的，实际金额必须根据收入进行调整。

对于沙特财政部来说，最重要的是SAMA的外汇储备规模以及是否可以覆盖预算赤字。20世纪90年代末的亚洲危机期间，它便经历了极限考验，那是沙特财政在40年间最危险的时期。油价下跌使外汇储备跌至沙特眼看快没钱支付进口的水平。

悖论4：符合伊斯兰教法的银行业与传统银行业

沙特金融的第四个悖论令人宽慰。由于民众的宗教信仰，运营于沙特王国的西式银行实际上比其他地区的更安全、更有利可图。伊斯兰教教义指出，在交易中支付或收取利息都是不应该的。因此，银行一直可以获得无须支付任何利息的存款。

《古兰经》被视为"沙里亚"（"Shariah"，即伊斯兰教法）的根本渊源，教法说明官依据经文而非法例做出解释。伊斯兰教法本质上是一套不得违反的禁令，并非提供一套明确的、正确的行为准则，这就是为什么探讨"符合伊斯兰教法"（Shariah-compliant）的银行业比"伊斯兰"银行业更准确的原因。《古兰经》明令"真主禁止高利贷"，即里巴（Riba）。[7]

这项禁令并非沙特阿拉伯独有——美国许多州也有反高利贷法，但主要区别在于，在美国，高利贷通常被定义为收取超过合理利率的利息。例如，加利福尼亚州宪法禁止对私人贷款收取10%或更高的利率。但《古兰经》中与"里巴"相关的禁令可以囊括任何收取利息的交易。

在实践中，关于利息的问题是一个灰色地带。例如，尽管1957年《沙特阿拉伯货币局章程》规定，作为政府的代理机构，这个中央银行不应支付或收取利息，但它却从政府的外汇储备中收取利息。另外，SAMA必须明确公示，沙特政府债支付的利息同未明确指定方向的政府发展项目的回报率挂钩（后者因此得名"政府发展债券"）。这就避免了对政府支付利息的指控。

这个悖论在商业银行中表现得尤为明显。SAMA 对银行的监管基于西方模式，但任何涉及利息的交易，在伊斯兰教法中都可以被视为"里巴"。抵押贷款就是一个例子。历史上，银行很难查封违约借款人的房屋，因为法官不支持他们，公证人员也不会登记抵押品。不过，许多沙特人都有无担保的个人贷款，且支付利息。同样是这个借钱（borrow）群体，他们中的许多人也拒绝收取（其存款）利息，所以大约三分之一的银行存款不支付利息，这使得银行有利可图。与此同时，根据伊斯兰教法进行的理论上风险共担的交易，往往与支付利息的贷款具有相同的经济效果。

三、管理外汇储备

鉴于这些悖论，SAMA 迫切需要找到其他方式来维持外汇储备并解决政府收入来源。国内税收可以满足一小部分需求，但目前唯一的其他主要来源是在外国投资的回报。SAMA 需要从储备资产上获得可预测的回报率。但这已经变得更加困难。

昂贵的石油在 1973—1974 年和 1979—1980 年使世界经济陷入衰退。这意味着 SAMA 从石油收入的现金流正好在资产价格下跌时增长，所以这个中央银行可以用便宜的价格购买资产。1980 年时 SAMA 看清了这一点，推动了从第二次石油危机中获得的利润的投资。油价低迷时的情况恰好相反：此时能源的成本也很低，这推动了经济更快增长，尤其是在发展中经济体中，资产价格因此上涨。SAMA在这种情况下的现金流是负的，所以它在（资产）价格高涨时是潜在的资产卖家。因此，同时拥有石油收入和金融资产是一种自然的平衡组合。但自全球金融危机以来，廉价石油与更快（经济）增长之间的关系并不明显：2013年之后油价下跌并没有带来全球经济繁荣。

即便是在旧范式下，王国也很难留出足够多的储备金来利用这些周期并为子孙后代服务。这是因为过去人口快速增长，推动政府开支持续攀升。40年前，沙特本国人口不到700万，现在早已经超过2 000万。沙特阿拉伯的人口增长率很高，且严重依赖外籍劳工。如果能用沙特人取代1 000万外籍劳工中的许多人，情况就会好得多。庞大的本地人口还消耗着大量可以出口的石油。这种人口状况可能是沙特面临的最大挑战。

四、管理货币及银行业政策

除了管理外汇储备，SAMA还有两个任务——管理货币及银行业政策以及监管银行。因为私营部门依赖公共支出，整个经济都受到财政政策的驱动，这一政策具有高度的刺激效果。货币政策的作用是通过钉住汇率制给其他政策提供宏观背景。关于石油收入在政府账户中的处理方式，以及货币和财政政策协同工作的方式，这里有必要做一个解释。其中的关系如下：来自沙特阿美的石油收入存储于SAMA。账务上，中央银行的账户以里亚尔贷记政府存款，而美元则进入外汇储备。在年度预算中，以沙特本币里亚尔贷记科目被视为石油收入。在政府花钱时，SAMA 借记政府的账户以支付账单。私营部门积累了政府正在支出的里亚尔，由于商品和服务是直接或间接进口的，因此需要商业银行提供美元来支付进口或外籍劳工汇回其母国的款项。然后，商业银行到 SAMA 购买美元，美元的固定汇率为 1 美元兑 3.75 里亚尔（见图 1-2）。

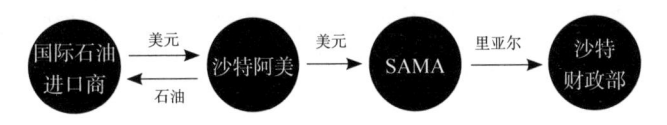

图 1-2　石油收入流向

数据来源：本书作者绘制。

3.75 的钉住汇率已经实行了一代人的时间，在 2016 年储备下降时，对于是否继续维持这一政策曾有一次激烈的辩论。支持钉住汇率的理由是，由于石油（出口）是美元支付，王国无法通过让本国货币贬值来出售更多石油从而获得任何好处；货币贬值也不会促进出口。同时，用本地产品替代进口产品的空间有限，尤其是食品。

在监督银行系统方面，SAMA 始终采取严格且保守的监管政策，这源于深刻的干预主义文化，再加上官方对银行业务的怀疑态度。在 2008—2009 年的金融危机之前，这种做法与西方监管机构采取的更为宽松的监管手段形成了鲜明对比。SAMA 对危机的公开反应是，认为监管不力是危机的主因。SAMA 的态度源于（沙特）银行在 20 世纪 50 年代混乱的金融环境中所扮演的角色，当时银行利用自己的关系滥用资本管制——SAMA 再也没有重复过这一失败的试验。

上述第一个悖论的后果是，银行被紧密地纳入国家通过支出向民众分配财富的体系中。沙特企业有很多工作依赖于国家合同和优惠待遇。只要财政状况保持稳定，银行业整体上就不会陷入困境。在沙特，符合伊斯兰教法的银行只参与不违反沙特对宗教法律解释的业务。在 SAMA 成立的前半期，它与这部分银行系统没有任何关系，尽管其门前有世界上最大的符合伊斯兰教法的银行拉杰赫银行（Al-Rajhi）。SAMA 一直将符合伊斯兰教法的银行与传统银行同等对待，但这种做法并非没有遇到困难。

五、数据说明

大多数读者并不熟悉沙特里亚尔，因此本书将里亚尔金额转换为美元金额。由于自 1986 年以来一直实行固定汇率，这不会带来任何问题。在 1986 年之前的时期，里亚尔实际上是美元的影子，逐年的变动仅为几个百分点。除本章外，（数据）没有根据通货膨胀进行调整。[8]

我们还需要说明，为什么我们试图避免基于沙特国内生产总值（GDP）来分析金融数据。通常，如政府债这样的资产价值，或像预算赤字这样的流量概念，均以一个 GDP 的百分比来表示。原因在于，GDP 代表了各种可行活动的产出——例如美国加利福尼亚州的硅谷——并且可以征税。虽然沙特阿拉伯的 GDP 数据在技术上是正确的，但在与其他变量进行比较时就会出现问题。沙特政府债务（占 GDP 的比重）从 1988 年的零增长到 10 年后超过百分之百。但关键变量与 GDP 无关，核心在于可以用来支付进口的外汇储备。如果没有基于石油收入的政府支出，大部分私营部门将无法生存。简单地说，沙特的 GDP 不像美国的 GDP 那样稳健。

我们打破了不根据通货膨胀进行调整的做法，图 1-3 和图 1-4 显示了自 20 世纪 70 年代以来，SAMA 在世界上的作用发生了多大变化。图 1-3 展示了沙特货币体系中的关键变量——SAMA 的外汇储备——以 1970 年美国物价水平计算的美元金额的变化情况。[9] 由此可以大致了解其购买力的变化。需要注意的是，沙特外汇储备花了 30 年时间才恢复到 20 世纪 80 年代初的购买力水平。

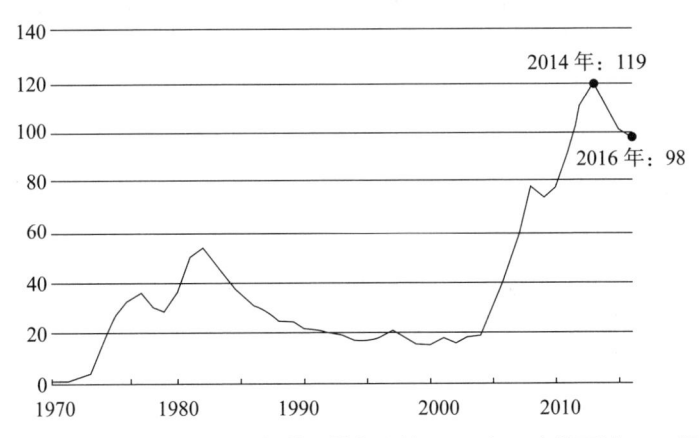

图 1-3　1970—2016 年 SAMA 的外汇储备（按 1970 年不变美元计，10 亿美元）
数据来源：SAMA Annual Reports, IMF IFS Database, FRED Database。

图 1-4 展示了同样的变迁过程，但这次是从沙特政府购买美国资产的能力来看，这也是美国公众的关注重点。在 1982 年，SAMA 的外汇储备达到美国公司权益价值的近 8%。但这种状态持续时间很短，因为沙特王国的收入成了石油价格轮盘赌的牺牲品。

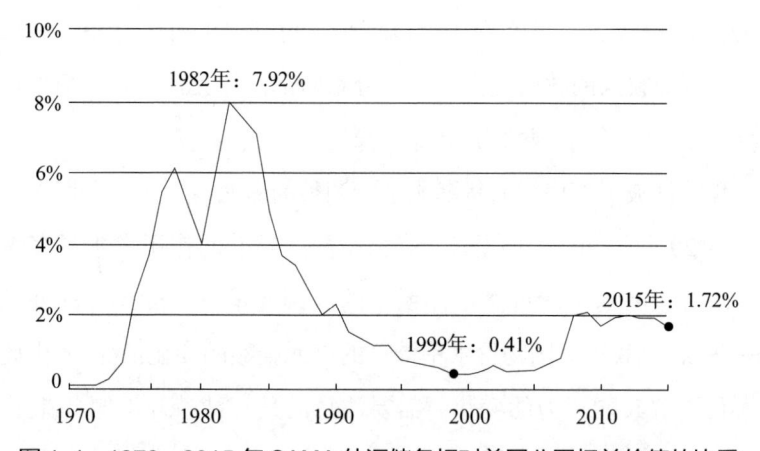

图 1-4　1970—2015 年 SAMA 外汇储备相对美国公司权益价值的比重

数据来源：SAMA Annual Reports, IMF IFS Database, FRED Database, Financial Accounts of the US。

第一部分

历　史

第二章

石油的发现及沙特阿拉伯货币局的创立（1902—1952）

一、阿卜杜勒-阿齐兹·沙特国王

开始探索沙特阿拉伯的货币历史，最佳起点不是首都利雅得，也不是内志的干旱中心地带，而是红海沿岸吉达的老城区。与吉达其他地方的现代化大道不同的是，这里的街道窄到过不了汽车，曲折通往市集。在吉达老城，没有带着旅行指南和相机的游客，只有商务访客和外国居民在小商店里张望。老城的房子是用海滩上的珊瑚块捆绑着深色木头砌成的。格外引人注目的是拱形窗户和木格子阳台。这些建筑俯视着道路，凉爽的海风从街道上透过窗户吹进来。老城边有一座两层的混凝土建筑——吉达的黄金市场（souq al-dhahab）。

一个穿着卡其色制服、戴着黑色贝雷帽的警察坐在黄金市场双层玻璃门旁的椅子上，旁边的桌子上放着一杯甜茶。茶童带着他们的金属托盘从一家店的门前跑到另一家店的门前，穿梭于人群中。商店在一层，办公室在二层。到处都是金子。玻璃柜台上摆满了金饰和金币。生意似乎总是很红火。

黄金不仅仅是一种饰品，它还是一种投资。沙特女士们的个人财富就是黄金首饰。穆斯林不被允许从投资上赚取利息，但在黄金价格上涨时从中获利则没有错。在黄金集市，你可以一窥阿拉伯货币的过去，那时黄金和白银是主要的价值储藏和贸易货币。SAMA的故事就从柜台上的金币开始。

　　伊斯兰教对货币在经济中的作用一直有一套特定的观点。《古兰经》禁止支付或收取利息。简单地说，伊斯兰教认为所有经济活动都是社会的表现。有钱的人必须把钱投资到商业中，与企业家一起承担风险，并在风险发生时损失本人的投资。不承担任何风险而收取利息的观念并不属于纯粹的伊斯兰经济体系，因为它让那些"食利者"远离社会事务。伊斯兰经济中的单一税收——天课（zakat）——是一种资本税，它每年从所有资产中抽走一个年度比例，因此这些资产必须得到有效使用，以获得至少高于年税的回报。另一方面，银行——至少是西方模式的银行——建立在支付和收取利息的基础上，这一原则是整个西方银行体系的基础。因此，毫不夸张地说，在伊斯兰教的发源地创立中央银行是一项巨大的挑战，不仅要在两种截然不同且明显互不兼容的银行体系之间，而且要在两种本质上截然不同的哲学观和宗教观之间，探索出一条联合互利的道路。这也就不奇怪，它需要三个人的共同努力才能实现（创立央行的目标）。阿卜杜勒-阿齐兹·伊本·沙特（Abdul-Aziz Al Saud，通常被称为"伊本·沙特"，沙特阿拉伯王国的创建者）国王确保央行的创立符合他对伊斯兰教的理解；他的财政大臣阿卜杜拉·苏莱曼（Abdullah Al-Suleyman）在反对声中推动了创立计划；而一位美国外交官阿瑟·杨格*，则给出了详细的计划。但

---

* 阿瑟·杨格（Arthur Young），曾于1929—1947年任中国国民政府财政顾问，著有《抗战外援：1937—1945年的外国援助与中日货币战》一书。——译者注

在 20 世纪初的阿拉伯沙漠中部，货币发挥了一个独特且令人惊讶的角色。

16 世纪，奥斯曼帝国松散地控制着海湾沿岸、阿拉伯半岛东部边缘的部分地区以及濒临红海的汉志，汉志是当地历史上最富庶的地区，也是穆斯林祈祷和朝圣中心麦加和麦地那圣地的所在地。在人们的印象中，阿拉伯半岛是一片广袤的沙漠，在沙特阿拉伯建立之前，各个部落一直在这片沙漠上进行着零星的争斗，直到发现了巨大的石油资源时，这个地区才不得不与外部世界建立联系。但实际情况并非如此。

20 世纪初，吉达充满了阿拉伯地区和伊斯兰世界的生活气息。高大的苏丹人、身材魁梧的埃及人、索马里人、摩洛哥人以及来自埃塞俄比亚的奴隶混杂在一起，来自沙漠高地小巧灵活的贝都因人也穿梭于他们中间。每年，前往麦加的朝圣（或称"朝觐"）活动都会吸引埃及人、印度人、马来人、爪哇人等大批信徒，使这里的人口在几周内激增，物价也随之上涨，直到船只和商队离开。吉达的商人当时借此与整个伊斯兰世界都有联系，当地也流通着许多货币。由于汉志在奥斯曼帝国统治之下，官方货币是奥斯曼里亚尔银币，但大部分交易都在帝国管辖范围之外进行，因此支付币种要看交易者当时手里有什么货币。金银币在当地铸造，按贵金属的重量计价。例如，一枚路易王金币（Louis d'or coin）多在锻造它的金匠铺周边流通，在巴黎附近流通的可能性微乎其微。

但汉志以外的地区非常贫穷，金银币罕见。阿卜杜勒-阿齐兹国王的大部分沙漠臣民是贝都因人，他们不会为货币问题所困扰。除了天课之外，当地没有其他税收，天课的标准是每四十只绵羊交一只绵羊，每五头骆驼交一只山羊。在村庄里，贸易方式是以物易物：椰枣换小麦、山羊换毯子、骆驼换枪。

阿卜杜勒-阿齐兹国王于1953年逝世，享年77岁，他是阿拉伯半岛近代最重要、最有影响力的人物。通过统一半岛的大部分地区，他于1932年创建了一个新王国，并成功建立了持久的治理体系，为国家的稳定奠定了基石。

其中的一个关键因素是建立了一个稳固的货币体系，该体系足够严密，能够应对全球最大石油储量所带来的惊人收入。今天的沙特阿拉伯可以说拥有中东地区监管最好的金融部门。但格局原本可能完全不同。阿卜杜勒-阿齐兹的崛起始于20多岁时：1902年，他和一小群伙伴重新夺回了利雅得，利雅得当时只是沙漠中一个偏远的小定居点，但却是沙特家族统治下内志王国的首都。阿卜杜勒-阿齐兹的一位财政助理后来回忆说，在那些年里，王室没有多少财产，他的钱包就可以装下全部家当，他的手段是养晦和胆魄，而不是金钱。国王本人是一个节俭的人，习惯了不用现金。到1913年，其收入合计不超过50万美元，10年后，当他即将征服汉志时，收入总额也只有区区100万美元。[1]

第一次世界大战生生将这个半岛推入了现代。汉志当地统治者哈希姆家族不再对奥斯曼帝国效忠，在T. E. 劳伦斯（T. E. Lawrence，被称为"阿拉伯的劳伦斯"，英国人）带领的英国军队的帮助下实现了独立。与此同时，阿卜杜勒-阿齐兹正在向西进军，目标是占领当时实际上由哈希姆家族控制的吉达。他的部队主力是一群战斗勇猛、纪律严明的武装人员，这些人自称"伊赫瓦尼"（Ikhwan，阿拉伯语中的"兄弟"）。到1925年初，阿卜杜勒-阿齐兹已逼近吉达，显然没有人能阻挡沙特的队伍控制汉志。阿卜杜勒-阿齐兹占领了麦加，勒令造币厂关门,吉达最终在 1925 年底被他的部队控制。内志王国和汉志西部地区合并,1926 年 1 月,阿卜杜勒-阿齐兹成为汉志和内志国王,掌控了整个半岛。吉达的新任执政官在原来的硬币上加上"Al-Hejaz"字样,这些硬币继续流通。税收上涨。

在阿卜杜勒-阿齐兹迅速进军汉志期间,其得力助手在沙特的财政和货币政策历史中扮演了关键角色,跨越了一个时代:从金钱在王国治理中的角色并非必要,到沙特阿拉伯开始通过出口石油获得巨额收入。

二、阿卜杜拉·苏莱曼:沙特阿拉伯首位财政大臣

阿卜杜拉·苏莱曼个子不高、脸庞黝黑、眼神锐利,有着坚挺的鹰钩鼻子和国王式样的黑胡须:一脸络腮胡、上唇有胡子、下唇下方也有一撮胡须。他出生在内志,但幼时移居印度孟买,在该市一位沙特大商人家中做仆人。之后,他返回沙特阿拉伯,在阿卜杜勒-阿齐兹的宫廷中担任文书。国王认识到苏莱曼的价值,将财政工作交给了他。从阿卜杜勒-阿齐兹统治时期,到 1952 年 SAMA 成立,苏莱曼一直担任这一角色。在此期间,金融、货币和外汇政策的历史交织在一起,所有的线索最终都汇集到阿卜杜拉·苏莱曼手中。

苏莱曼是一个完美的内行人,他是一个工作狂,似乎不需要睡觉,经常每天工作 18 小时。他在宫廷里保持低调,但他与阿卜杜勒-阿齐兹的关系非常密切,国王对他完全信任——他曾负责 1944 年组建的国防部门。与在他和阿卜杜勒-阿齐兹的关系中所展现出的热情形成

鲜明对比的是，苏莱曼与其他人的关系则保持着距离和冷漠。他不相信向下授权，并且拒绝提拔有才华的人，因为他担心他们会取代他在国王心中的位置。他还不受王室其他成员的欢迎，因为他经常拒绝用国库资金为后者付费。有一次，沙特王储为此非常生气，苏莱曼不得不从麦加逃往吉达躲避。王储自己开车追赶苏莱曼的车，这位皇家顾问逃到港口的一艘外国船上才躲过一劫。

苏莱曼主事的劣势在于其会计工作极其原始：他没有接受过正规的会计培训，也不使用复式记账法。此前多年，这并不是什么问题；但当20世纪40年代后期石油资金开始涌入时，苏莱曼的系统就无法应付了。最终，在阿卜杜勒-阿齐兹去世后，国王沙特和费萨尔亲王让其离职。苏莱曼曾参与一家赢得许多合同的德国建筑公司事务，他们抓住机会对他进行调查。

苏莱曼的办公室称为财政总署（General Finance Agency），集财政部和中央银行的职能于一身。那时的中央银行有三项职能：充当为政府提供资金的银行家；管理政府的外汇储备；监管银行。由于该国只有一家银行（位于吉达的荷兰贸易公司），这使得苏莱曼的办公室只剩下两项工作：为政府提供现金和管理外汇储备。沙特阿拉伯当时没有纸币，所以金、银同时充当货币的角色。苏莱曼控制了金、银并负责现金支付，且经常是亲自支付。

1928年，政府采取了一个重要步骤，开始实行一种货币本位安排。在接管汉志两年后，阿卜杜勒-阿齐兹的收入超过700万美元，他决定发行自己的银币，并宣布其他银币不再是法定货币。苏莱曼组织了这次货币更换。沙特里亚尔与其所替代的旧奥斯曼里亚尔完全相同。同时，政府还颁布了一项标志着沙特货币政策诞生的王室法令。

法令的第 4 条规定，银币与金币的汇率是 10 里亚尔等于 1 英镑金币[*]（gold sovereign）。银里亚尔是在英国制造的，这种挂钩凸显了与英国的联系。

日常交易中用银即足够，但政府税款是用黄金支付的，因为银太笨重。通过将汇率固定为 10 银里亚尔兑换 1 英镑金币，新国家实行双金属本位制，这种本位制取决于当地银币与金币之间的固定关系。但如果世界黄金/白银的价值偏离了 1 英镑金币/10 里亚尔的比率，沙特王国内部的黄金/白银关系也会随之瓦解。如果银价上涨得比黄金快，那么熔化后的里亚尔银块的价值会超过作为硬币的价值，人们拿金币去换银会更划算。如果金价（涨速）超过银，那么金币就会被追捧，同样也会消失，可能是流向国外。苏莱曼认为，除了黄金和银币外，没有其他货币选择。黄金用于大额支付，而银在日常交易使用中，人们不会接受那些熔化成金属块时价值减少的硬币。大多数实行金本位制的国家都没有采用这种方法，而是效仿英国使用"银"币，但实际上是一种价值低于面值的合金。在接下来的 30 年里，尽管假币、熔化和失踪的情况时有发生，沙特政府仍坚持双金属本位，直到它最终在 20 世纪 50 年代的危机中崩溃。

20 世纪 30 年代的大萧条对政府财政造成了严重打击，因为从朝圣者那里征到的钱随着人数的减少而减少。为王室供货的商人的账单越积越多，以致政府无法支付。苏莱曼通过出售关税豁免权来预收未来的（财政）收入。他还从商人那里借款，到 1933 年，国王已经欠商人 140 万美元。苏莱曼还面临另一个问题：他的金、银货币正在消

---

* 1 英镑金币约含 7.32 克纯金。——译者注

失。美国同年放弃金本位制后，以美元计价的世界金、银价格上涨，金币化为金块在海外的价值更高。在巴林发现石油后，一群美国人对勘探石油产生了兴趣，最终是石油拯救了他。随后对达兰（Dhahran）周边地层进行的地质勘查显示，当地蕴藏大量石油。阿卜杜勒-阿齐兹起初向英国人授予特许开采权，但被后者拒绝，1933年初，一支来自加利福尼亚标准石油公司（Socal）的团队抵达吉达。沙特方面的谈判由苏莱曼负责，他希望以黄金支付。[2]

到4月，Socal代表团向苏莱曼给出了最后报价：先期向沙特阿拉伯提供15万美元的黄金贷款，18个月后再提供10万美元的第二笔黄金贷款。首笔25 000美元年租金将以黄金支付，但随后的所有付款，包括所产石油的特许权使用费，都将在纽约以美元支付。正当谈判即将完成时，美国财政部宣布禁止未经许可出口黄金。黄金最终由伦敦的摩根担保信托公司通过P&O蒸汽船运达，在吉达的荷兰贸易公司办公室，苏莱曼亲自盯着清点了这些（英镑）金币。

随着石油被发现，不仅仅是金钱开始流入沙特阿拉伯，还有现代技术产品。Socal签订了在勘探活动中使用飞机的协议。新成立的加利福尼亚-阿拉伯标准石油公司（Casoc）招募了两名飞行员，并从美国开来一架双引擎飞机。经过数周的空中勘查，勘探者发现了后来被称为达曼穹丘（Dammam Dome）的地方。钻探工作于1934年夏天开始。在经历了一系列的失望后，勘探者终于在1938年发现了石油。阿卜杜勒-阿齐兹国王和沙特阿拉伯走上了致富之路。苏莱曼同已经成为其主要资金来源的美国人的关系越发密切。早在1936年，Casoc就开始雇用越来越多的沙特员工，但为后者支付薪酬时遇到了问题，因为没有人愿意接受美国人手里持有的唯一的纸币印度卢比，而银价问题意味着里亚尔短缺。Casoc 因此借给苏莱曼美元，以便制造更多的银币，这样他们就能给自己的工人发工资了。

1939 年第二次世界大战爆发后，朝圣者的流动几乎停止，吉达的商人们将黄金藏了起来。英国给了苏莱曼一些援助，但更重要的是，罗斯福总统在 1943 年宣布沙特阿拉伯对美国的防御至关重要，因此该王国有资格根据《租借法案》获得援助。美国人立即提供银里亚尔，随后又提供了重量和成色与英镑金币相当的金条和金币。沙特阿美也预付了更多钱。

到战争结束时，波斯湾沿岸的拉斯塔努拉炼油厂每天生产超过 50 000 桶石油产品。沙特阿美的付款额暴增。苏莱曼在 1945 年收到了 1 000 万美元，1951 年超过 1 亿美元，这些数字使沙特的财政发生了巨大改变，要知道国王 1950 年的总收入只有 1.13 亿美元。但支出也随之上升，年迈的苏莱曼开始失去对财政的控制。沙特人因其石油被卷入了冷战世界，沙特阿拉伯被视为西方阻止共产主义传播的行动中的重要盟友。沙特阿美公司代表阿卜杜勒-阿齐兹开展了大规模的开发项目，而美国人则说服苏莱曼接受一项任务，帮助他改进国家财政管理——特别是建立一个中央银行。

三、阿瑟·杨格：中央银行计划

一架道格拉斯 DC-3 双引擎螺旋桨飞机曾经常常出现在吉达老城机场。这是第一班开罗往返吉达的定期航班，单程飞行时间是 5 小时，而蒸汽船需要 3 天。飞机从开罗起飞后，沿着宛如蓝色缎带的尼罗河，向南飞越吉萨金字塔。然后，飞机转向东方，沿着红海飞往吉达，机舱内乘客们喝着保温瓶里的咖啡，吃着三明治午餐。飞机跑道位于吉达老城的东边，石油资金令这座城市日新月异。苏莱曼曾下令拆除老城的城墙，但从空中仍能清晰地看到城墙的轮廓。柏克德（Bechtel）公司利用从城墙和附近老房子上拆下的珊瑚石为扩建的港口修了防波堤。在潟湖的一端，可以看到麦地那大门和驿站，或者说是旅行者的休息场所。但现在，城墙外用进口混凝土新建的大楼正拔地而起。

1951年7月一个闷热的下午（阴凉处的温度几乎达到50℃），美国大使雷蒙德·黑尔（Raymond Hare）和一小群同僚在航站楼的阴凉处等待着从开罗飞来的飞机滑行降落。一位灰白卷发、笑容灿烂的矮个子男子从舷梯走了下来。黑尔与新来的客人握手，然后马上带领访客及其团队前往柏克德办公区一个崭新的别墅。阿瑟·杨格和他的沙特阿拉伯金融团队到了。在他们之前，已经有其他人来过（沙特），其中包括一位荷兰金融家，他试图向苏莱曼解释复式记账法。但杨格的任务具有开创性。

阿瑟·杨格时年56岁，与阿卜杜拉·苏莱曼年龄相仿。但他们的背景非常不同。杨格一生都在效力于美国国务院，以扩大美国的影响力。他出生于洛杉矶的中产家庭，在其父亲担任校长的奥克西登塔尔学院获得本科学历。一战后，他进入美国国务院担任经济顾问。当其他国家向美国寻求技术援助以理顺财政状况时，杨格是被派遣的援助人员之一。他通常会进入他国财政部，监督支出削减计划的实施。然后，他将对支出进行中央控制，以实现预算平衡。随着美国全球影响力的增长，华盛顿还派遣杨格担任中国国民政府的财政顾问，他在那里待了18年。

杨格生性谨慎，在中国的日子让他懂得做事不能总是急于求成。这一点很有帮助。就在杨格抵达沙特阿拉伯的三年前，中东的面貌因以色列建国而改变。沙特阿拉伯的阿拉伯人与该地区其他地方的阿拉伯人一样，对这一事态发展感到愤怒。此外，沙特还对美国支持以色列的程度感到失望，这导致与华盛顿的关系一度降温。

杨格飞往位于达曼的阿美石油公司总部，在那里，他发现了一个"国中之国"。这里有现代化的卫生设施、自来水、电力、商店、医院、学校。超过 14 000 名沙特人在这家石油公司工作，生活物资应有尽有。阿美石油公司的外籍员工住在一个外部供给所有物资的生活区。阿美石油公司的财务专家告诉杨格的问题是，在王国内，银和金以固定比率互相替代。这就是双金属本位的含义。但真正的兑换率是由世界市场决定的。特别是，如果银价格上涨，银币就会从流通中消失，因为会被送到国外出售。王国的大部分收入都是用美元，因此（沙特货币）与美元挂钩是合理的，但苏莱曼不喜欢纸币，他卖掉美元换成黄金及银里亚尔。

杨格听完之后，问题的核心对他来说十分清晰了。大量的石油收入意味着苏莱曼必须在纽约接受美元付款。当他在吉达用美元兑换金和银时，他实际上是在提高自己对金、银的出价。如果银行缺少金币或银里亚尔，汇率会上升，苏莱曼为其美元所换得的金额会少于其预期。随着石油收入的增加，银行发现越来越难以提供黄金和银币。阿美石油公司怀疑银行正在操纵汇率，对苏莱曼不利。当苏莱曼转而使用美元在国外铸造更多的金、银币时，汇率就会受到额外货币供应的影响。他的问题也是阿美石油公司的问题，因为后者经常需要本地金、银币来支付工人的工资。随着阿美石油公司的扩张，银行成为唯一可

第二章　石油的发现及沙特阿拉伯货币局的创立（1902—1952）

以获得金、银币的地方，硬币的短缺意味着公司为相同数量的里亚尔支付了更多的美元。阿美石油公司希望里亚尔与美元挂钩，成为一种纸币，并建立一个中央银行，这样它可以通过后者按固定汇率购买所需的里亚尔，而不必通过当地（其他）银行。

杨格飞回吉达与苏莱曼会面，并告诉他自己会努力创立一个中央银行，但与此同时，（里亚尔）对美元的汇率必须固定。苏莱曼同意在财政部保留足够的里亚尔，以便他可以干预吉达的金银市场。当银里亚尔对美元汇率下跌时，苏莱曼用黄金买入里亚尔；当里亚尔（对美元）升值时，他就反向操作，向市场投放更多里亚尔银币，回笼英镑金币。除了朝觐季，这个计划运作得都很好。大量游客涌入并购买里亚尔，通常会使该货币坚挺，因此稳定计划暂停，直到朝觐者离开。到了1952年夏天，银里亚尔与美元保持稳定。但这会持续多久呢？

杨格并非第一个试图解决王国财政问题的专家——之前也有英国、荷兰和美国的顾问——但杨格是最成功的。在很多方面，他的经验都很典型。他到达后经过几个月相关事务才取得进展。他原本以为在沙特待的时间不需要太长，但实际上超过一年。沙漠很美，但是杨格住在美国人生活社区的一个临时搭建房里，远离沙特人。不过，他在一个重要方面与一些继任者不同：杨格赢得了国王和财政大臣的信任。

由于美国支持新成立的以色列，（沙、美）两国关系一度恶化，此后，华盛顿成功地重新调整了与这个迅速成为产油大国的国家的关系。随着冷战的加剧，美国希望确保沙特阿拉伯留在西方阵营。它们乐意继续提供外部援助，认为从长期来看，不断增加的石油供应将解决王国的财政问题。石油的产量也在快速增长。沙特阿美将拉斯塔努拉的炼油能力提升到 150 000 桶/天。到 1950 年，第一条跨国输油管道建成，通往地中海沿岸黎巴嫩的赛达（Siton），这样石油就可以很容易地输送到受到苏联影响的欧洲。正如阿美石油公司在1943年向华盛顿承诺的那样，王国的石油已经成为一项重要的战略资产。当时，阿美石油公司告诉华盛顿，王国的石油储量与美国不相上下。

苏莱曼面临的问题是，开支增长得比收入快。阿卜杜勒-阿齐兹公认地对王室的补贴很慷慨。但是王国现在的变化速度带来了前所未有的高额费用。利雅得的人口从1940年的4.7万增长到十年后的8.3万，城市成为一个大型建筑工地，新的宫殿、政府大楼和其他设施如雨后春笋般拔地而起。苏莱曼尝试削减开支，但以失败告终。到1949年底，政府被迫推迟了一些发展项目。到阿卜杜勒-阿齐兹四年后去世时，政府已经欠下2亿美元的债务。

在这种背景下，杨格向美国国务院发送了关于建立（沙特）中央银行的报告。这个想法最初是英国人提出的，到1951年，显然需要建立某种类型的国家机构。那些认为沙特阿拉伯的发展事关自身利益的国家，对如何着手推进这一安排都有自己的想法。英国提议成立一个货币委员会，为纸币提供100%的金银储备支持；法国的计划包括建立一个稳定的管理局；而荷兰建议由荷兰贸易协会设立一个最初由荷兰人控股的国家银行。以王储沙特为首的一些王室成员，被国家银行可以印制纸币并解决政府预算赤字的想法所吸引。

杨格1951年11月提出的计划的核心是成立一个由政府提供资本的沙特阿拉伯国家银行。它有四个目标：第一，它应该负责运营一个稳定的货币系统；第二，它应该监管当地的银行；第三，它应该成为沙特政府的银行，接收其收入并向其支付款项；第四，它应该就金融问题向政府提供建议。SAMA成立时，几乎完全按照杨格的计划执行。

在提交提案两个月后，即 1952 年初，杨格联系沙特财政部了解进展情况。苏莱曼的副手回复说，他的上司正在和阿卜杜勒-阿齐兹国王在利雅得会面，讨论建立中央银行的想法。杨格告诉他，负责管理埃塞俄比亚中央银行的乔治·布洛尔斯（George Blowers）在城里，已准备接受行长的职位。苏莱曼让他们立即赶赴首都。

杨格收拾行李同布洛尔斯飞往利雅得，但中央银行计划遇到了阻力。尽管国王是赞成的，但他的顾问告诉他，他不能批准成立一个违反伊斯兰里巴原则的银行。次日午餐时，王储沙特告诉他们，他个人支持这个计划，但新机构总部应该设在利雅得，而不是吉达。杨格怀疑这是因为王储沙特希望银行受到更多的政治影响，而不是他（杨格）所希望的那样，所以杨格避而不谈。饭后，杨格收到了国王的召见。他已经考虑要刻意避免将新机构称为银行，但他准备建议的名称"沙特阿拉伯金融研究所"仍然意味着要支付利息。如果他与国王交谈，可能会出现妥协。但会面被推迟，杨格无功而返。

杨格经历了很长一段时间的平静无事，时下被这种突如其来的短时繁忙活动所打断，而今他不知道是否又面临无限期拖延。结果并非如此。他回来两天后的早上 8 点，床头的电话响了。他接起来，电话那头的人是苏莱曼。杨格已经回到吉达，需要在下午之前起草成立中央银行的法令，以及制定包含目标和宗旨的章程。在沙特阿拉伯待了 7 个月后，杨格只有半天时间来撰写 SAMA 的"出生证明"。

用杨格本人的话说：

> 我叫来了我的秘书，为这家中央银行或货币机构起草了一

份包含十二个条款的章程。我每写一条，（秘书）接着就翻译成阿拉伯文。到了下午，我已经完成了整个章程，一个完整的中央银行章程。这真的很令人惊讶，因为通常当你建立一个中央银行时，你会面临听证会、专家研究以及诸如此类的事情，这需要数月或数年的时间。幸运的是，我已经准备了一份报告，在其中我解释了我认为该机构应该是什么，它的权力应该是什么，以及它应该做和不做的事情。这些都在我的脑子里，所以这只是起草的问题，将这些内容整理成一份简单的大约包括十二个条款的章程。[3]

杨格起草的章程是一份与众不同的文件。从某些方面来说，SAMA 就像一个常规的中央银行。例如，所有政府收入都必须存在 SAMA，并且所有资金都必须从中支出（尽管实践中并非总是如此）。由于大部分收入是美元，因此接收账户最终必须设在纽约。SAMA 将向政府的本地账户支付（等值的）里亚尔。它还将设立一个外汇储备账户，以便在石油收入不足以支付进口账单时提供储备，并有权监管当地银行。但是，SAMA 不能做的诸多事情在某些方面同样至关重要。它不能支付或收取利息——这一严格规定将使它与沙特国内其他银行的关系变得复杂。SAMA 也不能借钱给政府。这是美国之前向发展中国家提供建议时使用的标准禁令。

最后一条禁令是最重要的，幸运的是它并没有持续下去。SAMA 被禁止印制纸币。金、银币仍然是沙特阿拉伯的合法货币。此外，所有流通中的银币都必须在 SAMA 的金库中留出等值的黄金和美元，作为百分之百的支持。这是杨格的建议。他期待着纸币出现的那一天，并希望给纸币的发行设置上限。吉达的商业银行家是王公贵族中消费大户的盟友。老牌的荷兰贸易公司早前甚至建议苏莱曼授权该公司自己发行纸币并充当中央银行。不仅王储沙特，许多有权势的人都希望实行"软钱"（soft money）政策，由 SAMA 提供流动性。杨格坚持"硬钱"（hard money）。他相信，如果政府可以在没有任何储备支持的情况下印钞，那么支出将不受限制。（印钞需要储备）支持的规则意味着印钞的通货膨胀路径将很难开始。

次日，杨格前往苏莱曼的办公室，他们一起研究细节：杨格最初的"金融机构"（financial institute）建议被拒绝，于是他提议改为"货币机构"（currency institute）。他们最终决定命名为"沙特阿拉伯货币局"（Saudi Arabian Monetary Agency，SAMA）。尽管由王储沙特领导的一些顾问希望总部设在利雅得，反对设在商业中心吉达，但 SAMA 还是设在了后者。至于支付和收取利息，这只适用于海外账户。苏莱曼向杨格保证，宗教当局在这方面不会有任何障碍，因为他们只关心发生在沙特阿拉伯境内的事情。之后的两个月又是相安无事，直到 1952 年 4 月，杨格再次被召到利雅得与国王会面。他后来回忆起接下来的一幕：

> 我们去见伊本·沙特国王。觐见他就像天方夜谭中的一幕。他坐在一个大厅一角的王座上，厅里铺有华丽的东方地毯，墙边都是手持手枪和短剑的随从。他示意我坐在他身边，财政大臣和翻译跪在他前面。国王身材高大，身高六英尺[*]以上，体格健

---

[*] 1 英尺 =0.304 8 米。——编者注

壮——但在沙漠战场上受的二十多处伤使他行动不便。当然，在沙特是国王开启谈话。大臣曾提及："国王可能会提到这个银行的问题；如果他不提，你提。"于是我们继续交谈，我与国王相互寒暄，但国王没有提起这个话题。

然后我打开话题："国王，我们一直在为建立一个金融机构工作，以帮助处理货币和财务。"

国王说："那很好。"

我说："我认为我们可以称其为货币局。"

他微笑着说："是的，我认为那很好。"

接着我说："我建议我们还应该在章程中加入一个条款，规定任何行为都不得违反伊斯兰教法。"

然后国王——这都是通过跪在他面前的翻译来完成的——说他同意。他就伊斯兰教法讲了五到十分钟，表明他非常虔诚，他真的相信伊斯兰教法。[4]

阿卜杜勒-阿齐兹国王在 SAMA 的成立过程中发挥了至关重要的作用，因为没有他的批准，一切都无从谈起。他最初表示希望这个计划继续进行，他将阻止计划的责任推到了反对者身上。当反对者反对使用"银行"一词时（这实际上是关于里巴原则的问题），他只是拖延了一段时间。当杨格最终获准与国王会面时，国王的沉默迫使杨格主动开口，提出自己的想法。阿卜杜勒-阿齐兹国王很谨慎，没有亲口提出任何建议。对他来说，最重要的是不能做任何违反伊斯兰教法的事情。

尽管 SAMA 已经成立，但它没有总裁、没有办公大楼、没有员工，而且关键的是，它无法控制货币供应。它的诞生经历了漫长的岁月，这个年轻的机构还要面临一些磨合期的问题。这个正迅速成为石油出口大国且收入不断增加的国家能否实现安全与稳定，将取决于上述问题能否得到迅速而果断的解决。

第三章

第一次石油危机前的金融发展（1953—1974）

一、椰枣树和绵羊

　　新的中央银行需要一个落脚点。阿瑟·杨格考察了吉达的建筑，最终选择了一个位于机场附近的古老且坚固的别墅，该别墅是用3英尺厚的珊瑚石建造的。别墅旁边是一块废弃的地皮，可以在那里建造一个金库，用于存放 SAMA 的贵金属和美元。王储沙特（即将接任其父亲）与同父异母的兄弟费萨尔亲王乘坐王室豪华轿车前来宣布中央银行创立，制服齐整的随从站在车侧踏板上，红色吉普车上的武装警卫护送着他们。宫廷诗人为这一时刻朗诵了一首诗，王子们视察了办公室。办公室当天布置了从附近宫殿借来的地毯和镀金椅子，王室成员们随后在欢呼声中乘车离去。

　　SAMA 自成立之初就面临今天仍然难以解决的许多问题。大多数问题在某种程度上与石油收入的波动有某种联系（见图 3-1）。

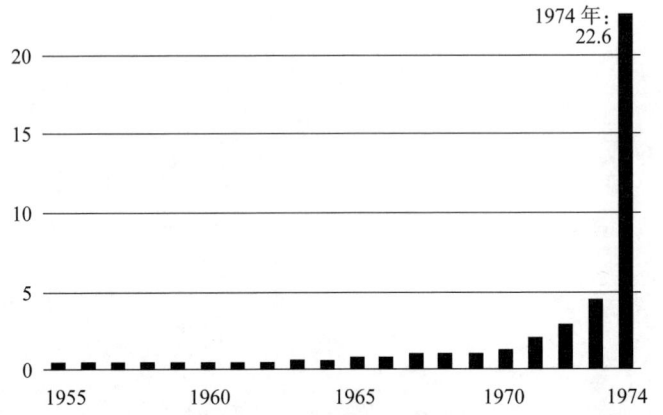

图 3-1　1955—1974 年沙特阿拉伯的石油收入（单位：10 亿美元）

数据来源：SAMA Annual Reports。

　　通过引述数字，很难理解在沙特阿拉伯成立后的 20 年间，石油给该国带来的巨大变化。一个很好的方法是将源自石油的政府开支想象成当年该国居民认为易于理解的有价值的参照对象，比如一个椰枣树园。在阿卜杜勒-阿齐兹国王在位的最后几年，预算大约为 3 亿美元。想象那是果园里仅有的一棵 1 米高的椰枣树苗；10 年后，即 1963 年，预算大约为 4.9 亿美元，就像第一棵树苗旁边现在出现一棵更大的、几乎 2 米高的椰枣树；1971 年在设想的椰枣树苗旁边新加的椰枣树高度是 8 米，而 1974 年新出现的树高超过了 90 米，远高于旁边的几棵树，也比任何真正的椰枣树都要高。这种形象对比是恰当的，因为在现代世界中，还没有出现过如此体量的收入增长。

　　收入激增所带来的管理问题巨大：不仅是这些收入中有些资金不能使用，其数额管理也是问题。我们所掌握的最早的储备数据是 1958 年安瓦尔·阿里（Anwar Ali）任 SAMA 总裁时的数据，总计 200 万美元。如果继续用沙特人所珍视的物品来类比，例如一群绵羊，那么可以将这些储备（200万美元）想象为1只绵羊。到阿里于1974年去世时，（SAMA）美元储备的规模已经增长到将近11 000只绵羊。但在此之前，首先出现了一场危机。

二、危机：1953—1957

SAMA成立后的几年运营非常艰难。石油收入停滞，财政部剥夺了这个新机构的独立性，中东出现了一场重大的地缘政治危机——苏伊士运河战争（即第二次中东战争），而中央银行引入的外汇管制措施失败了。汇率贬值、通胀上升，1957—1958年在费萨尔亲王的干预下才恢复稳定。在所有这些发生的同时，SAMA正在应对里亚尔双金属本位制的失败，并着手推行纸币事宜。[1]

问题的核心是，石油收入在阿卜杜勒-阿齐兹国王在位的最后几年里快速增长，然后趋于平稳，而王国的债务却在无序增加。政府从吉达商人那里借款，却没有及时支付账单，对外则从西方银行借钱。这场危机的背景是1956—1957年的苏伊士运河危机，英国和法国联合以色列，对埃及发动军事行动，希望夺回苏伊士运河的控制权。这场危机导致沙特大部分进出口货物的水路运输通道被封锁了几个月。吉达商人在危机期间储备进口商品是实施资本控制的原因之一。

阿瑟·杨格在SAMA挂牌后几周永远离开了吉达，由乔治·布洛尔斯接替。后者上任一年后，其工作环境发生了巨大变化。阿卜杜勒-阿齐兹国王于1953年11月去世，新国王同苏莱曼（他没有待太久）在支出问题上发生了冲突。但首先出现的是杨格未能触及的双金属货币体系问题。朝鲜战争结束后，国际金价下跌，所以从购买银的角度看，沙特金币的面值超过了它的金属价值。这为套利——非法套利——提供了一个机会，制造金仿币以买入银币，然后将其兑换成美元，从中获利。

那个夏天，SAMA 听说有金仿币在流通。贝鲁特的一个团伙被逮捕，但仿币仍在流入。这些硬币是仿制品，含有规定重量的黄金，几乎无法与真品进行区分。SAMA 于 1953 年 12 月宣布，在一个月的固定期限内，它将按面值赎回仿币，并将其兑换成银币。此后，所有仿币将被没收，不给予任何补偿。没有人希望自己手中的金币是仿币。到年底，由于流通中的大部分金币都上缴了，SAMA 的金库里几乎没有银币。自此，金币实际上停止了流通，沙特阿拉伯开始实行银本位。

接下来轮到白银了。到 1956 年初，国际银价大幅上涨，把银币化成银块（的市场）价值超过银币的面值，走私者因此从沙特阿拉伯带出银里亚尔，将其熔化为银锭出售换美元。1956 年 5 月，银里亚尔退出流通，政府以纸币代替之。纸币基于朝觐收据发行，发明朝觐收据则是此前为应对每年朝觐大军涌入所带来的货币问题。他们（来时）对里亚尔的需求推高了（里亚尔的）汇率，但当他们离开时又让（里亚尔）汇率走贬。1953 年，布洛尔斯印制了临时货币——朝觐收据，并发送到埃及、巴基斯坦和伊朗的中央银行，许多朝觐者来自这些国家。这几家中央银行将（相应的）美元转账到 SAMA 在纽约的账户，并在朝觐者出发前将纸币（即朝觐收据）卖给他们。这些收据在朝觐时段增加了沙特阿拉伯的货币供应。从理论上说，它们应该在朝觐之后回笼，但 SAMA 允许其流通，很快它们就被广泛接受。纸币的引入是成功的，但由于预算危机，SAMA 的信誉受到了威胁。

为了应对石油收入的停滞，国王沙特将印钞的实际控制权交给了新任财政大臣——他已经解雇了苏莱曼。国王已经欠下吉达商人以及国内外银行大量债务，而且他刚宣布重建麦加大清真寺，耗资巨大。这些开支都需要通过印钞来解决。政府假装纸币是由 SAMA 金库中的黄金和白银支持的，但到 1957 年，这些黄金和白银的价值仅占所发行纸币价值的 14%。按官方汇率兑换外币受到限制，外汇黑市发展起来，里亚尔对美元贬值，通货膨胀开始抬头。

布洛尔斯在任职两年后辞职以示抗议。他的继任者拉尔夫·斯坦迪什（Ralph Standish）是一位商业银行家，无法行使其权力。财政大臣已经是 SAMA 董事会的主席，但现在他行使了全部行政权力，包括批准新的银行。1955 年 4 月，沙特阿拉伯首次（也是唯一一次）实行外汇管制，当时的外汇储备接近零。1956 年 11 月，苏伊士运河危机爆发，英、法在美国的压力下撤军，此后沙特开始实行许可证制度，以控制进口外汇的使用，其主要后果是让那些能够通过 SAMA 或商业银行以官方汇率获得美元的人发了财。

在美元的黑市汇率远高于官方汇率时，SAMA 根本无法控制稀缺美元的使用。理论上，通过检查银行的外汇使用情况，可以有效地实施控制。但这个系统容易被滥用。能够获得进口许可的人，可以以较低的官方汇率从银行获取美元。最好的方法是通过获得财政大臣的个人批准来设立自己的银行。与此同时，银行挖空心思从 SAMA 购买尽可能多的美元，这样就可以在黑市上将其卖给客户。

因为这个系统完全依赖于银行的诚实，所以对它们的活动没有有效的检查，SAMA也无法对其中任何一个采取行动。当它向财政部请求更多的（干预）资源时，被告知不要干涉银行自身的运营。苏伊士运河危机之后，沙特阿拉伯提供资金帮助埃及政府，其间还有一次对英、法的短暂石油禁运。这两个因素都使（沙特的）预算赤字扩大了。

黑市上美元价值上升，而沙特里亚尔（SAR）的价值下降，到1958年，黑市汇率已经达到6.25里亚尔/美元，相比官方汇率为3.75里亚尔/美元。稀缺的外汇收入越来越多地被转用于支付沙特政府在海外的借款利息。以费萨尔亲王为首的王室成员支持了一个改革计划。1957年4月，一个高级别大臣委员会成立，旨在规范政府使用外汇的方式，三个月后SAMA成立了外汇部，负责监管各家银行。

当费萨尔亲王在1958年初莅临SAMA时，他特别要求看金库里的实物金银。他发现只有300银里亚尔没有作为外债的抵押。

三、恢复：1958—1962

1958年3月，费萨尔亲王成为首相兼大臣会议主席。他还担任了两年的财政大臣。费萨尔决心平衡预算，并实行一个没有资本管制的单一汇率。由安瓦尔·阿里率领的国际货币基金组织的代表团于1957年抵达吉达，他们的建议包括货币改革、用新的第纳尔替换贬值的里亚尔。但费萨尔并未就此采取任何行动。不过，他任命阿里接替了毫无作为的斯坦迪什，并修改了SAMA章程，使阿里成为SAMA董事会主席，从而结束了财政大臣对SAMA事务的直接控制。

1964年，由于统治家族中的主要成员认为沙特不适合执政，费萨尔亲王接替其成为国王。沙特抵制了第一次罢黜他的企图，费萨尔也不愿看到同父异母的兄弟被赶下王位。但沙特最终同意为了王国的最佳利益让位。费萨尔实行铁腕统治，他基于"顶层应带头"过紧日子的原则重塑财政稳定。他住在一个简朴的别墅中，不喜欢炫耀。在成为国王前的1958年，他就已经冻结了政府支出，并发布了一项命令，除非得到由他主持的大臣会议的事先批准，否则不得有任何支出或借款。他还禁止进口私人轿车，要求宫廷老臣退休。那些曾与阿卜杜勒-阿齐兹国王并肩作战的人及其后代领取固定的养老金，但王室成员可获得的资金整体上被削减了。

费萨尔的策略是信任一小群公职人员，并在包括王室成员在内的其他人面前支持他们。公职人员中最重要的是安瓦尔·阿里，这个巴基斯坦人直到1974年去世时都在担任SAMA的总裁。阿里是一位经济学家，曾在独立前的印度的财政部工作。巴基斯坦建国时，他在该国从事相同的工作，后被任命为中央银行的董事会成员，再后来转到国际货币基金组织任职。他是第一位同时具备发展中经济体和发达经济体公共财政背景的SAMA总裁，这一经历使得阿里对于费萨尔来说不可多得。

他们计划中的双重目标——削减开支和稳定里亚尔——是紧密相连的。只有在预算平衡和债务偿还的情况下，才能恢复外汇市场秩序。在债务顶峰时，政府的国内外欠债超过了一年的财政收入。当费萨尔削减开支时，阿里实行了一个双轨汇率制度，逐步挤压黑市。3.75里亚尔的官方汇率仅适用于基本消费品和资本货物。实际上，这相当于补贴了贫困居民的基本生活费。SAMA承认自由外汇市场，并为其提供美元，以推动（里亚尔）市场汇率上涨。出售美元的利润被纳入公共收入。里亚尔的自由市场价格稳步上升至 4.75 里亚尔（对美元）。最后，1959 年，阿里将里亚尔固定为 1 美元兑换 4.50 里亚尔，黑市随之消失。到 1962 年，该国内外都不欠债了。沙特阿拉伯加入了由几个国家组成的小俱乐部——货币可以自由兑换，且不受资本管制。

产量增加带来的石油收入增长，成为经济复苏的关键组成部分。石油收入从 20 世纪 50 年代末的 3 亿美元水平跃升到 1962 年的超过 4 亿美元。随着预算出现盈余，SAMA 持有的外汇也开始增长。阿里在 SAMA 的第一份和第二份年度报告中指出，国内预算盈余、经济增长以及伴随的进口倾向同外汇储备增长之间的关系：

"受国内生产局限，政府的国内支出在很大程度上反映为对进口和其他目的的外汇需求。"

"在沙特阿拉伯，政府支出（主要基于石油收入）是决定国家收入总水平的主要因素。预算支出水平直接以及间接地影响经济活动的体量，即通过乘数效应。"[2]

这是对沙特金融的前两个悖论的公开承认：来自石油收入的政府支出是决定经济增长的主要因素，而预算策略在很大程度上决定了外汇储备的规模。直到 20 世纪 60 年代，由于政府花不完所有的收入，外汇储备才开始上升。

四、长期繁荣：1963—1974

长期繁荣期可以分为两个阶段：1970 年以前和 1970 年以后。在 20 世纪 60 年代，经济增长持续且稳定，问题在于预算：如何完成各种基础设施项目。1970年之后，随着石油收入在5年内激增18倍，情况发生了巨大变化。SAMA握有巨额美元储备，为世界其他国家所羡慕。

20世纪60年代的沙特财政基调是稳定且强劲的石油收入增长。与1970年初期相比，这种增长相对可以合理预测，因为主要部分来源于出口的增长（见图3-2）。

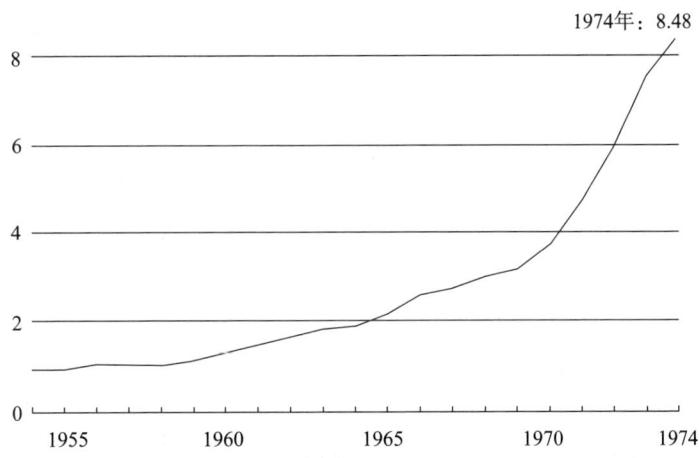

图3-2 1954—1974年沙特阿拉伯的石油产出（单位：百万桶/天）
数据来源：SAMA Annual Reports。

在推测储量上升的同时，开采量在持续增长，人们并没有感觉到石油正在被消耗，反而有一种无尽增长的感觉：从20世纪50年代末每天约100万桶开始，到1962年产量突破每天150万桶，1965年达到每天200万桶，而到1968年则达到每天300万桶。但此间单桶石油出口收入并没有增加，事实上，尽管该国通过投资能够出口精炼产品的设施来提高附加值，出口收入还是略有下降。价格下跌促成了1960年OPEC的成立。最后一个积极的因素是：由于阿美石油公司在逐步国有化之前上缴了更多的收入，政府在石油总收入中所占的份额上升了。

费萨尔明智地将资金用于现代国家必要的基础设施建设，最典型的就是大规模的道路建设项目。从统一国家的重要性角度看，其修建的高速公路可以与美国第一条横贯大陆的铁路相媲美。费萨尔掌权之初，沙特阿拉伯只有不到 1 500 千米的硬化公路。他的第一个重大项目是红海-海湾高速公路，这条从东到西跨越 1 600 多千米的公路于 1967 年完工。紧随其后的是一条南北公路，从红海北部的塔布克省延伸到也门边境的吉赞。他还打井提供饮用水，扩大了灌溉面积；建造新的医院和学校，培训了更多的医生和教师。

国王通过将资金分配到不同的基金来控制支出，这样他就可以暂停一个区域的项目，同时在另一个区域加速项目进展。在这方面，他把中央银行当作合作伙伴。费萨尔将资金分配给由 SAMA 管理的经济发展基金（EDF）。以 1964 年为例，由于使用 EDF，政府的总支出比官方预算多出 50%。对于石油部门之外的发展项目，外国投资者免税五年。这与同期其他发展中经济体的国家主导计划形成了鲜明对比。

20 世纪 60 年代的稳定增长在 1967 年 6 月的第三次中东战争中遭遇挫折，当时阿拉伯的军队在短短六天内就被击败。油产量的增长放缓，苏伊士运河的关闭冲击了进出口，1956 年苏伊士运河危机期间也曾发生这种情况。费萨尔帮助了战争中受冲击最严重的两个国家，向埃及和约旦提供 3 500 万美元的援助，并在接下来的两年里援助近 3 亿美元。这是沙特阿拉伯在邻国遇到财政困难时向其提供支持的政策的开始。早期的援助计划是通过银行从国内借款，但是美元预支款项则是由SAMA使用外汇储备支付的。

这导致中央银行在1967年10月至年底期间损失了大约1.1亿美元的储备,尽管如此,储备仍然高达7.4亿美元。在沙特国内,战争打击了人们的情绪,银行贷款暂时减少。不过并没有发生资本外逃,SAMA也不需要采取行动稳定银行系统。到1969年,石油收入继续增长,但增长幅度低于政府预期。到1970年,石油收入激增。

20世纪60年代,SAMA得以将不断增长的国外资产多元化。1958年,这些资产仅为几百万美元。但情况迅速改善,到1963年,SAMA开始购买美国短期国债,作为黄金和外汇资产(主要是纽约的银行里的美元)持有形式的补充。到1968年,SAMA持有的美国国债价值超过1.8亿美元。

在那些年里,安瓦尔·阿里还开始设计现代沙特银行系统。20世纪50年代,几乎不存在银行监管。许多个人和企业没有银行账户,他们要么使用现金交易,要么使用符合伊斯兰教法的货币兑换系统。虽然从形式上看,所有银行都必须获得许可,拥有足够的资本,并且向SAMA提供有关资产负债表和活动的信息,但SAMA几乎没有利用银行提供的数据。此外,除了印刷钞票外,国内没有其他货币工具,银行也没有实行准备金率,它们可以无限制地扩大资产负债表。

安瓦尔·阿里做的第一件事,就是推出中央银行对商业银行实施控制的经典工具——准备金率。他指示各银行在SAMA存放相当于存款总额15%的资金(在1962年降至10%,随后根据货币状况进行调整)。这样做的考虑是,准备金率将限制银行的借贷活动,同时在银行倒闭的情况下,SAMA也可以动用银行资产偿还储户。当时有两类银行在运营。第一类是成立多年、主要为进口提供资金的银行,其中最主要的是荷兰贸易公司（即后来的沙特荷兰银行），它于1926年开始营业。[3]第二类是新成立的银行。成立于1953年的国家商业银行（NCB）是其中最大的，由本·马赫福兹的货币兑换业务发展而来。[4]这些新银行是在实行资本管制的年代兴起的。在当时的情况下，成立一家有权按官方汇率从SAMA购买美元的银行具有极大的吸引力。

新银行曾从黑市和相当于盗取官方外汇供应中获利丰厚，但在费萨尔更为严格的管理下，它们开始遇到麻烦。尤其是利雅得银行面临着巨大的压力，1959年它与另一家小银行Alwatani一起向SAMA求助。SAMA将两家银行合并到利雅得银行名下，作为最后贷款人注入流动资金，并提名了三名董事会成员。结果，SAMA发现该银行的高级官员和董事会成员正在获取大笔个人贷款。SAMA指示银行停止这种做法，并将额外存款存入SAMA。次年，财政大臣解除了该行董事长的职务，让自己提名的人掌管银行。由于高级管理层相互指责对方欺诈，银行内部一片混乱（一名董事总经理被发现死于酒店房间）。最后，政府购得38%的股份，利雅得银行得以存续，并最终走向繁荣。

1966年的《银行控制法》对银行施加了额外的审慎标准。存款被限制为资本和储备的15倍，如果超过这个额度，SAMA有权要求银行增加其资本或向SAMA存放额外资金。法定储备率正式确定下来，且统一了安瓦尔·阿里已经采取的调整经济中信贷额度的措施。其他条款限制了对任何单一个人的贷款额度，并禁止银行董事为自己提供无担保的贷款（这是利雅得银行所面临的问题之一）。

20世纪60年代，银行业主要由三家沙特本土银行主导：NCB、利雅得银行和较小的达兰银行。到1966年，这几家银行的存款、贷款及垫款约占（银行系统的）三分之二。SAMA的政策是银行业应该为沙特人所拥有。与外资银行在该国的分行相比，本土银行更容易被监控，因为外资分行既可以从海外总部接收资金，也可以向后者支付资金。此外，SAMA在实施指引方面对本土（银行的）管理层有更大的影响力。最后，沙特本土银行更有可能通过在农村地区开设地方分支机构来参与SAMA在全国推广银行业务的计划。SAMA通过在王国各地设立办公室来提供帮助。1968年，阿里的银行沙特化计划迈出了第一步，巴基斯坦国家银行在沙特的分行于当年变成了一家由沙特人控股的公司。

沙特阿拉伯全国的支付方式当时仍以现金为主。纸币的引入使这一支付方式比以前使用沉重的银币要容易得多，但下一步显然是使用银行支票。银行之间的支票通过双边安排进行清算。SAMA推动在大城市开设支票清算所，以便银行之间的支付能够迅速结算。1967年，吉达开设了一个清算所，随后是利雅得和达曼。20世纪60年代银行业另一项重大发展是专门信贷机构的诞生，以支持银行忽视的经济领域。这些都是像农业银行这样的政府机构，但与SAMA紧密联系，SAMA满足其银行业务需求。

沙特阿拉伯已成为全球最大的原油出口国，而如我们所见，由于发展问题，它无法立即用掉出口收入。但到了20世纪60年代末，该国（国内经济）开始消化更多的政府支出。与此同时，全球的石油格局正在发生变化。利比亚要求获得更多石油收入分成，拉开了（中东北非）石油生产国与大石油公司之间谈判的帷幕。此后，石油巨头接受了对石油收入的更高主权税收*，并通过提高石油价格来保持利润。1971年，海湾产油国与石油巨头签订了《德黑兰协议》，使沙特的石油收入增加了一半。但同样重要的是，双方同意每年提高油价。

（石油）价格上涨的速度突然失控。在1971年下半年美国放弃金汇兑本位后，美元贬值，由于石油是以美元计价的，这成了石油再次涨价的另一个理由。1971年，沙特阿拉伯与阿美石油公司达成协议，同意将石油的挂牌价格从每桶2.37美元（这已经是1970年上涨后的价格）提高到每桶3.18美元。整个1972年到1973年，油价持续上涨。1973年10月，在阿以战争之后，OPEC将价格提高到每桶5.12美元，同时沙特阿拉伯宣布将产量削减10%，并禁止向支持以色列的美国和其他国家销售石油（下一章将就此详细讨论）。石油禁运的政治影响并不大，因为销售禁令很短暂。即便如此，油价再次飙升，几乎达到每桶12美元。与此同时，之前美国人拥有100%所有权的阿美石油公司开始逐步国有化[5]。1973年第四次中东战争后，沙特政府立即获得了25%的股份，1974年为60%，1980年完全控制了该公司，这使得沙特政府可以获得更多的石油收入。接下来是几年短暂的繁荣期：产量继续增长，油价上涨，随着阿美公司国有化，国家在石油收入中所占的份额也在增加。推动政府收入增长的所有三个引擎都以全速运转。到1974年，石油收入达到了惊人的226亿美元。

在20世纪70年代初，SAMA面临两大挑战：抗击通货膨胀和处理外汇储备的爆炸性增长。政府支出的大幅增加导致各个经济领域出现了价格上涨，但SAMA既没有准确的（通胀）信息，也没有有效应对的工具。尤其是因为租金飞涨，住房成本难以估算。举一个例

---

* 或称特许费用。——译者注

子，SAMA 投资部门的前主管曾经讲过一个故事，20 世纪 70 年代他还是利雅得的一名初级公务员时，与其他同事合租的房子的租金在三年内涨了 10 倍，几乎吞掉了他大部分薪水。

为了减缓进口价格的上涨，SAMA 继续将里亚尔与黄金挂钩，使其相对于美元升值。在 12 年的稳定汇率[*]之后，沙特阿拉伯官方在 1971—1973 年间使里亚尔相对于美元升值了 22%。到 1975 年，里亚尔再次升值 2%，达到 3.475 里亚尔/美元，并正式与国际货币基金组织的特别提款权（SDR）挂钩。为了支持反通货膨胀的努力，政府降低或取消了一系列的国内税收和关税。

1971 年，一揽子消费者价格指数上涨了 5%，1972 年的涨幅略低于这一水平。但在 1973 年，消费者通货膨胀率（衡量经济状况的一个非常近似的指标）上升到 16%，并在 1975 年达到 35% 的峰值。真正的问题在于住房，其供应在短期内缺乏弹性。1970 年至 1977 年，住房成本上涨了 390%，而总体生活成本指数上涨了 204%，食品价格指数上涨了 154%。

20 世纪 70 年代初期和中期的通货膨胀经历表明，在一个现金投入远超吸收能力的经济体中，SAMA 无法控制通货膨胀。SAMA 唯一可以采取的行动是提高银行的准备金要求。但银行发现贷款需求疲软，因此提高准备金要求就像是"推绳子"，因为通货膨胀不是由信贷需求驱动的，而是由于"现金丰裕"。货币升值在一定程度上解决了进口通胀问题，但对住房问题无能为力。沙特的应对措施反映了财政政策的重要性，因为实施的是一项财政补贴措施——1974 年成立

---

* 这里指同美元之间的汇率。——译者注

了不动产发展基金，为私人住房提供无息贷款。

　　石油收入再次超过了政府的支出能力。政府的石油收入（美元）被换成本币存于政府在 SAMA 的账户上，美元则用于增加外汇储备，而大部分储备资金都留在账上。在预算公告中，收入总是与支出计划相平衡，但实际的现金支出却滞后。例如，在 1974 年，预算支出的实际执行率仅为 42%。不仅 SAMA 的外汇储备上升（见图 3-3），商业银行也开始积累外汇资产。各银行扩展在全国的分行网络，以利用巨大的正现金流。但它们必须与越来越多的政府机构竞争，后者也可以满足信贷需求。1972 年成立的公共投资基金（PIF）为政府投资提供了资金，而 1974 年初启动的沙特工业发展基金（SIDF）为私营企业提供了无息融资，以期实现经济多元化。结果是，银行由于没有更多的赚钱贷款项目，只能积累现金和外汇资产。

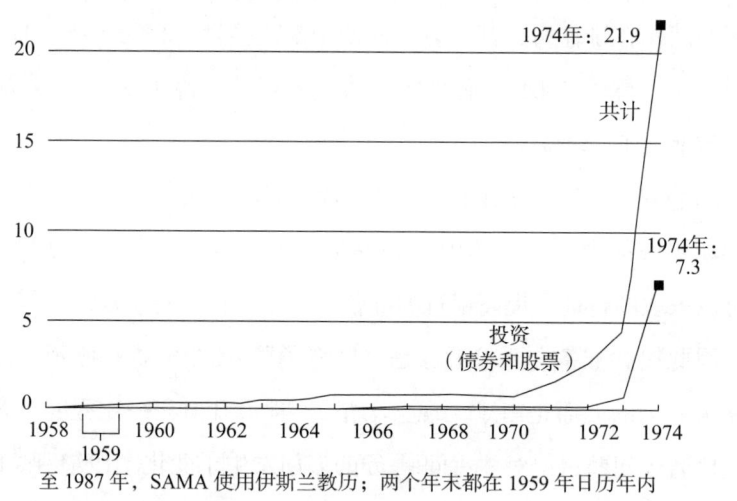

至 1987 年，SAMA 使用伊斯兰教历；两个年末都在 1959 年日历年内

图 3-3　1958—1974 年沙特阿拉伯的外汇储备资产配置（单位：10 亿美元）

数据来源：SAMA Annual Reports。

注：投资里含货币保值。

20世纪60年代初，SAMA开始多元化所持资产形式，从黄金（核心资产，且并未增加）和银行存款转入债券市场。它首先投资于美国短期国债和票据，这些可以由SAMA在纽约的代理银行管理，SAMA的大部分存款在纽约。尽管与期限相同的银行存款相比，这些国债并没有给出更高的收益，但这意味着SAMA可以进行更长期的投资。这部分缓解了存款到期转存的（工作）压力。美联储和SAMA保持密切合作，到1970年，（SAMA）所持美国国债快速增长，占（沙特外汇）总储备的约20%。但是，由于SAMA的工作人员忙于处理美元流入和存款，他们除了续购到期国债之外，无暇他顾，资产多元化的计划因此停滞不前。到1972年底，（SAMA所持美国）国债的比例下降到（沙特外汇）资产的仅6%。为了能进行长期投资而不仅仅是短期存款滚存，SAMA急需受过专业训练的投资人员。

油价上涨对发达经济体的冲击巨大。实际上，这是购买力向石油生产国的转移，但问题是它们无法充分利用这些资金，所以对全球经济产生的总体结果是需求下降，同时西方出现了外部赤字，而中东出现了外部盈余。沙特阿拉伯面临巨大的压力，必须回流（recycle）无法使用的石油收入，以帮助石油进口经济体弥补国际收支赤字。实际上，随着SAMA的外汇储备增加，这是不可避免的，这些储备必须有个去处：主要是在美国的银行存款中。但沙特也愿意看到其在IMF中的配额增加，使其资金在IMF中以特别提款权的形式得以使用。

1974—1975年，沙特金融事务的方向发生了变化。1974年11月，安瓦尔·阿里在华盛顿特区参加世界银行和国际货币基金组织年会期间突发心脏病去世。他已经担任了16年的总裁，在去华盛顿的一家医院前经历了两次心脏病发作，当时入院为时已晚。他在任上去世也是死得其所，因为他是一位孜孜不倦的管理者和灵魂导师。在他的领导下，SAMA 在地位和业务范围上都有了长足发展。

阿里去世之后还有一个更大的冲击：国王费萨尔于 1975 年被暗杀。费萨尔在安瓦尔·阿里和财政大臣穆萨埃德·本·阿卜杜拉·拉赫曼（Musaed bin Abdul Rahman，费萨尔的叔叔）的帮助下管理国家财政。在国王去世后，穆萨埃德亲王辞职，这意味着沙特金融和货币发展的灵魂人物在短短几个月内全部离任。在第四任总裁任职期间，SAMA 面临巨大的挑战，继两名美国人和一名巴基斯坦人之后，该总裁是首位出任这一职务的沙特人。

第四章

石油美元的回流和银行系统的沙特化（1975—1982）

一、第一次石油繁荣

1974年冬天，美国感受到了中东战争的残酷后果。前一年10月，埃及沿苏伊士运河突破了以色列的防线，引发了一场冲突，在美国支持以色列之后，这场冲突最终以阿拉伯人的失败告终。作为回应，沙特阿拉伯带头抵制阿拉伯国家向那些支持以色列的国家出口石油。当美国人排队给汽车加昂贵的汽油，或者在暖气不足的办公楼里瑟瑟发抖时，要求美国攻打（沙特）东部省并提供廉价石油的呼声越来越高，尼克松政府和后来的福特政府都没有试图压制这些声音。事实上，美国国务卿亨利·基辛格将这一威胁视为向沙特施压的一种手段。在一次杂志采访中，他讨论了美国需要采取军事行动以确保石油供应的情况。福特总统支持基辛格，而福特的国防部长则声称占领海湾是"可行的"。[1]

西方国家在中东使用武力早有先例。1956年，英国和法国对埃及发动军事行动，目的之一是阻止埃及总统贾迈勒·阿卜杜勒·纳赛尔关闭苏伊士运河以防油轮进入。两年后，美国海军陆战队在黎巴嫩登陆，以维护西方在该地区的利益；1961年，英国为应对伊拉克的威胁，向科威特派兵。针对美国的言论，费萨尔国王命令阿卜杜拉王子（后来的国王）加强国民警卫队对油田的保护，并下令如果美国人发动攻击，就摧毁这些设施。

费萨尔在1973年中东战争后采取的行动导致物价大幅上涨，发达国家的大量外汇储备也因此转移到SAMA的金库。1972年，美国为石油进口支付了40亿美元，1974年支付了240亿美元。对于发展中经济体来说，油价上涨的影响更为严重。但从沙特的角度来看，情况也很糟糕。费萨尔对石油收入的规模感到不安。该国不可能立即将所有这些资金用于发展，因此必须将其转化为货币资产。但如果它投资于美国的银行，可能受到资产被冻结的威胁。（是否继续投资于美国，）支持和反对的调门儿都很高。利雅得的一些人希望削减石油出口，以将收入降低到经济可以消化的水平。1975年6月，高级规划官员法鲁克·阿赫达尔（Farouk Akhdar）说，除非能保证与美国建立友好关系，否则沙特阿拉伯将停止在美国投资，这在华盛顿引起了轩然大波。

但费萨尔知道，任何限制石油生产的尝试都会导致油价飙升，使西方的经济衰退更加严重，从而增加军事干预海湾地区的风险。华盛顿可能从未认真考虑过这种武力解决石油价格危机的方式。这将是极其鲁莽的，因为一旦海湾地区成为战区，沙特的石油产量将会下降。占领沙特油田的替代方案是，双方都要应对高油价的后果。沙特阿拉伯在应对危机方面采取了主动，SAMA则在制定应对措施方面发挥了关键作用。1974年9月，安瓦尔·阿里向美国财政部长威廉·西蒙透露了沙特的政策。外汇储备将回流到西方，尤其是纽约，投资于美国的银行和美国国债，以帮助弥补油价上涨给后者造成的国际收支赤字。这种现象被称为石油美元回流（petrodollar recycling），美元是关键货币（key currency），因为石油盈余积累的是美元。

不过这只是一个暂时性安排。该计划的第二部分是让沙特阿拉伯（连同其他石油国家）在自身发展上投入足够的资金，通过让世界各国向沙特阿拉伯王国出售商品和服务来振兴这些国家。为此，沙特在美国的帮助下制订了两个五年计划。第一个五年计划（1970—1975）的预算为 90 亿美元。第二个五年计划（1975—1980）最终拨出 1 800 亿美元。

这一安排反映了一个事实，即沙特阿拉伯没有其他有效的替代经济伙伴。阿美石油公司的石油收入以美元计价，将其兑换成其他货币既不合理也不现实。该国的大部分进口产品都是以美元定价和支付的，而把美元兑换成其他货币的外汇交易规模超出了 SAMA 的能力（可能也超出了当时所有商业银行系统的能力）。弥补西方和其他重要发展中经济体对应（的进口石油）赤字的（石油）盈余回流，大多是美元。最后，当时的美元债券和权益市场同今天一样，是世界上流动性最好的市场。实际上，美国人和沙特人被锁定在一个不舒服但却必要的闭环中。

二、解决石油美元的回流

1974 年初，安瓦尔·阿里处境艰难。他历来将大部分石油收入存入商业银行，主要是欧洲美元市场。这种操作在这个时间点并不令人满意，因为这意味着大量短期存款安排和滚存，SAMA 的投资团队和电传操作员为此疲于奔命。这也意味着 SAMA 面临着西方银行的风险。油价上涨引发的经济衰退已经导致了一场银行业危机。阿里已经有了一项购买少量美国国债的安排，但需要得到王室的批准，才能以必要的规模购买美国国债，进而实质性地分散其风险敞口。与此同时，他还采取了另外两条路线——建立一家开发银行和向国际货币基金组织提供贷款。

境外商业银行持有的（沙特）外汇储备由前者贷给大量进口石油的发展中经济体。但这并没有帮到其他欠发达经济体，它们被认为信用风险高。在接下来的几年里，SAMA 帮助创建了伊斯兰开发银行（IDB），在一定程度上开辟了第二条途径。但这在 SAMA 不断增长的储备中只占不到 10 亿美元。

对于 IMF 前官员阿里来说，利用 IMF 是一条显而易见的路径，但该选项有两个障碍。IMF 不会向从沙特购买的资产（即特别提款权）支付商业利率。如果沙特能够获得 IMF 执行董事的席位，可能就会在利率问题上达成妥协。但美国担心，随着美国份额的下降，他们会失去对 IMF 的投票表决权，随即搁置了这一选项，SAMA 因此也没有大规模购买特别提款权。1981 年，一名沙特阿拉伯人终于作为董事会常任成员，加入了美国、英国、日本、法国和西德五国集团（G5）的代表行列。* 这是战后历史上发展中经济体首次获得这样的地位。

阿里只能走政府对政府的路线。这是最有希望的选择，因为世界上最大的经济体——美国和日本——需要沙特的钱。通过直接购买大

---

* 沙特阿拉伯在 IMF 有一个执行董事席位。——译者注

量政府债券，SAMA将帮助这些国家为其经常账户融资，更重要的是，为其预算赤字提供资金。美国是阿里关注的焦点。随着1974年形势的迅速发展，他知道只有国债才能为SAMA提供市场利率和无风险投资的理想组合。直接购买国债将满足SAMA需要的对外投资规模要求。但其中有着政治复杂性，因为它将把SAMA的投资政策与美国政府绑在一起。阿里把球踢给国王，等待后者决定。

实际上，如果没有（美国）官方的帮助，SAMA不可能购买其所需规模的美国国债。其时，美国商业银行系统持有1 100亿美元的联邦和机构证券，因此SAMA的现金流可以在几年内买下商业银行所持有的全部政府资产。[2] 如此大规模的购买不切实际，如果阿里要购买足够多的债券来实现SAMA（在美国的）银行存款的大转移，就需要美国政府的合作，直接向他出售债券。

对美国财政部来说，由于面临着和平时期前所未有的借款需求，因此它期望向阿里出售债券。两名美联储官员于1974年4月访问了吉达，双方开始谈判。三个月后，美国财政部长威廉·西蒙和阿里举行了一次会议，但没有立即采取行动。但到了9月，阿里自沙特最高层获得直接购买所需（美国债券）的许可。正如美国政府一份与西蒙会面有关的记录所载："……阿里总裁明确表示，沙特阿拉伯政府（SAG）最高层已做出政治决定，大量投资美国证券。阿里总裁说，这些投资将大部分通过纽约联邦储备银行操作……预计这些投资将以市场化模式进行，如果双方政府认可，也可以是美国财政部特别债券的形式。但阿里总裁明确强调，对SAG而言，对这些债券投资金额和种类完全保密十分重要。"[3]

阿里在1974年9月同美国人的讨论中提供了有关当时沙特储备的

真实情况（见图 4-1）。他告诉后者，（沙特外汇储备）总资产为 127 亿美元。1974 年 1 月，储备为 45 亿美元，所以情况变化很快，他给出的数据似乎不是最新的。超过四分之三的资产是短期银行存款，其中大部分存在欧洲美元市场，而存入如 IMF 等国际金融机构中的资产很少。

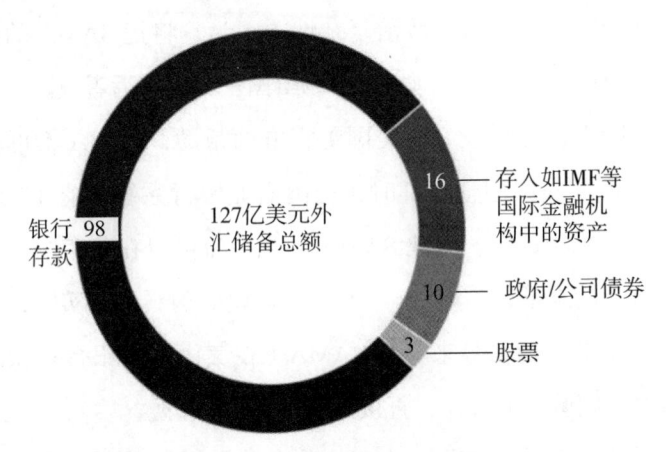

图 4-1 中数据：
- 银行存款 98
- 存入如 IMF 等国际金融机构中的资产 16
- 政府/公司债券 10
- 股票 3
- 127 亿美元外汇储备总额

图 4-1　SAMA 在 1974 年 9 月的外汇储备（单位：亿美元）

数据来源：US Embassy Jeddah Report，1974 年 9 月。

注：国际金融机构资产大多为国际货币基金组织/世界银行的资产。

SAMA 的新任总裁阿卜杜勒阿齐兹·库雷希（Abdulaziz Al-Quraishi）是一位经验丰富的公务员，曾在国外接受教育，并以善于解决问题著称。基辛格被告知："虽然他没有金融经验，但他学东西很快。"[4] 1974 年年底之前，库雷希以美国财政部向商业银行公开拍卖的均价，直接从前者购买了额外数量的美国国债，从而完成了 SAMA 的第一次直接或被称作"（美国）财政部特别债"的购买。如果沙特想在（债券）到期前出售，会通知美联储由后者回购。

随着前述直接投资计划在形式上补充了 SAMA 的银行存款安排，以及对伊斯兰开发银行和 IMF 投资规模的决定，库雷希的地位因为一群顶级的美国和英国顾问的加入而得到进一步加强，他们加入了SAMA外汇部门总监艾哈迈德·阿卜杜勒–拉蒂夫（Ahmed Abdullatif）的投资团队。

三、怀特–巴林咨询团队（WB）：1975—1978

1975年初，一位美国银行家和一位英国银行家一起走进位于吉达老城机场路坎达拉皇宫酒店的SAMA投资部交易室，第一次坐在了自己的座位上。来自怀特·维尔德投行（White Weld & Co.）的戴维·马尔福德*和来自巴林兄弟公司（Baring Brothers）的英国人伦纳德·英格拉姆（Leonard Ingram）是牛津大学校友且均聪明过人，但性格却截然不同。37岁的马尔福德身材魁梧、气场强大，灰色的眼睛透着刚毅的眼神，留着小胡子，还有一头渐渐变白的黑发。他对沙特问题的理解和迅速切入问题核心的能力很快得到沙特人的赞赏。英格拉姆比马尔福德小四岁，为人低调，是个优秀的中提琴演奏家，后来在吉达组建了一个室内乐团。其母亲是巴林家族的一员，他也因此接续其父亲成为该银行的董事。斜架在鼻梁上的眼镜背后眼光闪烁，拘谨的笑声给人的印象就像是在为自己的玩笑话而傻笑，但这些背后却隐藏着一个精明能干、机智过人的头脑。

马尔福德和英格拉姆及其助手的到来，是阿里决定引进外国专家来帮助管理资金的结果。[5]他们会给他提供专业建议，并承担部分

---

* 马尔福德后来出任美国财政部副部长，并作为三位核心成员之一，代表美方参与1985年的广场会议，他也是当时美国财政部方案的起草者。——译者注

管理存款的工作。在生前最后几个月里,阿里一直承受着巨大的压力:政府内部有传言称,要效仿成立已久的科威特投资局,成立一只主权财富基金。1976 年,阿布扎比投资局(ADIA)也选择了这个方式,但阿里希望 SAMA 在内部处理事务,而不是将投资管理部门拆分出来。

阿里向美联储和英格兰银行的负责人寻求建议。他们推荐了两家规模相对较小、保守谨慎的私人机构。美联储推荐了怀特·维尔德投行,英国央行选择了巴林兄弟公司。[6] 阿里的突然离世并没有使谈判中断:不到一个月后,怀特·维尔德投行和巴林兄弟公司的负责人与沙特财政大臣会面,后者同意三名美国银行家和两名英国银行家作为顾问加入 SAMA。他们是在成本加成的基础上签了为期六个月的试用期合约。这种合作关系最终一直持续到 1989 年,由于投资建议的首字母缩写分别来自怀特·维尔德投行("W")和巴林兄弟公司("B"),因此这两家银行合称为 WB。

到 1975 年 1 月,团队成员已经安顿下来,并开始计算 SAMA 持有的资产。英格拉姆有个特点,即便是空调坏了,他也要求其团队穿马甲办公。马尔福德在其风趣的回忆录中描述了他(在 SAMA 工作)的第一个早晨:

> 我们在那幢非常破旧的大楼的三楼寻到一间小办公室。房间里,六张桌子紧挨在一起,六个沙特人盘腿坐在桌子旁边喝着甜茶,他们的凉鞋整齐地放在地板上。在他们面前摊着硕大的皮面账簿,一行一行的条目都是用漂亮的阿拉伯文字手工填写的……
> 我们问:"你们如何查看你们的整个存款组合,比如,它们

的期限结构？"他们解释说，他们没有记录到期日的表格。但他们确实在一张纸上手写了一份长长的清单，上面写着SAMA在所有18家银行的存款总额。我的目光移到那一栏底部的阿拉伯数字，总额显示的是20 160美元。作为一名投资银行家，我自然而然地加了三个零。"超过2 000万美元。"我说。"不，"他们纠正我说，"这里你得加6个零。"[7]

他们逐一把办公室的分类账誊译为英文，列出持有的债券和存款清单，建成档案卡，以便查阅。这些资产的具体投资方式，投资于哪些银行、币种，慢慢浮出水面。但WB无从掌握石油收入的预期，也无从知晓美元何时流向银行或从政府流出。

投资部的首席交易员每个月都会接到一个关键电话——这个电话将决定SAMA未来四周的投资策略。电话从阿美石油公司在达兰的总部打来，给出三个美元数字，加在一起就是每月的石油收入。阿美石油公司的人总是彬彬有礼，但从来没有给SAMA首席交易员更多信息。这些关于下个月收入本质上不确定的信息，主导着随后召开的月度战略会议。石油收入进入了SAMA在纽约的摩根担保信托和大通曼哈顿银行账户。如果什么都不做，或者像1975年时电传员要花一些时间才能把资金转出去的常规操作，钱就会留在这两家机构的账户上。

正如SAMA事先不知道从阿美石油公司流入的美元规模一样，它也必须在没有预警的情况下支付美元。政府支出从两个方面影响SAMA的（外币）资产。大多数政府部门都没有自己的外汇账户（国防部是个例外）。因此，如果沙特卫生部希望为一家新医院从美国得克萨斯州购买医疗扫描仪，它将要求沙特财政部开具一张以

SAMA 为付款人的外币支票（通常是美元），SAMA 将另行用自己在纽约一家银行的账户开具一张支票，支付给得州。由于（沙特）中央银行事先不知道沙特财政部已签出的支票金额，因此其美元活期存款账户只能保留一个非常大的头寸。例如，1978 年，活期存款的总余额从未被允许低于 25 亿美元。

不过，大部分支出是通过在（沙特）国内银行开具的里亚尔支票支付的。如果卫生部需要支付当地的材料款，比如建造新医院所需的钢梁的费用，它就基于当地银行账户开一张里亚尔支票。这是里亚尔支出。但由于钢材都是进口的，承包商会要求银行以外币转账，以便给外国供应商付款。银行肯定是希望平衡其外汇头寸，它会向 SAMA 出售里亚尔以换取美元。结果是 SAMA 的（海外）活期存款账户上的美元再次减少。无论是花美元还是花里亚尔，这些钱都是由（沙特的）外汇储备出。这是 WB 第一次接触到所谓的"90% 解决方案"。

到 1975 年年中，马尔福德和英格拉姆已经准备好向库雷希的投资委员会提交一份全面的报告，该投资委员会在收到月度石油数据后会在库雷希的办公室召开例会。他们发现，大部分外汇储备都投资于发达国家市场。沙特本应将大量资金投向其他阿拉伯国家，但在 1975 年底，WB 计算出对这些国家发放的贷款不到 20 亿美元。每次谈判一笔新贷款时，（沙特方面）会就合适的信贷利率征求 WB 的意见，但是否放贷的决定权不在后者手中。

据报道，SAMA 作为沙特政府的代理，不时被指示以其他未出现在资产负债表上的方式向邻国提供支持，即为贷款做担保。SAMA 与荷兰阿尔格曼银行（Algmene Bank，后来成为沙特荷兰银行）的当地子公司的合作即为一个很好的例子。阿卜杜拉·苏莱曼一直与这家银行保持着密切的关系，这家银行成立于吉达，为来自荷属东印度群岛（后来的印度尼西亚）的朝觐者提供服务。SAMA 会在荷兰银行存入一笔信托存款，然后荷兰银行将等额的钱借给 SAMA 指定的政府。

早些时候，WB 建议库雷希不必对其投资计划做重大改变，应该继续谨慎购买美国证券，但他们并不建议大量购买股票。WB 的经济展望认为，债券，尤其是短期政府债券，是现金更好、更安全的归宿，重点应该放在积累美国、欧洲和日本的政府债券上。由政府担保的公共部门债券是可接受的替代投资品。政府间交易是投资现金的最快捷方式，另一种简单的方法是通过定向配售（private placement），SAMA 将包揽所有债券。言下之意是，由于发行的债券在市场上不交易，SAMA 将持有其至到期。

如图 4-2 所示，这是接下来三年一个很好的投资计划：1975 年，1 月期欧洲美元存款和 5 年期美国国债的收益率都低于美国通胀率（即所谓的负实际收益率），但债券收益率高于存款，因此将现金转换为未来几年不需要（变现）的债券是有道理的。

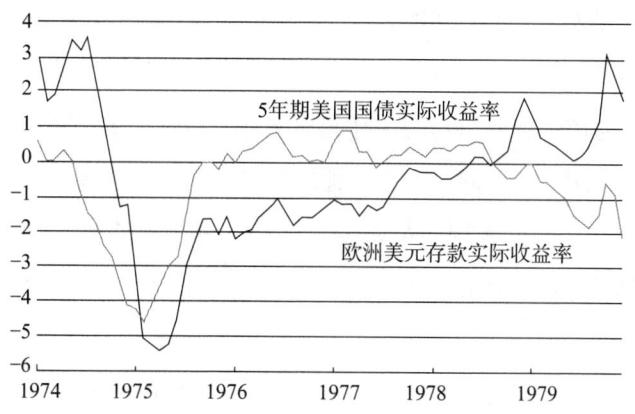

图 4-2　美国 1974—1979 年固定收益产品的实际收益率（%）

数据来源：Fed Economic Data。

日本人热衷于直接出售国债，1976年初（沙特）与日本银行签署了一项协议，内容与此前同美国签署的协议非常相似。到1981年，随着油价再次暴涨，SAMA的资产中有7%是日元资产。欧洲国家对沙特阿拉伯没有统一的政策。意大利人热衷于向利雅得出售债券，但瑞士人则兴趣不大。英国和法国政府都是通过政府机构操作，而不是直接这样销售（国债）。这非常适合SAMA，因为谈判达成的利率总是高于政府债券收益率，还有政府担保作为贷款基础这一附带优势。和瑞士人一样，德国人对此也不感兴趣，因为他们比竞争对手更好地经受住油价上涨的考验。他们不反对SAMA同德国的银行有业务往来，并在市场上购买德国国债，仅此而已。

吉达繁荣时期的情况与前来兜售债券的访客所习惯的（环境条件）可不一样。运气好的话，来访的银行家们可以花大价钱在一个有蟑螂和臭虫的破旧旅馆里合住一个房间，运气差的则不得不租一辆出租车过夜，睡在后座上。早上，银行家们尽可能地梳洗干净，在库雷希的办公室外狭窄的走廊里排队，有时坐在楼梯上喝着甜茶，然后被领进去见艾哈迈德·阿卜杜勒-拉蒂夫和WB的一名职员。如果提议令人感兴趣，WB将与银行家们举行会议，直到就相关条件达成一致，然后电传伦敦或纽约的律师起草文件。马尔福德后来回忆说，在与一个代表团的长时间会谈中，他发现自己当天还有3亿美元没有投出。对于WB的低级别职员来说，这是一种令人筋疲力尽的日程安排，他们不得不在办公室待到很晚，以便在吉达下班后通过电传滚存银行存款。

仅从1975年12月排队进入SAMA大门的借款者名单就可以看出业务有多繁忙。伦敦Orion联合银行代理爱尔兰政府借德国马克，同时代理一家瑞典造船厂借美元。比利时兴业银行代表一家国有企业借款。瑞士信贷希望为一个德国借款人借入德国马克。代表下萨克森州的北德意志银行也是如此。但这些借款要求在纽约银行给出的企业借款人名单面前黯然失色。摩根担保信托是印第安纳州标准石油公司和荷兰皇家壳牌公司的代表（但没有成功，因为 SAMA 不会借钱给可能与沙特阿美竞争的石油公司）。纽约的怀特·维尔德投行（即 WB 中的"W"）显然不担心利益冲突，它为伊利诺伊州贝尔电话公司寻求资金，美邦（Smith Barney）代表了另一家瑞典造船商，基德皮博迪（Kidder Peabody）则得到了米其林的委托。

1975 年*，SAMA 搬进了老机场路对面一幢五层的办公楼里，但就与外界的通信而言，基础设施仍然很原始。WB 面对的主要日常任务仍然是从活期存款账户中提取资金，从定期存款中赚取更多利润，然后以最好的条件滚存这些存款。SAMA 仅有一台打印金融报价的纸带机。WB 要想了解金融市场的动态，唯一的办法就是有人站在机器旁边盯着机器滚动打印出来的数据。每天早上，这张记录着债券价格和汇率的纸都要被收集起来放在马尔福德的办公桌上，这样他就可以看到隔夜金融市场行情，为当天的定向发行定价，并确定在外国银行定期存款的最佳期限。但如果没人记得在离开办公室的前一天晚上把新纸卷装进机器，打印纸就会用完。当这种情况发生时（时有发生），WB 对华尔街的最新动态便一无所知，他们就如同无头苍蝇。

在国际金融市场上的每一笔交易，无论是债券购买、转换币种，

---

* 原文为 1957 年，疑为作者笔误。——译者注

还是银行定期存款，都必须通过电传机完成。这让来自巴林兄弟公司的两位英国货币交易员托尼·霍斯和乔尼·明特每天的工作都很辛苦。他们的一些沙特同事不愿使用这些机器，因为"发送"键是马耳他十字符。乔尼·明特通过在该键贴上新月标志解决了这个问题，这样SAMA的员工就可以触摸伊斯兰标志。

1975年，（沙特）全国只有700条电传线路，使用这些线路代价不菲。吉达电话交换机的接线员在那个繁荣年代的地位是独一无二的。SAMA没有直拨电传线路，所有的外接都必须通过电话交换机完成。一些酒店，如隔壁的坎达拉宫（Kandara Palace）——那些希望与SAMA开展业务的银行家必住的地方——就有自己的电传机，用来为客户预订房间并将客户的消息传回其各自的总部。坎达拉宫与电话站里的某个人关系密切，这个人优先处理坎达拉宫的电传。当天与SAMA会面并希望汇报谈判进展的银行家只需要向酒店电传员支付一笔费用，就可以确保其信息比竞争对手的优先处理。这样一来就造成电传线路拥堵。WB和艾哈迈德·阿卜杜勒-拉蒂夫都无法阻止这种做法。SAMA的交易人员徒劳地、一遍一遍地拨打纽约或伦敦的电话，听到的却只是占线的声音。与此同时，坎达拉宫的电传员则将快速发出银行家们关于与SAMA谈判情况的报告。[8]

结果是，交易员们别无选择，只能彻夜坚守岗位无休止地拨号、重拨，直到线路可用。此时，石油收入将留在纽约的活期存款账户上。当WB最终设法联系到一家（纽约的）银行时，后者可能包揽了全天的业务，因为WB交易商不能确保联系上其他银行以获取其他报价。但至少霍斯和明特还能在英格拉姆回家后穿着衬衫（而不用套上马甲）工作到深夜，这让他们感到些许安慰。

四、外汇多元化与汇率：1975—1982

将 SAMA 的储备投资于美元资产，从来就不是什么阴谋。我们已经清楚阿里及其继任者库雷希在 20 世纪 70 年代将大部分外汇储备保留为美元的两个原因之一，即在美元市场之外投资大量资金的（操作可能性）问题。另一个原因是，他们相信外汇储备的增长将很快用于大规模的发展计划。第二个五年计划（1975—1980）预计每年支出超过 300 亿美元。1975 年初（沙特）外汇储备是 220 亿美元，因此理论上讲，这些储备不用一年就会耗尽。未来的石油收入取决于油价，而油价是不确定的。将大部分资产以短期美元存款或短期（美国）国库券的形式保守地管理——这段历史为阴谋论者提供了丰富的素材。[9]* 但在 20 世纪 70 年代中期，储备不会迅速耗尽的想法（在沙特）根深蒂固。

到 1977 年底，SAMA 的外汇储备已增至近 600 亿美元，大部分是美元。只有约 6% 是德国马克和日元。此时，将部分储备用于美元以外的长期投资的想法说得过去，SAMA 开始出售美元，这些美元（通过商业银行）换成了德国马克，通过与日本银行的直接政府债券安排换成了日元。还有一部分投资于权益。到 1977 年，有两个瑞士权益账户和一个德国权益账户由外部基金经理管理，还有一个小规模

---

* Spiro 这本书的影响很大，但广为流传的并不是书中的资料性信息，而是第一次石油危机之后"仅以美元定价石油"这个说法。但作者对其说法没有给出任何明确的出处，更谈不上权威信息来源。中文相关书、文献（译者所读有限）中，引用该书的这个说法已算是"严肃"态度了，多数则是空口白话，有的给出的"索引"是毫无关联的。《石油央行》的作者（其中一位沙特央行官员）从沙特的角度明确表明对 Spiro 一书的态度，也不多见。——译者注

的英国投资组合。SAMA原本希望购买更多的德国资产，但受到与德意志联邦银行（Bundesbank，西德央行）达成的非正式协议的制约，该协议限制德国商业银行向SAMA出售德国资产。

（沙特的）外汇储备多元化与其汇率政策之间没有联系。特别是，（沙特）没有将（储备）货币构成与其进口结算所用货币组合相匹配的想法。20世纪70年代中期，SAMA将里亚尔与特别提款权挂钩，而不是与美元挂钩，但这在一定程度上是一种政治姿态。挂钩特别提款权符合SAMA对国际合作的公开承诺。（沙特当时的）当务之急是设法抑制国内通胀。其减税或取消税收、提高公务员工资和补贴食品等措施放松了财政政策，从而推高了物价。这些措施没有解决根本问题，即政府开支的速度。汇率政策确实产生了一些有限的影响，SAMA在20世纪70年代末通过小幅调整化解了对汇率进行更大调整的呼声。

里亚尔于1975年正式与特别提款权挂钩，但按照目前的说法，1986年之前的汇率政策将被描述为"影子美元"（dollar-shadowing）或"肮脏浮动"。其目的是避免美元疲软引致进口通货膨胀；而当美元走强时，（里亚尔）也要跟进走强，但只是部分跟进。20世纪70年代末里亚尔的升值缘于当时美元走弱；1980年美元升值后，SAMA于1981年非正式地（将里亚尔）与特别提款权脱钩，并逐渐调低其同美元的挂钩汇率，直到1986年6月将汇率定为3.75里亚尔/美元（见图4-3）。

SAMA没有专业资源来做更多的工作。WB忙于投资——它们没有考虑每天调整汇率，也没有通过干预或突然的操作来干扰投机者的头寸。事实上，（沙特）中央银行努力避免其汇率调整的可预测性：这成为巴林当地银行和离岸银行机构（OBU）偶尔获利的来源，后者可以预见汇率的变化。因此，这最终可能对通货膨胀率产生一些有限的影响，但在 1982 年之后，随着油价下跌，通货膨胀不再是一个问题。而在实际操作中，里亚尔同美元的关系相当紧密。

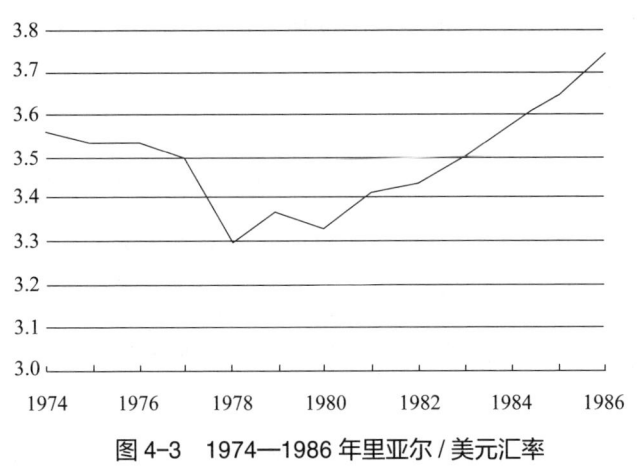

图 4-3　1974—1986 年里亚尔 / 美元汇率

数据来源：SAMA Annual Reports。

五、第二波石油繁荣：1979—1982

1978 年 10 月，SAMA 的办公室从吉达搬到向东不到 600 英里[*]的利雅得。WB 把团队所有的办公文件装进路虎车，组成车队沿着 40 号公路行驶。从吉达出发要开两天时间，他们在星空下扎营、在白天赶路，最后到达利雅得附近的图瓦伊克悬崖，悬崖有几百米高，挨着公路左侧，是从西侧进入沙特首都的天然屏障。在费萨尔国王修建现代化公路之前，前往利雅得的一代又一代旅行者都必须小心翼翼地翻过

---

* 1 英里 =1.609 千米。——编者注

这个障碍。1818 年，当埃及军队从海边出发，准备摧毁沙特古城遗址迪赖耶（Diraiyah）时，他们不得不拆除大炮，用骆驼驮着，徒步翻越山崖。WB 团队沿着费萨尔修的路走得比较舒服，当他们减速接近山顶的检查站时，可以看到旧路陈迹。从那里开车到城郊，路程就不远了。

山崖远处，天然泉水周围聚集着几个农场——利雅得在阿拉伯语中的意思是"绿色之地"——其他地方的土地都被烤焦了。利雅得全景并非赫然出现在眼前。房屋是逐渐多起来的，车队在连绵的居民区之间穿行。房屋后面的棕榈树一闪而过，这提醒着人们，当利雅得在 19 世纪后期成为沙特首都时，它只是一些小绿洲聚集起来的。不久，道路变得开阔，车辆拥堵起来，很快就有了商店和摊贩，他们到了主要市场（souq）边上了。

WB 的车队连续通过被称为"七桥"的天桥，穿过混乱的街区，来到城北的王室宫殿区。周围到处都是混凝土搅拌机、自卸卡车、成堆的钢梁、在内志岩石上凿作地基的大洞、未完工的建筑，最重要的是，在空中随风飞旋的沙尘。白天，沙尘笼罩着整个城市；到了晚上，沙尘遮住了部分星光。只有周五这个休息和祈祷的日子，利雅得的空气才变得非常清新。这个绿意盎然的地方已然成为世界上最大的建筑工地。在王储沙特建议阿瑟·杨格应将 SAMA 的总部搬到利雅得 25 年后，这几辆路虎车开进了利雅得机场路上的一个停车场。位于利雅得洲际酒店旁边的新总部落成前，SAMA 一直在国防部前的养老基金大楼里设有临时办公区。投资部在临时大楼的办公地点是北塔楼六层的一个开放式办公室。这里有一个大的交易室以及足够多的直拨电话和电传线路，以确保与市场的不间断联系。不久，这里安装了路透社终端，24 小时报道财经新闻。自动收报机留在了吉达。

尽管有了豪华的新办公室，WB 在外汇储备多元化方面也取得了进展，但其工作条件仍远远谈不上方便。1978 年，（沙特政府）支出继续上升，外汇储备下降。WB 开始对部分资产多元化逆向操作，在债券到期时减持债券并将资金转入现金账户，以保持债券和存款之间的平衡。随着石油收入企稳，而政府支出继续上升，（外汇储备）资产似乎有可能继续下跌。1980—1985 年的第三个五年计划比第二个五年计划更加雄心勃勃，预计每年支出近 500 亿美元。接下来发生了一件大事，对改善 SAMA 的财务状况起到了不可估量的作用。1978 年 11 月，伊朗油田工人罢工，产油量暴跌。导致石油生产中断的骚乱持续几个月后，1979 年 1 月，伊朗沙阿下台，为伊朗伊斯兰共和国的建立开辟了道路，伊朗自此成为伊斯兰教什叶派在中东扩张的倡导者。伊朗的石油产量没有反弹。

这是沙特王国第一次（但不是最后一次）因周边动荡但自身政治稳定而获得经济利益。自 1975 年以来，原油价格一直徘徊在每桶 11～12 美元的水平。到 1979 年 4 月，油价接近每桶 16 美元，在接下来的 12 个月里，随着伊朗伊斯兰革命的步伐加快，伊拉克准备攻击阿亚图拉·霍梅尼（Ayatollah Khomeini）领导的什叶派政权，油价飙升至每桶 40 美元（经过通胀调整，30 年后才再次达到这个峰值水平）。沙特阿拉伯的第一次石油繁荣是三个因素共同作用的结果：产量上升、利润分成增加和油价上涨。第二次石油繁荣主要是因为油价上涨，对国家的影响同样巨大。但首先要付出惨痛的代价。

穆哈兰月（Muharram），即伊斯兰教历 1400 年（根据公元 622 年开始的伊斯兰教历）的第一个月，公历 1979 年 11 月至 12 月，这个月份的特殊之处在于当月政府几乎没有支出。国家似乎已经陷入停滞。事实也大抵如此。1979年11月20日，克尔白（Kaaba）所在地麦加大清真寺被武装分子占领。一周后大部分清真寺占领区才被收复，圣地下面的墓穴里的战斗又持续了一周。长期担任沙特石油大臣的扎基·亚马尼（Zaki Yamani）将油价上涨部分归因于对沙特内部不和的恐慌性抢购，他增加了产量，以远低于现货价格的价格履行长期合同。

第二次油价上涨带来的丰厚收入远远大于第一次，表4-1显示了随之而来的负担如何再次主要由欠发达经济体承担。

表4-1　1973—1975年及1979—1981年全球经常账户盈余/赤字

（单位：10亿美元）

全球数据	1973—1975	1979—1981
石油出口国	98	255
工业国家	19	−58
欠发达经济体	−107	−244
差异	10	−47

数据来源：IMF Annual Reports，1976、1982。
注：总额为每三年的总金额；"差异"为统计误差。

第一次油价上涨使工业国家经济陷入衰退，其因持续通胀的困扰而复苏乏力。米尔顿·弗里德曼（Milton Friedman）等经济理论家的对策是，可以通过控制货币供应来解决高通胀问题。右派政治家如罗纳德·里根和玛格丽特·撒切尔视通胀而非衰退为敌人，视高利率为遏制通胀的利器。这同时也会打击劳工组织。这些货币主义思想在美国占主导地位。马尔福德和英格拉姆认为，随着发达经济体在1979—1980年陷入衰退，SAMA有很大的投资机会。

早在1975年，WB就曾建议，大部分外汇储备要么留在存款中，要么投资于短期债券。这是在高通胀和美国实际收益率徘徊在零附近的背景下提出的。但第二次油价上涨的结果却不同。1979年8月，吉米·卡特总统提名保罗·沃尔克担任美联储主席，两个月后的"周六夜大屠杀"（Saturday Night Massacre）中，沃尔克在周末将美国联邦基金利率上调了1%至12%，并推出了一系列遏制通胀的措施。经实际通胀调整后的美国债券收益率飙升。到1980年末，美国国债收益率达到了两位数。随着通货膨胀率的下降，长期债券的持有者收益可观（见图4-4）。

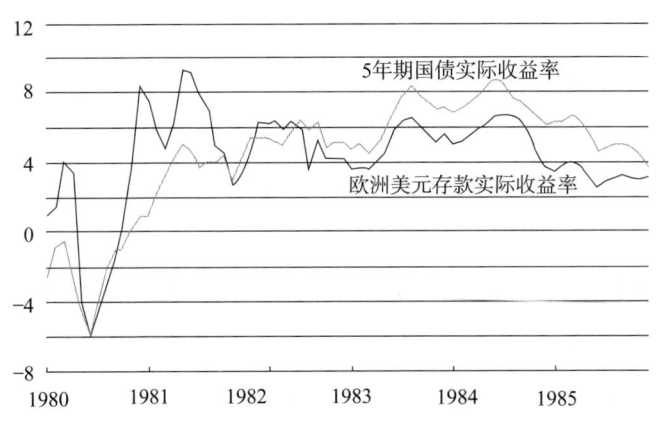

图4-4 1980—1985年美国固定收益产品的实际收益率（%）

数据来源：Fed Economic Data。

这一轮石油需求急剧下降，通胀迅速见顶，经通胀调整后的利率大幅上升。WB明白，高利率会加剧经济衰退，从而进一步降低西方国家对石油的需求。1975年油价胶着后，他们已经经历了这一场景。但这是一个通过明智的投资决策来增加外汇储备的机会，他们向库雷希提出了一个三点计划，以便从第二次石油繁荣中获得最大的投资回报：首先，购买期限较长的债券；其次，减少银行存款；最后，加快抛售美元资产。

SAMA 有机会大赚一笔，因为只有它才有足够的资金在债券价格便宜的时候买进。尽管（沙特）政府支出在增加，但资产增长速度更快。1981 年的石油收入接近 1 000 亿美元，是 1974 年的 4 倍。但库雷希将债券购买限制在 10 年的期限内。通过美国财政部直接购买美国长期国债的可能一直未被其提及。美国国债投资组合的规模继续扩大，但其平均期限仅从 12 个月延长至 3 年。（SAMA）投资部和外部基金经理在市场上买入债券，但错过了在收益率处于 1945 年后高点时大量买入较长期美国国债的机会。

（SAMA）总裁同意关于降低商业银行系统风险敞口的考虑。库雷希相信这样一种观点，即美国利率的上升将给那些借入美元的发展中国家带来危机，与此同时，美国经济衰退又减少了对这些国家出口产品的需求。早在 1982 年墨西哥债务危机警示市场注意向发展中经济体放贷的危险之前，SAMA 就已经降低了其银行风险敞口占资产的比例。很难削减存款的绝对额，因为石油收入存于活期账户（见图 4-5）。

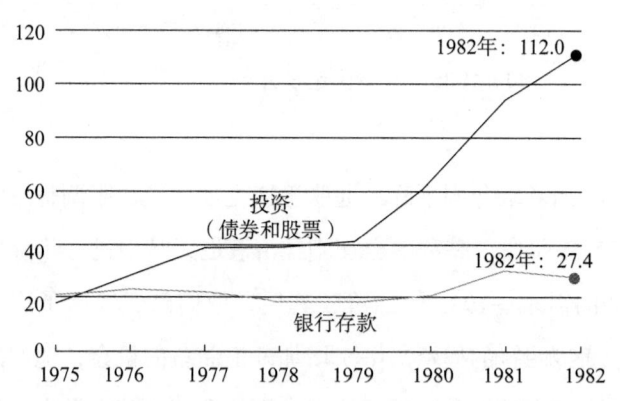

图 4-5　1975—1982 年 SAMA 外汇储备的配置情况（单位：10 亿美元）

数据来源：SAMA Annual Reports。

注：投资包括货币保值。

WB 最后也是最关键的建议是大规模降低美元敞口。该团队认为，在单一货币上持有如此大的敞口是不明智的，尤其是在一个已经开始利用金融武器实现政治目的的国家。1979 年 11 月，（伊朗）一群学生占领美国驻伊朗大使馆并劫持人质后，美国冻结了伊朗所有的美元资产。美国的银行在欧洲美元市场（主要在伦敦）持有的（伊朗）美元资产也在被冻结之列。SAMA 的资产不可能遇到这种情况，但如果完全忽视在世界任何地方持有的美元未来有被冻结的可能性，那也是不明智的。库雷希同意每月将一半的石油（美元）收入换成西德马克和日元。

这种规模的货币多元化是可能的，因为国际货币体系自第一次石油危机以来已经有新的发展，而最关键的是，西德希望与 SAMA 合作。在 1973—1975 年第一次油价上涨期间，西德的经常账户出现盈余，但到第二次油价暴涨时，该账户已转为赤字（见表 4-2）。

西德政府改变了与 SAMA 对话的想法。1980 年 3 月，西德财政部的一个小组飞往利雅得。波恩将效仿华盛顿和东京的做法，向 SAMA 直接出售西德国债。

（沙特储备的）货币多元化取得了巨大成功。到 1986 年，SAMA 只有不到三分之一的储备资产是美元，比所持西德马克和日元资产要少。此前几年，随着美元持续走强，购买非美元资产似乎是一个错误，但在 1985 年广场协议美元走弱之后，（SAMA 的储备）收益高达数百亿美元。这无疑是 WB 做出的最重要并得到库雷希认可的投资建议，也是沙特在 20 世纪 80 年代后期能够维持预算和外部赤字的主要原因。

表 4-2 1973—1975 年及 1979—1981 年工业国家经常账户盈余 / 赤字

（单位：10 亿美元）

工业国家	1973—1975	1979—1981
英国	−12	32
加拿大	−11	−10
意大利	−7	−11
法国	−4	−10
西德	28	−10
其他（主要是欧洲其他国家）	6	−56
日本	−1	−11
美国	19	18
共计	19	−58

数据来源：IMF Annual Reports，1976、1982。

注：相应数据为每三年的总额。"其他"包含欧洲其他国家、澳大利亚和新西兰。四舍五入后总额可能并不等于加总。

六、国内银行的沙特化

"从理论上讲，理论与实践无异；从实践中看，二者迥然不同。"这句箴言特别适用于经济发展领域。理论上，银行的作用至关重要，它们应该通过提供支票和存款账户来鼓励储蓄，并以有效的方式为产业项目调配信贷资金。但在实践中，银行的操作往往有别于理论模型中的"应然"。它们可能被政府政策排除在发展进程之外，且发现专注于进口融资和货币投机要容易得多。它们还可以作为将存款转移到境外的渠道。换句话说，对央行而言，它们既是机会，也是问题。在沙特阿拉伯，银行也受到阻碍，因为沙特社会的很大一部分人出于宗教原因不喜欢西方银行。

1974年以后，SAMA努力发展商业银行体系，以促进国内经济。西方银行经常发现，在沙特法律体系和伊斯兰文化所施加的限制下运营是一项挑战。许多银行在发放有息贷款以及在借款人违约时对银行可掌控的抵押品采取法律措施时遇到了特别大的困难。根据当时流行的一种理论，随着经济的发展，这个问题将会消除，但在实践中，伊斯兰银行的地位却得到加强。在1981年，由于货币主义者控制通胀导致全球金银价崩溃，进而在沙特国内引发丑闻之后，SAMA对货币兑换商的监管导致最大的货币兑换商拉杰赫在20世纪80年代晚些时候转成了一家银行。

在石油繁荣时期，沙特的银行放贷速度跟不上国内现金流。贷存比从1971年的97%下降到1975年的60%。1978年，只有三分之一的银行里亚尔存款用于国内贷款。政府财政补贴贷款是造成这种结果的原因之一。例如，沙特工业发展基金（SIDF）提供的无息中长期融资，最多可覆盖项目成本的一半。既然有这样的好事，借款人为什么还要去找银行呢？1976年，商业银行的贷款和投资多于专项信贷机构（SCI）的贷款，但5年后，SCI的贷款是商业银行的两倍多。

银行的第二个问题则涉及SAMA的"里亚尔不应成为一种国际货币"的决定。里亚尔缺乏国际货币的基本要素：其在国际贸易和金融中没有明显地位；国内金融市场不发达，对外国投资者不开放，里亚尔没有被用作外汇资产和投资的储备货币。但（沙特的）银行发现在国内很难赚钱，于是将大量资产转移到国外，到1986年，每两个里亚尔中就有一个是离岸存放，要么是巴林的里亚尔资产，要么是其他外币资产。部分离岸贷款又回流到沙特阿拉伯，另一部分则被换成美元，为参与该国开发项目的外国承包商提供资金，还有一些贷款发放给该国以外的经济体。里亚尔的离岸市场使得货币政策的实施更加困难，特别是 SAMA 缺乏执行政策所需的一些基本工具，例如通过出售政府或央行债券向（商业）银行提供安全且有吸引力的在岸资产的能力（见图 4-6）。

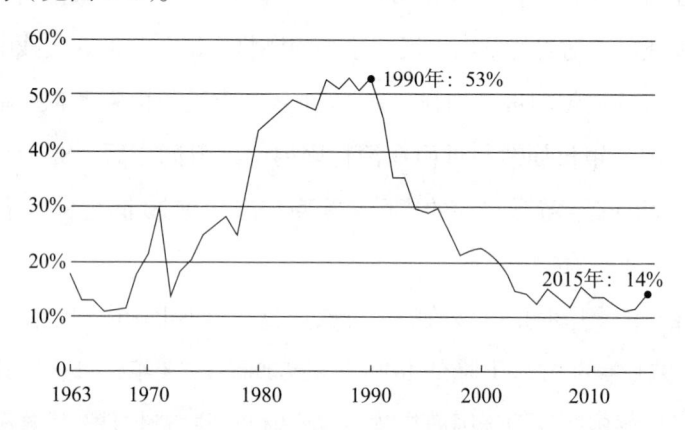

图 4-6　1963—2015 年沙特银行持有的外国资产占总资产的百分比
数据来源：SAMA Annual Reports。

沙特的银行通过存款安排和外汇掉期参与离岸业务，以利用其过剩的里亚尔流动性，原因很简单，它们在国内的存款超过了贷款需要。离岸银行机构（OBU）通常没有对冲里亚尔的风险敞口。SAMA 面临的挑战是，随着离岸银行机构调整其外汇头寸，外汇会出现不可预测的积累或损失，同时也会干扰国内流动性。

考虑到 20 世纪 50 年代的灾难性事件，SAMA 试图在不实施资本管制的情况下控制局面。例如，1983 年，国内银行被命令在将离岸银行机构纳入里亚尔银团贷款之前咨询 SAMA，并被禁止参与在国外安排的里亚尔贷款。这产生了一些效果，但离岸业务仍然是一个令 SAMA 头疼的问题。

SAMA和一些银行的最后一个分歧是沙特化。库雷希刚上任时想通过结束外资所有权，将该国的银行牢牢地置于SAMA的控制之下。作为激励措施，他提出沙特化的银行将有获得政府存款和5年免税期的机会。但事实上，他也准备好了一根"大棒"：如果银行不接受沙特化，它们将无法筹集新的资本，从而阻断其未来扩张的可能性。

1974年，除了利雅得银行和国家商业银行这两家本地银行外，沙特共有12家外资银行。大多数银行都赞同沙特化的考虑，讨论围绕着技术细节展开。讨论的核心是外国股东可以保留多少股份、沙特国内投资者购买股份的价格以及股份分散的范围，以防止任何一方获得控制权。外国投资者保留了40%的股份，并获得了10年的经营合约，从而保护了他们的投资。荷兰阿尔格曼银行当地分行更名为沙特荷兰银行，中东英国银行更名为沙特英国银行，沙特法国银行和沙特开罗银行紧随其后。SAMA确保政府存款存放在沙特化的银行。这既有助于保证存款的稳定性，又给了SAMA一个额外的控制手段，因为银行不希望看到存款被提取。最大的赢家是两家银行：国家商业银行和利雅得银行，它们不必经历这个过程，因为它们一直由沙特人所有。至此，它们经营着全国70%的银行分支机构。

但当时以第一国民城市银行（FNCB）之名运营的花旗银行仍然坚持不变。花旗银行处事强硬的董事长沃尔特·里斯顿（Walter Wriston）直到SAMA拒绝让美国银行监管人员审计FNCB的账目并关闭其在达兰的分行后，才做出让步。里斯顿最终妥协了，1980年FNCB改组为沙特美国银行，沙特一方拥有60%的所有权。1981年，三家小银行合并成立沙特联合商业银行，沙特化进程至此完成。

随着第二次石油热潮被沃尔克通过西方的高实际利率所平息，传统的避险资产价格急剧下跌，金银投机者遭受重创。沙特阿拉伯也有输家。沙特开罗银行的高管一直在秘密交易金银，该银行技术上已经资不抵债。它通过虚构在外国银行的存款而藏匿损失。SAMA以优惠条件向沙特开罗银行提供软存款，以维持其运营，后来公共投资基金获得了该行50%的股份。1981年，一件规模不大但可以说意义更重大的事件，将金融体系中遵守伊斯兰教法的业务纳入央行监管。达曼一家货币兑换商因金银投机而破产，给客户造成了损失。货币兑换商不被SAMA视为银行业务，但实际上在银行体系中占相当大的比重。迫于公众压力，主要是那些亏了钱的人的压力，SAMA开始管理货币兑换商，包括该国第三大存款接受者拉杰赫。最终的结果是，该机构于1987年决定转成一家银行，符合伊斯兰教法的银行业务成为（沙特）国内金融体系的主要业务。

七、避免犯错

伊恩·弗莱明（Ian Fleming）笔下的英雄、英国特工詹姆斯·邦德是20世纪60年代的偶像，他开着超级跑车。在弗莱明1961年的小说《霹雳弹》中，反派人物布洛菲尔德是协助犯罪组织（简称"SPECTRE"）的负责人，出于谨慎的原因，他决定将该组织的资金投入世界上最安全的货币：瑞士法郎和委内瑞拉玻利瓦尔。当时，因委内瑞拉庞大的石油储量，其货币玻利瓦尔与瑞士法郎并列被称为避险货币，在委内瑞拉历届政府数十年的经济管理不善之后，这一选择在今天看来颇为荒谬。相比之下，沙特阿拉伯并没有对其石油财富管理不善。SAMA 可能没有做到万无一失，但对成功来说至关重要的是，它没有犯大错误。

在库雷希向沃尔特·里斯顿展示"大棒"并阻止美国货币监理署审计花旗沙特分行的同时，他正与美联储合作，以改善银行监管。由此可见 SAMA 做法的微妙。美联储官员提供了一份手册草案，在吉达培训了工作人员，并支持 SAMA 为私营银行家和货币局工作人员开展银行培训计划。1980 年，SAMA 得以推出更详细的银行检查制度，其中一项要求使其能够分析里亚尔资产和外汇资产中的境外资产。

1975—1982 年的石油美元回流是一个和平的双赢模式。国际银行获得了沙特的存款，并将这些存款再回流到发展中经济体，而政府对政府的直接安排意味着，发达经济体获得了为自身经常账户和预算赤字融资所需的资金。与此同时，SAMA 得以成功转型为第一家主要的代理主权财富基金（因为这些资产存放在央行的账户中，而不是一个特别基金）。科威特拥有一只小型基金已有多年，阿布扎比在 1976 年成立了一只基金，但这一时期的巨人是 SAMA。这是一个成功的故事。引进的 WB 团队与 SAMA 的长期雇员融合得很好，他们做出的重大决定都是成功的：在 20 世纪 70 年代从银行存款转向较短期的政府债券，然后在 20 世纪 80 年代初实际收益率极具吸引力时又延长到期日。虽然过程中也出现了一些问题，比如电传机的问题，但 SAMA 被视为一个明智的合作伙伴并因此建立了声誉。

对库雷希来说，汇率政策是次要的：实际上，SAMA 是在（让里亚尔）相对美元"肮脏浮动"，并缓解了公众对通货膨胀的担忧。库雷希与银行间的你来我往漫长而复杂，但他并没有阻止规模可观的离岸业务的发展。不过他确实阻止了里亚尔成为一种国际货币，并争取到了沙特对外国商业银行沙特分行的所有权。当然也可以认为，SAMA应该采取更宽松的方式，允许外国银行国际化和自由进入沙特。但这很可能会在不久后石油市场崩溃时带来更多的银行问题。海湾地区的其他国家当时就面临着银行业危机。例如，阿联酋不得不在1977年拯救多家银行，而1982年科威特不受监管的"露天市场"的股灾事件使得除一家银行外的所有银行在技术上都破产了。但SAMA监管的银行体系比科威特和阿联酋的规模大得多，它只需要处理沙特开罗银行欺诈案。这可以说是一个相对的成功。也许在这种大的背景下，SAMA已经尽力做到了最好。

到1982年底，第二次石油繁荣迅速转为萧条。随着西方国家的货币主义政策导致经济紧缩和石油需求下降，1980年末接近40美元/桶的油价跌至（1982年底的）30美元/桶。更重要的是，为了稳定油价，沙特削减了石油产量。较低的油价加上较低的产量对SAMA的储备来说是一个非常不利的组合，尤其是在政府支出继续增加的情况下。SAMA的外汇储备在1982年10月达到1 400亿美元的峰值，到1985年9月，其资产已降至1 000亿美元以下。繁荣时代已经彻底结束，央行面临着一系列新的挑战。

第五章

外汇储备下降及伊拉克入侵科威特（1983—1993）

一、为石油而战

人们长久以来预判的中东石油战争，最终于1991年在一个名为海夫吉的小镇爆发。这个看似不起眼的地方位于沙特阿拉伯东部省的海湾沿岸，科威特城以南不到12英里，海夫吉油田的中心位置。1月29日夜晚，三个营（两个装甲营，一个机械化营）从1990年8月被伊拉克军队占领的科威特越境，向海夫吉进发。伊拉克派出装甲第3师和6万名士兵组成先头部队，这个庞大的混编队伍自边界向后绵延出10英里，几乎到达科威特城。不过，尽管这次进攻伊拉克投入了大量武力，但结果却难言成功。一支旨在支援陆上作战的伊拉克巡逻快艇舰队被英军直升机赶回了科威特。机械化步兵营被迫向北撤退，而一个装甲营遭遇了美军，并被直升机和近距离攻击机袭击。然而，在黑暗中，一个配有支援步兵的装甲营成功地绕过了沙特的防御并到达了海夫吉。一到达那里，装甲营就在该镇的公寓楼和宽阔的林荫道之间部署起来。

收复海夫吉的任务落在了沙特武装部队指挥官、少将哈立德·本·苏丹（Khalid bin Sultan）身上，哈立德是时任国防大臣的儿子，也是1982年哈立德国王之后继任的法赫德国王的侄子。他派出一个下属、中校哈米德·马塔尔（Hamid Matar）带领国民警卫队二旅七营参战，该营由使用V-150美制装甲车的沙特步兵连和使用法国AMX-30主战坦克的两个卡塔尔坦克连组成。美国同意提供火力支援，马塔尔等待夜幕降临。在1月30日的黄昏时分，收复该镇的战斗开始。马塔尔的第一次攻击失败，次日（1月31日）早上，继续战斗之前得到另一个国民警卫队营和国防部旅的增援。战斗持续了整整一天。一个试图进入镇内的伊拉克救援队被围歼，沙特军队随后从北部和南部发起攻击。受困的伊拉克将军恳求允许撤退，但被萨达姆·侯赛因拒绝，甚至任由其部队被合围。经过两天的巷战，沙特部队最终收复了海夫吉。数百名伊拉克人阵亡、受伤或被俘。相比之下，沙特和卡塔尔的总损失只有19人，另有36人受伤。海夫吉之战是为解放科威特而发起的第一场地面战斗，这场战争在不到一个月后以沙特阿拉伯及其盟友的胜利结束。

　　海夫吉之战只是科威特战争中的一场战役，整场战争事关海湾石油的控制权。石油资金的管理不善是伊拉克问题的根源。1990年8月，伊拉克入侵科威特，因为它需要更多的石油。萨达姆相信，通过吞并科威特可以使伊拉克的经济重获新生。此前十年间，伊拉克的经济状况良好，石油年收入为260亿美元，另外还有350亿美元的外汇储备。但萨达姆犯了一个错误，他对伊拉克迅速击败伊朗过于自信。这一举动触发了一场旷日持久且代价高昂的战争，耗时八年，伊拉克经济从此一落千丈。外汇储备消耗殆尽，国家欠海外债主800亿美元，额度之高，偿还无望。在入侵科威特的前一年，伊拉克的石油收入仅为130亿美元，而其开支则是该数字的两倍。当油价低迷时，国际银行家不再借款给伊拉克。除非其他石油出口国也同意减产，否则油价走高的可能性很小。伊拉克要么入侵科威特并占领其石油资源，要么利用入侵的威胁从科威特那里敲诈。

1990年的头几个月，萨达姆开始向其海湾邻国施压。6月，他要求科威特借给伊拉克100亿美元。7月27日，伊拉克八个师集结在科威特边境。大军压境，科威特人仍然认为萨达姆在虚张声势。但萨达姆早就认定谈判的时机已经过去。在8月2日清晨，他下令占领科威特，这一行动导致为期六个月的危机，战争以（伊拉克的）失败告终。[1]

石油是伊拉克决定挑起海湾战争的核心因素。伊拉克的石油收入管理混乱不堪，但萨达姆最大的失误是疏远了本国的私营部门和银行。后两者持有数十亿（美元）的境外资产，本可用以维系萨达姆政权多年，不过他无法说服它们将美元汇回伊拉克境内。在伊拉克，没有人会把钱交给萨达姆管理。

20世纪80年代，为什么沙特阿拉伯的财政表现要比伊拉克出色得多？毕竟，沙特王国也的确面临着与萨达姆政权相似的三大财政问题之一——收支无法平衡。但是，SAMA巧妙地管理其外汇储备，实现了良好的投资回报，这夯实了资产基础，使人们长久以来所担心的经济危机得以避免。伊拉克与沙特的根本区别可以用两个词来概括：挥霍与信任。萨达姆在对外冒险上，如两伊战争和入侵科威特，浪费了大量的国家资金。而在信任方面，SAMA创建债务市场的方式正好展示了沙特私营部门对其政府的深度信任。在首次发行债务后，由于私营部门将美元汇回并购买政府债券，SAMA的外汇资产反而出乎意料地增加了。在分析这一时期 SAMA 的成就时，还需要进一步审视科威特战争及其后果对货币政策的影响、1990 年 8 月的金融恐慌，以及 SAMA 为恢复市场信心所采取的教科书般的应对措施。

二、经济和财政背景：90% 解决方案

算清每月可能流出多少外汇是 WB 的主要任务，他们最终驾轻就熟。从 20 世纪 70 年代末到 80 年代初，政府支出导致的外汇储备损失平均占到政府总开支的 90%。如果有 1 亿美元作为石油收入流入外汇储备，政府账户贷记等值的里亚尔金额，那么大约有 9 000 万美元很快会再次流出。要计算外汇流出规模，只需要知道政府的支出额，然后从这个数字中减去 10%。这就是"90% 解决方案"的由来。如今，预算已经出现赤字，但"90% 解决方案"仍然适用，这成了一个被高度关注的迫切话题。

公共支出被削减，而发展项目实际上已经停滞。但是图 5-1 显示，即使支出下降，预算赤字仍然上升。到 1989 年，支出与收入之间的差距达到 110 亿美元，而未来的日子将更加艰难。

非石油经济本应发展出口市场并替代进口，但并没有。没有人预料到这种结果。1975—1980 年沙特宏大的五年计划，原本是为了降低对石油的依赖。尽管该国除了石油几乎没有其他天然优势，但经济学家预测，本地劳动力会取代外籍劳工，而组装材料的成本将低于进口成品的成本。现代产业正围绕石油建设。至少理论上是这样。到了 20 世纪 80 年代中期，有什么证据表明该五年计划已经成功了吗？

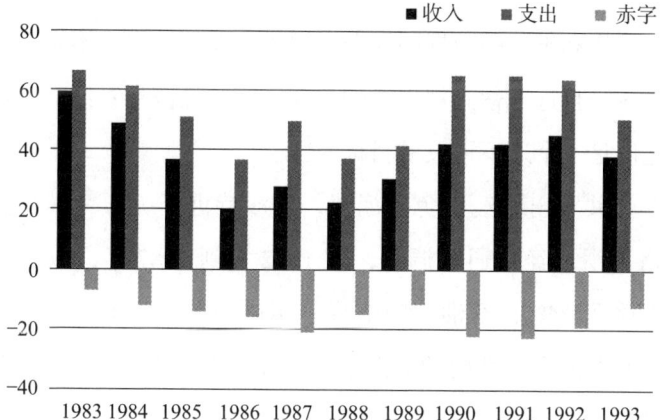

图 5-1 1983—1993 年的预算赤字（单位：10 亿美元）

数据来源：SAMA Statistical Bulletin。

注：1990—1991 年统计为合并数据，本图将其平均分开。

理论上讲，随着国内经济的增长，税收收入应该上升。但事实并非如此。以 1993 年为例，非石油收入只占预算的五分之一左右，而其中的大部分是来自 SAMA 和国有企业的转移支付（见图 5-2）。

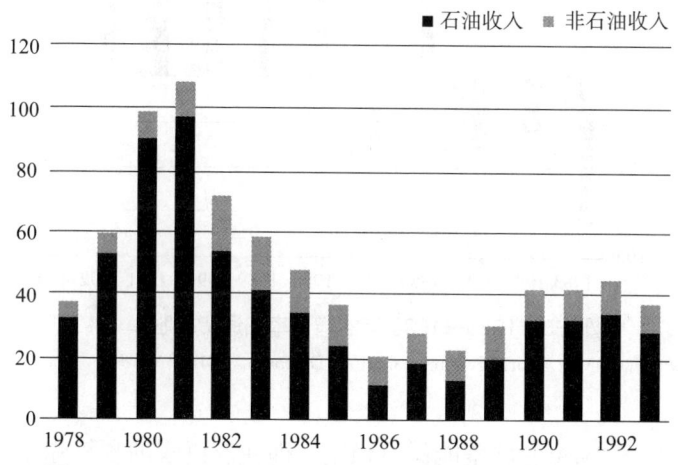

图 5-2 1978—1993 年政府收入来源（单位：10 亿美元）

数据来源：SAMA Statistical Bulletin。

注：1990—1991 年统计为合并数据，本图将其平均分开。

进口替代和出口的数据同样令人沮丧。非石油出口不到石油出口的十分之一，且远未达到规划者的预期。摆脱经济对石油的依赖、实现多元化仍是一个遥不可及的目标。

尽管公共支出使经济免于崩溃，但沙特仍经历了一次经济大衰退和价格下滑。经过通胀调整，从 1982 年到 1987 年，沙特国内生产总值下降了 24%，石油部门下降了超过一半，由于得到政府支出的支持，非石油私营部门的下滑幅度被控制在 10% 以内。随着 20 世纪 80 年代末油价的回升，情况有所好转。但在科威特战争爆发前夕，沙特经济仍然小于 8 年前的规模。如果没有逆周期的赤字支出，情况可能会更糟糕（见图 5-3）。

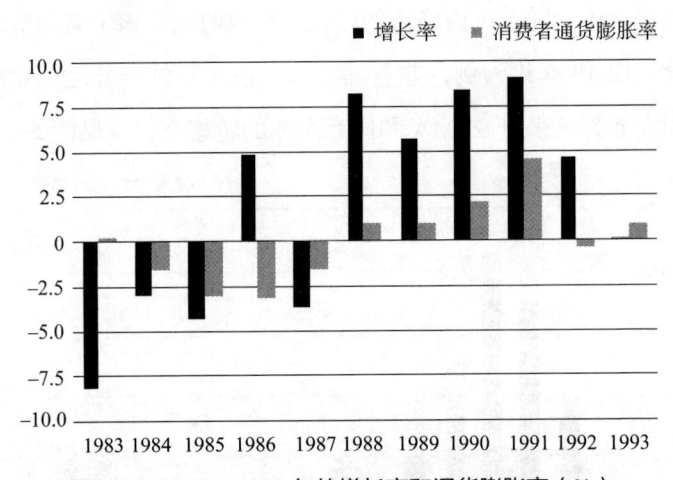

图 5-3　1983—1993 年的增长率和通货膨胀率（%）

数据来源：IMF, World Economic Outlook Database，2016 年 10 月。

只要 SAMA 的储备能保持稳定，即使有巨大的预算赤字，公共支出仍然可以继续。为什么这些储备如此重要？最好的解释方式是将沙特阿拉伯的财政状况与美国的进行比较。两者之间的关键差异在于，美国政府对私营部门征税并花钱。当预算平衡并且收入等于支出时——这种情况确实很少发生——结果大多只是需求从经济的一个部门转移到另一个部门。但是，只有当政府支出大于税收时，才会产生巨大的（全社会）消费冲动。这就是公共支出在经济中产生的乘数效应。

在沙特阿拉伯，政府的大部分支出来自石油收入。这是一种纯粹的购买力注入，因为这笔钱是从使用沙特石油的国家赚来的。沙特人自己几乎不纳税。超过（沙特）本国税收收入的所有支出，都相当于美国的预算赤字，因为政府几乎没有从沙特人那里征税的收入。政府支出对沙特经济产生了什么影响？与美国的不同之处在于，沙特阿拉伯有一个庞大的进口部门。食品、服装、汽车，实际上大部分商品都是进口的。劳动力也是以数百万外籍工人的形式进口的，这些工人将收入寄回母国。因此，在非石油经济的每一轮支出中，大量资金流向进口部门，从而削弱了乘数效应。向沙特阿拉伯出口商品和劳动力的国家则从中受益。例如，印度（向沙特）支付石油费用，但从印度籍工人的汇款中受益。随着沙特进口支出的增加，SAMA的外汇储备减少。"90%解决方案"解释了支撑经济的关键动力。

"90%解决方案"作为预测外汇外流的指标，在大多数情况下是有效的，但它仍然有些过于简单化。实际上，还有其他的因素在起作用，这些因素都与金融部门相关。银行自然会寻求对其未贷出的部分资产进行安全投资。在一个发达的经济体中，银行购买国债来填补这个缺口，但沙特阿拉伯直到20世纪80年代末才发行这种债，银行因此倾向于积累外资，将里亚尔兑换为美元并投资到国外。其他私营部门（企业和富人）做法类似，通过在国外投资来分散其资产。第二类投资者的行动几乎不可能预测。但可以预测的是，如果私营部门的银行、企业和富人都预计里亚尔会贬值，他们可能会采取谨慎的做法，将其资金换成美元。这将是经济的美元化——这是决策者一直担心的问题——并真正耗损 SAMA 的储备。自 1986 年建立了可信的美元挂钩机制后，这一问题就不再是焦虑源，直到伊拉克入侵科威特。不出所料，这次入侵引发了金融恐慌，尽管时间不长。

在整个 20 世纪 80 年代，这些因素都间或发挥了重要作用，且逐渐开始为 SAMA 带来好处。1988 年国债市场的建立，为银行提供了一个安全的长期投资渠道，使其能够减少境外净资产。随着国内经济面临困境，一些私人资本从国外回流，特别是在 1991 年解除了来自伊拉克的威胁之后。最后，1986 年钉住美元后带来的信任，降低了对里亚尔进行投机攻击的可能性。

对于 SAMA 来说，"90% 解决方案"意味着很容易判断财政偿付能力。在估计外汇储备下降的速度时，只需要考虑的变量是石油收入和政府支出。如果政府支出（扣除当地收入后）大于石油收入，那么储备就会减少。换句话说，出现预算赤字就意味着储备会下降。从 1983 年开始的预算赤字一直持续到 2003 年，也是在 2003 年，沙特石油的均价首次在 20 年内突破 25 美元 / 桶。

三、换人

哈尼法谷地是阿拉伯半岛中部地区的主要河床之一，一年中的大部分时间干涸无水，直到每年的第一场冬季暴雨来临，天空如裂开一般，短短一个小时内降水量达几英寸[*]。雨水从干燥的沙漠冲入山谷，形成数米高的山洪，瞬间冲往下游，随之而来的是被连根拔起的树木、石头和被淹死的小动物。山谷位于利雅得和图瓦伊克悬崖之间，在利雅得市郊的洼地上，有许多集市花园和椰枣林。在城市北部几英里处，人们建了一座大坝，以防止山洪冲毁农田。历史悠久的城墙遗址小镇迪赖耶就位于大坝下方，紧邻山谷的边缘。

如今，迪赖耶已被列为沙特古迹，一些古老的宫殿被重修，成为家庭郊游和野餐的热门之选。在通往这座古镇主要入口的道路对面，坐落着一座宫殿式建筑，周围环绕着椰枣林。房屋按照传统风格建造，有着高高的天花板和长长的凉爽走廊。厨房和起居室中间隔着庭院，饭菜在厨房里准备好之后再端上。这是接待客人的理想之地。在 SAMA 迁到利雅得后，这座房子一直被戴维·马尔福德租用，直到 1983 年他离开 SAMA 就任美国财政部副部长。他的得力助手、迷人而文雅的汤姆·伯奇（Tom Berge）紧随其后，成为副部长助理。马尔福德的继任者斯蒂夫·威尔伯丁（Steve Wilberding）续租了这座宫殿式建筑。斯蒂夫是一位越战退伍军人，四十几岁，外形精干，深棕色的波浪卷发，烟瘾极大，他还是美林公司的华尔街老手，美林公司收购了怀特·维尔德投行后，便负责 WB 业务中的美国板块部分。斯蒂夫的方法是技术性的，侧重分析，作为个人电脑的早期用户，他经常坐在电脑前，手边是一杯甜茶，旁边的烟灰缸中燃着香烟，他专注于分析 SAMA 所面临的财务问题。

沙特一方的人员也做了调整。艾哈迈德·阿卜杜勒-拉蒂夫从投

---

[*] 1 英寸 =2.54 厘米。——编者注

资部门负责人升职为负责海外投资的副总裁，办公室从二楼搬到了五楼。接替他此前职位的是来自国防部的艾哈迈德·马利克（Ahmed Al-Malik）。

1983 年 4 月，一个更重磅的人员变动消息传来。在沙特投资银行利雅得办公室开业当天，SAMA 总裁库雷希参观了这家新银行的金库，并收到一份礼物：1 号箱子的金钥匙。他开玩笑地问这是为他个人准备的，还是为 SAMA 总裁准备的。直到三天后他选择辞职的消息被公开，大家才知道他说这句话的意思。此前从一个准政府组织调任 SAMA 副总裁的 43 岁的哈马德·萨亚里（Hamad Al-Sayari）被任命为代理总裁，并在两年后被正式任命为总裁。SAMA 迁往利雅得是一个标志，意味着由来自红海沿岸西部地区的汉志人担任银行职员的日子即将结束。当他们离开时，他们的位置被利雅得所处中央省份（此前的内志地区）的沙特人所取代。

对于 WB 的成员来说，这是一段愉快的时光。新的总部在 1985 年建成，硬件条件比旧的总部大为改进。首先，它有一个极好的员工餐厅。WB 成员和沙特员工经常在午餐桌旁讨论投资问题。英格拉姆被任命为萨亚里总裁的特别顾问。他的继任者是牛津大学的杰里米·费尔布罗瑟（Jeremy Fairbrother），一位受过专业训练的科学家，凭直觉即可做出与威尔伯丁通过逐步验证得出的相同结论。他的妻子琳达是沙特阿拉伯电视台英语频道的明星主持人，负责一档名为《焦点》的周播节目。随着好的酒店、餐厅、书店和唱片店纷纷开张，费尔布罗瑟夫妇逐渐融入这座沙漠城市生机勃勃的文化生活中。一个古典管弦乐团在一家酒店的地下室排练，WB 的英国团队成员与一个剧团一起上演业余戏剧，该剧团在城外的一个社区拥有自己的剧场。西方音乐家飞过来为外交官及其客人举办音乐会。这是一段快乐的时光，现代设施正投入使用，而人们还没有感受到财富和消费下降的影响。

四、卖资产：1983—1990

1983年，SAMA的月度"分钱会议"（carve-ups）发生了质的变化。该投资会议之所以有这个别称，是因为以往的工作包括估计每月的现金流（入）并向总裁建议其投向：是股票、债券还是存款，以及有多少应该投到非美元货币中。但现在，讨论转向了应该出售哪些资产。股票的敞口并未受到影响，实际上，如我们下面将看到的，SAMA正在积极购买股票。但是债券和存款则是另一回事，渐渐地，它们（到期后便）不再被续作，而是存入活期存款账户中，以满足对美元的需求（见图5-4）。

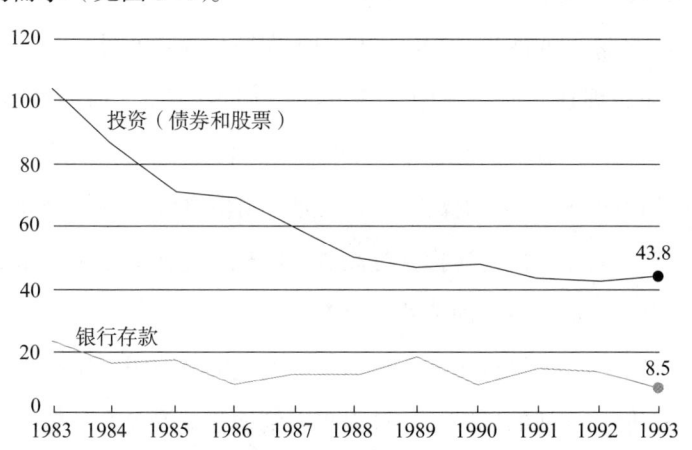

图5-4　1983—1993年SAMA的外汇储备资产配置情况（单位：10亿美元）

数据来源：SAMA Annual Reports。

1984年初，威尔伯丁和费尔布罗瑟告诉萨亚里，如果接下来一年的情况不发生变化，就没有足够的正现金流来应对每天的美元外流。因此，SAMA必须以积极卖方的身份进入债券市场筹集现金，而团队希望通过交易债券投资组合来提高收益，以应对形势的变化。

基于同美国、西德和日本三国的协议，所购债券可以持有至到期，但即便如此，所回收的资金也不足以满足需求。为了筹集必要的资金，必须提前出售部分债券。WB认为美元基本上被高估，应该首先出售美元债券。只有当美元现金流不足以继续应付活期存款账户资金要求时，才出售其他币种的债券。五国集团在1985年就干预汇率达成广场协议，美元汇率急剧下跌，这一资产处置安排回报可观。萨亚里还意识到，国际货币基金组织那里将不再接受更多的大额借款。最后，一些外部债券经理被解聘，尤其是那些没有达到目标指数回报率的经理，这是央行首次采取这一措施。

在总裁批准就内部所持债券开展交易之后，SAMA的工作量急剧增加。团队中的沙特员工已经处理了大部分存款及月度购债计划等日常工作。现在，他们开始互换（swap）同久期的债券（久期与到期日相关，测算债券价格随其到期收益率变化的情况）。这种做法有利于市场习惯SAMA的操作。30年前，当债券市场不如今天这般高效时，进行久期中性的转换并提高收益的机会比比皆是（典型的做法是购买交易价格远高于面值的高息券）。

按照惯例，交易员每天都要与世界各地的主要投资银行沟通。银行被告知债券互换的标准，并被要求在到期收益率上升，但期限或信用评级没有变化的情况下提出互换建议。银行的建议提高了SAMA投资组合的收益率，交易员也从工作中学到了很多经验。到1986年，债券销售被纳入互换计划。通常情况下，SAMA 的交易员会打电话给一家投资银行，假装打算执行一项涉及两个对手方的债券互换交易，正如过往的例行交易那样，但他只会做互换的一个环节。该交易员只看到了债券的出售，而没有看到另一个交易对手的后续购买（实际就没发生过），因此他不清楚这是一笔债券的直接清仓。与此同时，除非政府支出与收入相匹配，否则非美元债券将不得不在流动性不如纽约的市场上出售。这个时间点也正在逼近。

支出并非财政问题的核心，收入才是，特别是石油收入。在第一次石油繁荣时期，沙特王国受益于产量增加和价格上涨，但情况在 1982 年之后发生逆转。石油产量和每桶收入都大幅下降。价格从 1982 年的平均 34 美元/桶降到 4 年后的 13 美元/桶，伊拉克入侵科威特之前一年也是这一水平（见图 5-5）。

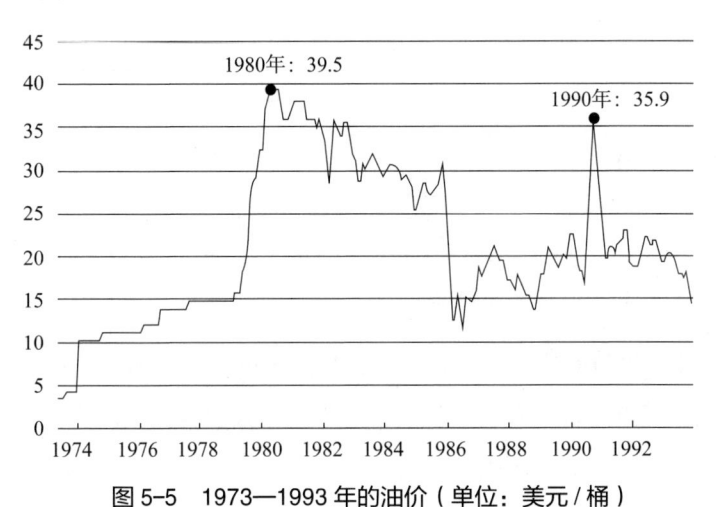

图 5-5 1973—1993 年的油价（单位：美元/桶）

数据来源：Fed Economic Data。

随着全球需求减弱，沙特阿拉伯削减石油产量，试图稳定油价。1982 年，阿美石油公司每月向 SAMA 支付的石油款项超过 80 亿美元。在接下来的三年中，这个数字跌至仅 20 亿美元。1986 年是危机之年，当时的石油收入较前一年下跌了一半。长期担任石油大臣的亚马尼将沙特王国视为 OPEC 内的"摇摆生产者"。他希望通过限制沙特的产量推动油价反弹。到 1986 年 7 月，现货油价跌至 10 美元 / 桶以下，当月 SAMA 从阿美石油公司那里只收到了 7 亿美元，不到 1982 年收入的十分之一（见图 5-6）。

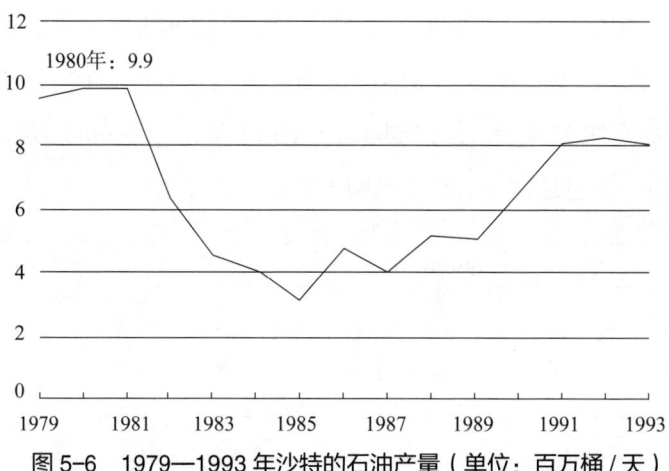

图 5-6　1979—1993 年沙特的石油产量（单位：百万桶 / 天）
数据来源：SAMA Statistical Bulletin。

9 月，亚马尼公开表示，油价在接下来的四年内可能继续维持在 18 美元 / 桶以下。果真如此的话，后果将是毁灭性的。萨亚里把威尔伯丁叫到他五楼的办公室，与后者一同前来的是比尔·布莱克（Bill Black），比尔在前一年接替费尔布罗瑟成为（WB 中）巴林兄弟公司一方团队第三任也是最后一任负责人，他是一位五十多岁、高大沉稳的苏格兰人，面色红润、一头白发。他精通多国语言，喜欢异国他乡，善于处理商业关系。他赢得了沙特人的信任，并在1989年WB的其他成员离开后，继续担任独立顾问长达八年。

萨亚里想知道，如果亚马尼的预测准确，沙特的外汇储备将面临什么样的格局。WB告诉他情况可能会变得非常严重。到1990年，资产可能会降至250亿美元，他们认为这是一个危险的低点。"90%解决方案"表明，唯一的选项是削减支出并提高税收，以减少普通沙特人的支出（也就是进口）能力。财政大臣穆罕默德·阿巴勒哈伊勒（Mohammed Abalkhail）认为他别无选择，只能冻结公共支出，结果是沙特政府停止支付部分账单。公务员每月尚能收到薪水，但外国承包商却一分钱拿不到。几周内，整个支付系统停摆。由于外国公司没有收到付款，它们也停止支付账单，供应商的现金很快耗尽。没过多久就没有人再付账单了。

1987年新年前后，开支削减措施冲击了SAMA。出国旅行这样的办公室福利被限制，项目也被搁置。在工作日，SAMA都忙着出售美元债券。石油收入在1986年末有所上升，但在1987年初再次下降。收入进账和开支流出之间的缺口为4 000万美元/天。2月，美联储提高了利率，随着利率的上升，全球开始抛售债券（见图5-7）。如果非美元债券价格下降，SAMA现在就要卖掉它们。日元债券是第一个要被卖掉的。当年春天的一个清晨，WB和SAMA的交易员早早投入工作。他们希望赶在日本市场临收盘流动性枯竭之前，抓住东京债券市场午后行情卖出。萨亚里相信，出售日本债券肯定引发公众关注，但这势在必行。SAMA是日本境外最大的政府债券持有者。WB的交易员各自获派部分债券卖出。每个人都坐在自己的电传机前，开始向东京不同的银行输入卖出指令。当信息输入完成后，首席交易员给出指示。交易员同时按下"发送"键,日本债券市场历史上最大的卖单送达东京六家银行。

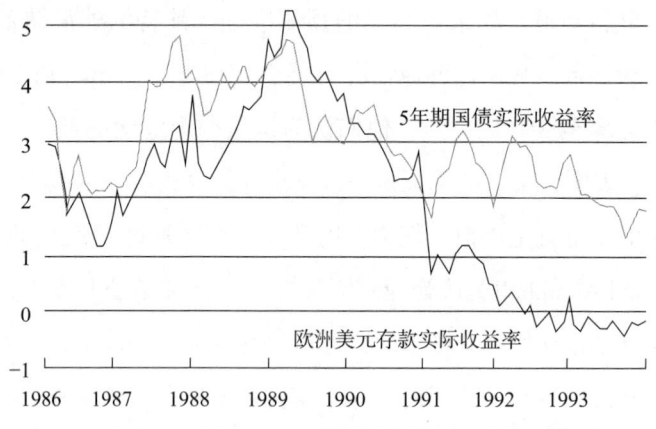

图 5-7　1986—1993 年美国固定收益产品的实际收益率(%)
数据来源:Fed Economic Data。

团队成员抿着茶等着。没过多久,电传线路不断传来反馈声音。SAMA 想要卖出的每一笔债券都以合适的价格卖掉了。团队成员等着全球金融市场传回利雅得的八卦和谣言。这样的销售持续了数周。到 1987 年中期,轮到法兰克福债券市场了,到年底,近 150 亿美元等值的非美元债券已经清空,所得款项被兑换成美元以补充外汇支出。

油价疲软给政府其他部门带来了压力。例如,(沙特)国防部门已经没有钱支付此前从英国购买的狂风攻击机。最初的协议是用石油换飞机,但由于油价急剧下跌,沙特无法按时付款。1987 年 7 月的一天,在没有任何通知的情况下,5 亿美元从 SAMA 的美元活期存款账户中被划走,并被记入沙特国际银行在伦敦的账户,SAMA 无法动用。利息被用来支付给英国宇航公司。在当时资金紧张、利率高企的情况下,这是一种常见的做法。一部分公共资金将被调走几个月,然后再还给 SAMA。尽管本金全额归还，但所赚取的利息却流向了其他地方。

SAMA 的资产当然不是政府持有的唯一境外资产。例如，亚马尼在 1986 年被撤换之前自石油部移交了 40 亿美元。如图 5-8 所示，在 1990 年伊拉克攻打科威特的两个月前，将政府持有但由 SAMA 管理的近 200 亿美元的其他资产计算在内，（沙特的境外资产）总额略低于 800 亿美元。情况比 WB 几年前预期的要好——在资产方面，随着美元贬值，非美元资产的价值上升，随着石油日产量从 1986 年的 300 万桶上升到 1990 年的 500 万桶，现金流入也在增加。

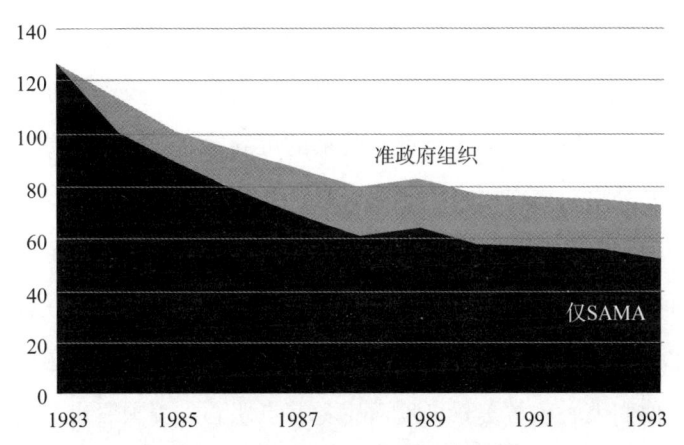

图 5-8　1983—1993 年沙特外汇储备总额（单位：10 亿美元）

数据来源：SAMA Annual Reports。

五、权益投资：1983—1990

从外部看，SAMA 的总部像一个巨大的纸盒。当你走向巨大的铜门时，会看到这个"盒子"四周嵌着细长的柱子，从地面到屋顶贯通两端，并且会听到像直升机飞过一般响亮的噪声，那是置于平坦的屋顶的空调设备的声音。铜门是中央银行的标志。当 SAMA 还在吉达时，投资部门的负责人艾哈迈德·阿卜杜勒-拉蒂夫曾经开玩笑说，一个中央银行的权威性可以通过其门的大小来判断，他相信新建成的总部的门会特别大。1985 年，当 SAMA 搬入该建筑时，阿卜杜勒-拉蒂夫如愿以偿。SAMA 的大门是英格兰银行大门的两倍大。进入内部，大堂开阔、高挑，你几乎会觉得自己又回到了户外。所有的办公室和会议室都嵌入"盒子"的两侧，中央大厅主宰了整个空间。

中央大厅的巨大空间给人一种根本不在建筑内的错觉。视线很容易移动到最远的角落，向上看到玻璃穹顶，向下看到穹顶投射在微滑的大理石地板和倒影池上的光泽。这座五层的建筑（投资部在后面的二楼）给人一种所有中央银行都会羡慕的沉静感。一天中，员工时不时地离开办公桌，靠在阳台上眺望风景。

1987 年 10 月 20 日（星期二）早晨，只要身处大厅就会看到 WB 的两位负责人走向通往五楼总裁办公室的电梯。斯蒂夫·威尔伯丁和比尔·布莱克带着一堆绿色的文件夹、袖珍计算器和路透社的打印资料，他们无心欣赏美景，反而感觉有点恶心。美国股市在前一天暴跌近四分之一，SAMA 手上的股票（几乎占外汇储备的 20%）遭受重大损失，他们个人的投资组合同样遭遇重创。

WB 中没有人是股票投资方面的专家。尽管如此，SAMA 已然成为全球股票市场的主要玩家，他们借助外部管理者，后者被安排负责一个特定的市场。当 WB 的团队最初抵达吉达时，他们参与了几个股票投资组合，但直到 1981 年，股票仍然只占（SAMA 外汇资产）总量的 4%。由于第二次石油繁荣，这一情况发生了变化。库雷希曾判断，如果 WB 可信，且发达经济体将由于反通胀的货币主义政策导致债券收益率下降,那么股票市场迟早会显得便宜。

库雷希的目标是让股票占到(SAMA 外汇资产)总量的 10%,这意味着在现金流中将占更大比重。但他希望通过第三方投资组合管理者的匿名方式操作。当科威特人大量增持股票时,SAMA 并未直接购买。投资股票的时机很好:到 1982 年底,以华尔街为首的股票市场开始上涨。但石油收入继续下降,且到了不及支出的水平。这导致出现外汇储备下降这一早就预测到的结果,从而使 SAMA 陷入了两难:应该还是不应该继续投资波动性大的股票资产?潜在的高回报似乎是解决问题的部分答案,投资计划持续进行,直到股票持有量达到库雷希的目标的两倍(见图 5-9)。

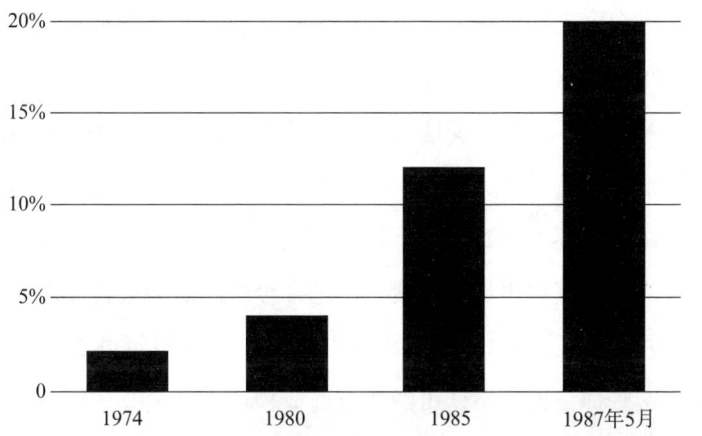

图 5-9　1974—1987 年逐渐增加的股票投资(占外汇储备的百分比)
数据来源:本书作者绘制。

管理股票投资组合比管理直接持有的债券和现金要复杂得多。到 1985 年底,有 20 个基金经理管理着 26 个投资组合的数千只股票。资产管理经理定期到利雅得在会议上向 SAMA 汇报其最新交易记录。SAMA 投资部的所有成员都可以参加这些会议,WB 的一名成员参会并做会议记录。在季度会议结束时，WB 向库雷希（后来是其继任者萨亚里）汇报。月度投资会议上，讨论股票市场和基金经理业绩所花费的时间越来越多。下一个起飞的会是哪一个股票市场？自在资产组合的微小占比开始，股票已然具有举足轻重的地位，而管理它们也需要投入大量时间。

这部分原因是很难（许多人会说不可能）将一位经理的历史业绩与其未来表现良好或预测股市走向这两种能力联系起来。WB 可以通过分析数据来帮助解决问题。但这也是一种行政负担。SAMA 有一个规模很小的投资部，总共不超过 30 人，当时数据处理还处于起步阶段。

阿拉伯联盟抵制与以色列做生意的公司，这是一种试图在经济上孤立这个犹太国家的措施，但这一措施相当耗时，并没有被持续执行。这些公司的名单（海量的打印文件）从抵制运动总部大马士革寄来。WB 的美国员工不愿意处理这份名单，理由是这样做会违反本国法律。这项工作因此就留给了英国人。每位基金经理必须就其持股公司，同被抵制公司名单逐一核对，鉴于每个被抵制公司都必须溯及顶层上市公司，这一过程变得更加耗时费力。基金经理随后会被告知出售违规持有的公司股票。SAMA 的高级管理层还决定不投资酒类、赌博或色情业，这些都是他们不认可的西方商业领域。基金经理们得到总体指导原则，并被告知要照做。

库雷希在 20 世纪 80 年代初对股市机会的洞察是正确的，SAMA 所持股票市值飙升。到 1987 年 5 月，它们占（SAMA）外汇储备的比重近 20%，但团队忽视了牛市即将结束的警告信号。WB 在 10 月股市崩盘前最后一次评估认为，股票市场不太可能很快下跌。一个月后，华尔街崩盘了。在 10 月 20 日的会议上，总裁认为，尝试抛售股票只会在全球范围内进一步传播恐慌。威尔伯丁和布莱克告诉他说，即使崩盘是长期熊市的前兆，股价也会有所反弹，而 SAMA 在未来几个月内仍有机会以比目前更好的价格抛售股票。他们建议为股市设定一个目标：当指数上升超过目标时，SAMA 就卖出股票。总裁同意了这一建议，并将其应用到东京市场。到 1988 年夏天，已经有 40 亿美元的股票被卖出。这一经历给萨亚里敲响了警钟，他的投资期限缩短了。由于外汇储备的下降，他不得不清算资产，甚至是股票，因此无法坐视崩盘。

SAMA 在股票市场上的首次重大冒险给其上了几堂代价高昂的课。没有人预料到会发生什么，没有一个股票经理预测到崩盘或建议 SAMA 获利了结并转走投资在他们（基金）那里的资金。事后，SAMA 总裁更加怀疑基金经理们的话。他从痛苦的经验中认识到基金管理中的委托人和代理人问题，即作为委托人的 SAMA 同作为代理人的基金经理间的目标并不统一。基金经理们希望最大化他们的收益，即使这是以牺牲客户的回报为代价的。回顾以往，SAMA 的决策在它们需要实施的时间框架内是错误的。SAMA 在无法承受亏损之痛的情况下，在市场上涨时买入。股票是长期投资，SAMA 将来会重新投资于权益市场。但 1988 年新年的另一个紧迫问题是国内的，而不是外部的，涉及的是债务，而不是股票。财政部的阿巴勒哈伊勒已经委托萨亚里发行沙特国债。

六、发行国债：1984—1993

发行国债反映了 SAMA 良好的声誉，因此它被要求承担债务管理办公室的角色，而不是将这一责任分派给财政部或其他部门。[2] 从此，沙特阿拉伯的中央银行管理着政府的债务，同时也照管后者的外汇资产。

英格拉姆是 WB 初始团队中的英方成员，是沙特阿拉伯首个国内货币市场工具的设计师。他很享受在吉达和利雅得的时光，不喜欢回到伦敦，因此他离开了巴林兄弟公司，作为独立顾问为 SAMA 工作，特别是负责巴林（Bahrain）离岸银行机构增长方面的咨询。萨亚里会不时地邀请（沙特）商业银行的银行家们到 SAMA 喝咖啡、聊天，借此努力了解他们为什么配置如此多的离岸资产。银行家们一边品味着咖啡，一边抱怨沙特没有国债可买，因此他们没有选择在通过投资最高质量的国内（即政府发行的）金融产品来获取收益。

英格拉姆建议萨亚里，应该创建一个国内货币市场工具，这将对商业银行有吸引力，因为它能提供良好的回报。SAMA 也会受益，因为它可以通过调整该工具的发行量直接影响国内流动性。这种新工具还会吸引商业银行的部分资金回流到国内。离岸银行机构在巴林的业务既涉及美元也涉及里亚尔，因此抑制它们在巴林的业务是减缓这些银行向 SAMA 索取美元的一种方式。

新工具需要一个名字。考虑到大约 30 年前关于为 SAMA 命名的争论，新工具不能用任何与支付利息有关的名称。萨亚里接受了"银行安全存款账户"（BSDA）的建议。这样设计是为了与美元存款账户竞争，因为沙特的银行同业拆借利率与美元利率密切相关。BSDA 背后的基本逻辑简单、深刻：银行应该积极地购买。第一个 BSDA 在 1984 年 2 月发行，期限是三个月。这是一种零息票据，以低于面值一定折扣的价格发行，但到期时按面值偿还。这与世界各地的国库券和央行票据一致，也绕过了 SAMA 创立章程中禁止其支付利息的条款。

随着时间的推移，BSDA 成为调节国内流动性的工具。只要银行愿意，就可以将一个 BSDA 按不超过其价值 75% 的价格，隔夜临时卖给 SAMA（技术上这被称为回购工具）。通过增加或减少回购的吸引力，SAMA 可以将流动性抽走或注入货币市场。

BSDA 在阻止银行增加离岸资产方面取得了一些成功，但该项目的规模仍然很小。20 世纪 80 年代初，30%～40% 的银行离岸资产是里亚尔，要么投资回国内，要么借贷到国外。到 1990 年，只有约 10% 的离岸资产以里亚尔形式持有。使用里亚尔的高峰期恰好与 BSDA 的推出时间相吻合。但是，里亚尔使用比例的下降可能更多是由于其他因素，因为国内经济的流动性短缺意味着银行的条件正在发生变化，它们不再有那么多的里亚尔流动性盈余可以投入离岸银行机构中。

重要的是，SAMA 同各个银行开展了一项互利的事业。SAMA 学会了如何定价、发行和使用国债，而银行则将其作为一种流动性工具。该机制中的回购或回购安排尤为重要。银行可以通过 SAMA 的 BSDA 回购安排解决流动性短缺问题。随着时间的推移，这一操作流程变得更加灵活，可以在一天内进行多次回购。当财政部在为 1988 年的预算赤字融资而向 SAMA 寻求帮助时，这些经验被证明是非常宝贵的。

1987 年 12 月 31 日，因包含大幅削减补贴和增加税收的内容，1988 年度的预算公告引发了一场危机。外籍工人对于向他们征收所得税感到震惊[3]，他们只能以停工的方式进行抗议。国家航空公司——沙特航空停飞，因为工程师拒绝提供服务；而医院则拒绝接收新病人。只有在法赫德国王宣布取消所得税计划后，停工才告结束。

在一片喧闹中，大多数人忽略了国王演讲中关于借贷的几句话。

第五章　外汇储备下降及伊拉克入侵科威特（1983—1993）

他宣布将通过出售政府债筹集相当于 80 亿美元的资金。他没有提及利息支付，而是谈到了按照"收益率"支付，收益率相当于选定政府项目的回报率。威尔伯丁和布莱克对这一声明并不感到惊讶，因为他们的团队已经花了几个月的时间研究如何设计和推销债务的细节。

在没有发行政府债的情况下，预算赤字已经持续多年。1987 年由于记账问题而情况有所不同。以前的赤字是通过减少政府在 SAMA 的总储备金来弥补。每当 SAMA 从石油部收到外币时，它都会将等值的里亚尔记入总储备金账户。但到 1987 年底，政府已经用完了总储备金，只剩下相当于 20 亿美元的可用资金。换句话说，相当于多年来从石油中赚到的所有钱（等值的里亚尔）都已经花完了。1988 年，如果政府想在不增税的情况下支出又要超过收入，那它就必须找到某种办法填补 SAMA 的总储备金。

此前的 10 月，萨亚里曾问 WB，如果用政府债来弥补预算缺口，会有什么不同？一个可能的选项是对外发行外币债务，并将等值的里亚尔记入政府账户。这样，当政府花掉这笔钱时，SAMA 就有足够的外汇来应付资金外流。但这一计划会引起人们对沙特王国经济困境的关注，政府内部也会提出疑问：既然外汇储备如此之多，为什么还要自国外借款？

另一个选项是在国内发行里亚尔债，就像此前几年的 BSDA 一样。威尔伯丁和布莱克认为，银行和公共部门都可能成为潜在买家。简单地将里亚尔从两者账户转移到政府账户对经济影响不大，因为"90% 解决方案"才是最重要的。政府发行里亚尔债的需求只是一个会计问题。BSDA 模式表明，如果政府债定价具有吸引力，银行的资产配置是可以改变的，在适当的情况下，可以鼓励银行出售外币资产，购买里亚尔债,这反过来又会增加外汇储备。

还有一个更直接的目标:其他政府机构持有的数十亿外国资产。可以鼓励这些机构用美元购买政府债。有三个"半官方"基金属于这一类:社会保险总局(General Organization for Social Insurance, GOSI),为军队和公务员退休进行投资的公共养老金机构(Public Pension Agency, PPA),以及在国外提供优惠贷款的沙特发展基金(SDF)。它们控制的资产相当于商业银行持有的所有私人储蓄的总和。由于SAMA负责管理这些机构的资金,后者的财务已经与SAMA深深交织在一起。这些机构的存款一部分是里亚尔,一部分由SAMA投资部兑换成外币投资于境外债券和存款,就像外汇储备的对外投资一样。GOSI和PPA尤其需要长期资产来匹配其未来支付养老金的责任。以里亚尔计价的政府债将是它们理想的资产选择。用美元交换债似乎对双方都有利。

对于国王宣布的"收益率"与选定政府项目利润挂钩的安排,财政大臣阿巴勒哈伊勒和SAMA总裁萨亚里都在观望宗教当局的反应。但当利雅得从短暂的春天进入夏天时,财政大臣已经做好了行动的准备。6月的一天早上,萨亚里把威尔伯丁和布莱克叫到楼上的办公室,告诉他们,他希望在午餐时间之前制定出债券的条款、条件。沙特政府的行事方式经常如此。就像阿瑟·杨格制定SAMA章程时一样,长时间无事可做之后又是几天疯狂忙碌。

阿巴勒哈伊勒同意由专人将文件送到各银行董事长手中,并附信警告他们要妥善保管。这是因为文件中包含了一个可能的爆炸性声明。尽管该文件重申了国王12月31日关于反映政府项目收益的"收益率"声明,但其细节表明,债券将支付与美国国债收益率挂钩的市场利率。SAMA 将决定什么是有吸引力的市场利率，债券将被以固定价格售予银行。在纽约，新发行的国债是通过拍卖出售的，但 SAMA 还没走到这一步。

就在银行正考虑这一建议时，SAMA 与 GOSI、PPA、SDF 的负责人进行了沟通。这些机构并不情愿，但还是接受了这一计划，并以定向配售的形式从 SAMA 购买了政府债。债务是这样处理的：这些机构将其存放在 SAMA 的部分资产换成了政府债，总储备金账户贷记其投资。开始时，这几家机构用其在 SAMA 持有的里亚尔支付，对外汇储备毫无影响，但没多久便被迫按照财政部此前的要求用美元支付。

到年底，政府债的期限从 1 年到 5 年不等，利率与美国国债的同期限收益率接近。（商业）银行购买的债券并不多，即使购买了，也是采用与前述基金相同的策略：不汇回美元，只是将资金从 BSDA 转出。与此同时，总储备金账户出现透支，SAMA 利用自己的账户购买政府债并贷记政府账户，从而为政府填补资金缺口。

萨亚里告诉商业银行，它们可以以 100 万里亚尔（约合 27 万美元）为单位向公众打包出售政府债，原则是只有高净值人士（他们可能已经拥有生息资产）才会购买债券。宗教当局没有做出反应，到 1993 年，对购买政府债的个人几乎没有任何限制。银行也通过共同基金向公众出售政府债。

情况在次年（即 1989 年）有所好转。里亚尔利率曲线变得非常陡峭，商业银行对长期债务产生了更大的兴趣，它们可以通过将存款转为政府债来获得额外收益。在确定每期债券的票面利率时，SAMA 确保政府债券作为一项投资具有吸引力。随着时间的推移，银行开始将境外资产汇回国内购买国债。1990 年，银行持有的境外资产达到

320亿美元的峰值。到1993年，它们持有的沙特政府债相当于110多亿美元。

回顾过去，发债计划有一个易获销售目标和一个难取目标。准政府基金是易获目标。财政部可以说服他们从美元资产转为里亚尔政府债。而银行则更难对付，其购债进展缓慢，但SAMA坚持与银行合作，提供高于（美国）国债收益率的有吸引力的利率，最终生效。银行逐渐被说服自愿将其资金带回国（见图5-10）。

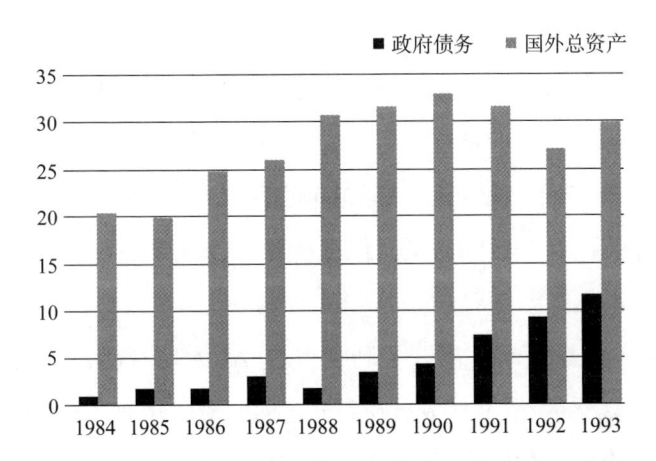

图5-10　1984—1993年商业银行持有的境外资产和政府债情况
（单位：10亿美元）

数据来源：SAMA Statistical Bulletin and Annual Reports。
注：政府债包含1984年以来的SAMA银行安全存款账户。

七、沙中界线：1990—1993

1990年8月2日早晨，萨达姆·侯赛因的军队已入侵科威特的消息在全球传播，油价随即做出反应。在接下来的几周里，萨达姆在政治上受到孤立。伊拉克遭到经济制裁，随着禁运生效，油价从 7 月的 15 美元 / 桶跳涨到 10 月的 32 美元 / 桶。

对沙特财政来说，科威特战争被证明是一个短期助推。油价上涨、石油产量增加双重作用，使沙特重现了之前两次的石油繁荣。战前，沙特石油日产量在 500 万桶左右；战后，它很少低于 800 万桶。1989 年标志着（沙特）低产量时代的结束，同时预示着王国财政状况的好转，但最初是以牺牲科威特和伊拉克的利益为代价的。1991 年 2 月底战斗停止时，科威特被烧毁的油井，显然需要数年时间才能完全修复；而在此期间，伊拉克仍将被排除在世界石油市场之外。与此同时，沙特的平均日产量在当年突破了 800 万桶，政府的石油收入在 1991 年和 1992 年猛增 60%，至 340 亿美元。尽管由于科威特石油复产，油价下跌到 15 美元 / 桶，但（沙特）1993 年的石油收入仍比战前增加了 40%。

1989 年 1 月，WB 离开了利雅得。SAMA 时任副总裁马利克成功地推进了沙特化，WB 成员在离开之前的最后几个月都在培训他们的沙特接班人。在某些领域——如债券交易——当地员工应对自如，但资产配置和与 IMF 的关系则是更为复杂的事务。当巴林兄弟公司团队的负责人比尔·布莱克同意继续留任独立顾问时，马利克的任务大幅减轻。

因此，当利雅得在 1990 年 8 月一个闷热的清晨醒来听到科威特被入侵的消息时，SAMA 的沙特籍工作人员非常孤立无援。金融市场的恐慌是可以理解的，因为从理论上讲，到沙特首都 300 英里左右的路程，伊拉克坦克几天内就可以赶到。科威特第纳尔一夜之间崩溃；住在世界各地酒店的科威特人，因信用卡无法使用而陷入困境。

许多沙特人决定把钱从银行取出来,现钞似乎更安全;其他人则从银行购买美元,以防沙特里亚尔汇率走科威特第纳尔的老路。但凡出现金融恐慌,人们都会选择流动性好、安全性高的资产,这就是入侵日和随后几天发生的情况。

就像那些曾以为萨达姆虚张声势的伊拉克邻国一样,沙特的银行家们也被打了个措手不及。当时正值盛夏,许多高级管理人员都在休假。由于预期利率会下降,(沙特的)银行把资金锁在了长期业务上,因此现金短缺。此外,沙特各银行对科威特银行的风险敞口约占其资本和储备的10%,这些资金无法得到偿还,有可能要完全注销。里亚尔利率飙升,而银行却在努力寻找流动资金。存款和远期市场一夜之间消失了。有几天,连中央银行似乎也被吓呆了,但很快就恢复了过来。

8月上半月,大量资金从银行系统流出——可能高达相当于40亿美元的美元和里亚尔。据后来估计,银行当月资金流出总额达50亿美元。一部分资金流向海外,其余的则变成了家庭急救包,包括食物、水、汽油、防止毒气进入密闭房间的胶带,以及几千美元和里亚尔现钞。有了现金,如果伊拉克军队入侵,这些家庭就可以开车到吉达买机票离开这个国家。银行没有足够的美元储备,于是组织将现钞空运到王国以满足需求。

第一周是最糟糕的。8月8日,老布什总统告诉美国人,在他向沙特阿拉伯派遣作战部队时,已经在沙漠里画了一条线。但沙特中央银行早在几天前就标记了自己的底线。首先也是最重要的行动,是强调货币市场一切照旧,继续满足对美元的所有需求,这些需求主要来自寻求安全的零售客户。这一信心声明产生了积极效果,美元需求下降。其次，SAMA 还通过大额存款和增加流通中的现钞数量，直接向需要资金的银行提供资金。如果银行需要资金，它们在 SAMA 的账户可以隔夜透支。最后，SAMA 增加了回购机制的使用，向市场供应现金并发出利率信号。SAMA 收取 10% 的利息，这实际上为里亚尔利率设置了上限，因为银行知道它们基于这个利率总能获得中央银行的资金。SAMA 还忙于确保那些在利雅得避难的科威特王室成员及其追随者获得充足的资金供应。这是中央银行充当最后贷款人并为系统提供流动性的典型例子。

作为海湾地区最主要的中央银行，SAMA 在危机期间承担了国际领导角色，萨亚里与海湾阿拉伯国家合作委员会（GCC）其他成员国中央银行的负责人合作，制定了一个协调策略。这些中央银行主要是稳定货币市场，而不是担心海湾股票市场。伊拉克军队已经占领科威特并废除了其货币。国际社会做出反应，冻结所有科威特账户，以阻止伊拉克的洗劫企图。在科威特政府流亡的困难时期，萨亚里及其国际同行通过支持科威特第纳尔来维持该国的财政。在伦敦，科威特投资办公室设立了一个 70 亿美元的融资安排来满足未结交易，而科威特国家银行的伦敦分行成了官方清算所。

在国内，SAMA 要求其本国银行支持这些努力，并继续展期其对科威特银行的敞口。SAMA 与海湾地区其他中央银行一起，以入侵前的汇率为科威特第纳尔以及可能受危机影响的海湾货币提供了一个交易市场。沙特国内银行以官方汇率接受所有海湾货币（大多数货币多数情况下与美元挂钩，比如沙特里亚尔）。但并不是所有参与者都愿意遵照执行。当有传言说一些放贷者在折价购买科威特第纳尔时，萨亚里立即通知所有遵守伊斯兰教法的金融机构，如果不支持官方货币汇率，它们的执照将被吊销。作为支持，其他中央银行同意以官方汇率接受所有海湾货币，并提供美元兑换。实际上，这相当于向彼此提供无限制的互换额度。这是该区域前所未有的货币合作范例，所有海湾货币在危机发生的六个月内保持稳定，这是一项了不起的成就。

尽管 SAMA 带头安抚海湾市场，但国际金融市场还是采取措施减少对该地区的风险敞口。这使问题变得更加棘手，因为它使海湾地区的银行失去了资金来源。一些国家的做法比其他国家要好。日本的银行最为决绝，断然拒绝了来自该地区的存款。其他外国银行暂停或减少了对海湾国家的外汇和货币市场贷款，一些加拿大银行则取消了对海湾地区的信贷额度。据报道，美国的银行在与沙特银行进行外汇交易之前要求提供保证金存款。对此，萨亚里决定做出阿拉伯地区团结的姿态，SAMA 停止了与上述相关银行的业务往来。这与 SAMA 以前的立场完全不同，因为其一直完全根据客观标准，特别是信用评级，来决定与哪些银行打交道以及给它们多少业务。

（1991年）1月，以美国为首的联军对伊拉克发动导弹袭击，升级了对科威特境内伊拉克军队的打击。伊拉克进行报复，向利雅得和达曼发射了导弹，并突袭了东部省的海夫吉。数名平民被炸死，尽管如此，公众依然保持平静。联军在空袭之后发动了地面进攻并解放了科威特。最后，在很大程度上由于该地区金融机构的团结一致，在 SAMA 的领导下，战争结束时没有再出现战事之初的金融恐慌。紧张的六个月过去了，SAMA 也经历了艰难的时刻，尤其是在战争开始时，但沙特阿拉伯的金融体系只遭受了最小的损失。SAMA 政策的关键在于维持了一个自愿的市场，并通过说服而不是强制的方式开展工作，尽管在此期间它本身也承受着巨大的压力。

所有战争都是破坏性的，且代价高昂。据估计，这场战争给科威特造成了 1 600 亿美元的经济损失，给伊拉克造成了 3 500 亿美元的经济损失。其他国家遭受的损失只是财务上的。外国盟友的军事费用由海湾国家支付，这些费用总额估计约为 840 亿美元。此外，沙特阿拉伯还承担了驻扎在东部省的数十万军队的所有驻地开支。但对沙特阿拉伯来说幸运的是，它能够用更高的石油收入来抵消战争开支。沙特还因终止对伊拉克的援助而获益，在 20 世纪 80 年代的大部分时间里，沙特对伊拉克的援助平均每年超过 30 亿美元。这一节省有助于抵消在战争期间为支持埃及和叙利亚而支付的 30 亿～50 亿美元的巨额款项。

算上增加的石油收入，这场战争总体上给沙特阿拉伯增加了多少成本？1990 年和 1991 年的预算赤字比战前估算的高出 120 亿美元，这样估算战争费用在 240 亿美元左右。20 世纪 80 年代末，政府向海外的转移支付和捐赠为 100 亿～150 亿美元，而 1991—1992 年合计大约跃升至 500 亿美元（见图 5-11）。仅看数字，这意味着外汇成本为 200 亿～300 亿美元。

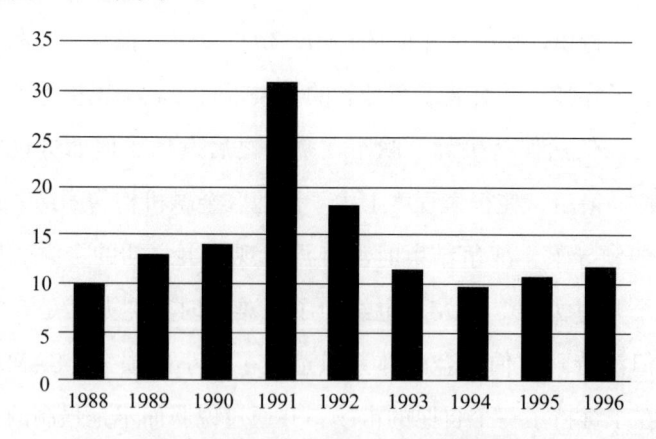

图 5-11 1988—1996 年政府向海外的转移支付和捐赠（单位：10 亿美元）
数据来源：SAMA Annual Reports。

然而，SAMA 外汇储备受到的影响似乎可以忽略不计。SAMA 的资产负债表显示，储备金在 1990 年 6 月至 1992 年 6 月只减少了 20 亿美元。应谨慎看待这些数据，因为它们使用的是账面成本，而不是市值，因此没有考虑到股市和汇率的变动。其他政府账户中的美元也有可能被转移到外汇储备中，以使 SAMA 能够支付战争费用。但即使考虑到这些因素，这么小的降幅也是令人惊讶的。

关键的事实是，SAMA 的储备几乎没有受到战争的影响。但在战争结束之后，老问题又出现了。预算赤字导致储备流失。尽管石油日产量超过 800 万桶，但石油收入却从战时高点回落。很明显，随着沙特国家进入现代化，国内石油需求增加将导致出口减少，进一步威胁石油收入。人口的快速增长导致更高的支出，问题因此变得更加复杂。灾难得以避免，但储备的缓慢流失仍在继续。SAMA 能坚持多久？在这 20 世纪 90 年代剩下的时间里，答案令人意外。

八、一个关于信任的问题

据报道，撒切尔夫人在被问及发动马尔维纳斯群岛战争的决定时说，有时不知道未来会发生什么是件好事。这一观点同样适用于 SAMA 这十年的经历。如果库雷希或是萨亚里在 1983 年有了不受待见的先见之明，他们很可能会收拾桌子走人。他们会震惊地"预见"，在接下来的几年里，油价将跌至每桶 10 美元以下；多元化计划将在很大程度上宣告失败；政府将年年出现预算赤字；90% 的政府支出与美元损失挂钩的解决方案还在继续；伊拉克将占领科威特并进攻

（沙特）东部省。然而，尽管所有这些事情都发生了，政府仍然设法维持了经济的发展，外汇储备最终为支出提供了资金。对此，SAMA功不可没。

沙特阿拉伯的财政状况之所以保持得如此之好，其一，是因为储备从一开始就非常庞大。1980年两伊战争爆发时，沙特中央银行有350亿美元的战争储备资金，10年后，这类资金是这一数字的两倍多。其二，是因为这些储备得到了审慎管理，这一点同样重要。其三，是因为SAMA寻求与商业银行合作，就像发达经济体的央行所做的那样，将离岸银行等问题转化为双赢局面。SAMA将商业激励与一定程度的道德说服结合起来。它没有实施资本管制，但随着金融形势的恶化，它鼓励银行购买政府资产。当战争来临时，与银行的合作使SAMA更容易地成功度过危机。其四，归因于战争本身引起的油价上涨。1982年至1987年间，沙特经济惊人地萎缩了25%。直到1990年，经济规模仍小于8年前，但那一年至少标志着经济恢复增长。

最后一点值得一提。沙特这个国家的运行基于协商。它的决策往往很慢，因为它非常强调保持治下之民的信任。本书作者巴纳菲指出，沙特国债市场……甚至帮助沙特的银行经受住了1990年8月出现的恐慌性挤兑，方法是允许央行通过债券回购机制为它们临时提供流动资金。[4]这类事件表明，当政府发债时，如果债券的买家对偿债有合理的信心，政府实际上会在危机期间加强自己的地位。

1745年英国雅各布派叛乱的失败是这类操作的第一个历史实例。英国政府为支持对法战争曾发行债券，它发现发行国债反而增强了对王室的政治支持。同时，购买英债的投资者，也在支持欠他们钱的政权过程中与其产生了利益关系。当英国遭到声称是雅各布派王位继承者的邦尼王子查理入侵时，后者的军队被击退。英国中产阶级支持国王乔治二世。他们相信这位出生于德国的君主，尽管魅力不足，但会履约自己的债务，并相信英勇的邦尼王子查理不会这样做。归根结底，这是事关自身利益的问题，或者说是一个支付利息的问题。

以沙特阿拉伯为例，从第一次发行 BSDA 开始，银行就愿意购买央行票据，然后是国债。这对它们很有吸引力，个中原因有很多。这些（沙特）债券使其收益率高于（美国）国债，前者不是以美元计价，而是以这些银行的基础货币里亚尔计价，它们由（沙特）政府发行，因此从定义上讲它们是"无风险的"（从政府控制里亚尔的意义上讲，政府总是可以支付的），它们有助于银行的各类审慎比率。至关重要的是，通过与央行的回购安排，这些债券可以立即变成现金。这种与银行的长期合作使 SAMA 更容易应对 1990 年 8 月的危机。

第六章

低油价、攀升的政府债务和外部危机（1994—2004）

一、押红赢

1913年8月的一个晚上，世界上一众超级富豪聚集在蒙特卡洛赌场的一张赌桌旁。大家兴奋地七嘴八舌并充满期待，随着轮盘的每一次转动，这种氛围越发强烈。这个蹊跷的轮盘不是随机出现红赢或黑赢，而是一次又一次地出现黑色。赌徒们开始下大注。不是押黑赢——不，那不合逻辑。大量的赌注押红赢。下一次肯定会出现红色吗？但球仍然弹到黑色槽里。他们下的赌注越来越大，因为似乎不可能一直是黑赢。但黑连续赢：15次、20次、25次。最后，在轮盘转动到第27次时，终于是红赢。一些富人就在这个赌桌上突然变成了穷人，他们把赌注加倍押在红赢。事实上，红赢的赔率在每次转动时都是完全一样的。

十年后，美国经济学家欧文·费雪（Iring Fisher）将蒙特卡洛效应与商业周期的长度进行了比较。在"随机漫步"的标签下，他的假说被用于研究股市周期、投资经验和其他令人费解的事件。随机漫步的另一个术语是"无时间依赖"（no duration dependence）。这可以用点一杯咖啡的例子来解释。在等待咖啡的过程中,你会体验到不同类型的时间依赖。首先,你认为咖啡出现在柜台上的概率会上升。这就是正向时间依赖。然后,当五分钟过去而咖啡还没有出现时,你就会体验到负向的时间依赖,因为你对看到咖啡的希望在下降。从数学上讲,在无时间依赖的情况下——这可能很难想象——你在两分钟、两小时或两天后得到咖啡的概率是完全一样的。事件发生的概率与时间无关。这不是一个直观的概念,需要学习理解。

无时间依赖的概念适用于商品价格。1999年,油价低于20美元/桶的时间超过了所有人的预期。沙特阿拉伯的财政状况堪忧。正当人们想知道这种低迷会持续多久时,IMF的经济学家研究了1957年至1999年石油和其他35种商品的价格历史,发现没有证据表明存在正向或负向的时间依赖。他们在论文最后对未来提出了警告:

> 我们关于商品价格"无时间依赖"的结论有一个重要含义。如果市场参与者没有考虑到时间依赖的不存在,他们就有可能误解商品价格周期的本质。他们可能错误地认为,由于价格长期处于繁荣期,因此出现了一种新的模式,周期不再重要。相反,他们也有可能错误地认为,不利的价格走势持续的时间越长,这段价格下跌时期即将结束的可能性就越大。然而,我们的研究表明,繁荣或衰退结束的概率实际上是不变的。[1]

尽管如此——而且新近的研究证实了他们的结论——人们仍然在谈论商品周期,就好像卡欣(Cashin)及其同事从未研究过这些数据一样。人们往往难以接受随机性,这很自然。例如,2008年,美国的一个政府特别工作组报告了在过去五年中推动油价上涨的原因。报告的结论是，原因不在投机者。对于油价飙升的原因，报告给出的答案是描述而不是解释："由于短期内很难找到石油的替代品，市场在平衡供需的过程中，油价大幅上涨。"[2] 工作组没有就此给出任何解释，因为他们不知道答案。当然，有时突发事件会引起油价变化——伊拉克入侵科威特就是一个明显的例子——但"无时间依赖"的概念告诉我们，我们无法预测油价的走向。

SAMA 投资部的团队读到这篇关于商品价格的文章时并不感到惊讶。这篇文章告诉了他们早已知道的事实——SAMA 每月的石油收入无法预测。关键是将政治和财金技能结合起来。财政部在公众对支出的期望与他们对石油收入缺乏了解之间取得了平衡；中央银行需要充足的外汇储备，以便在油价上涨之前——当轮盘的下一次旋转将球弹入红色槽而不是黑色槽时——继续赤字支出。

二、经济和财政背景

公共支出仍然是经济中的主导力量，因为非石油部门无法独立发展。财政部试图通过赤字支出来保持经济正增长。这意味着大量的国内借款和外汇储备的下降。总体上它们成功了。最困难的时期是爆发于 1997 年的亚洲金融危机期间，但即使在那时，也只有 1999 年为经济负增长，且因为里亚尔与美元挂钩，通货膨胀率保持在零附近（见图 6-1）。

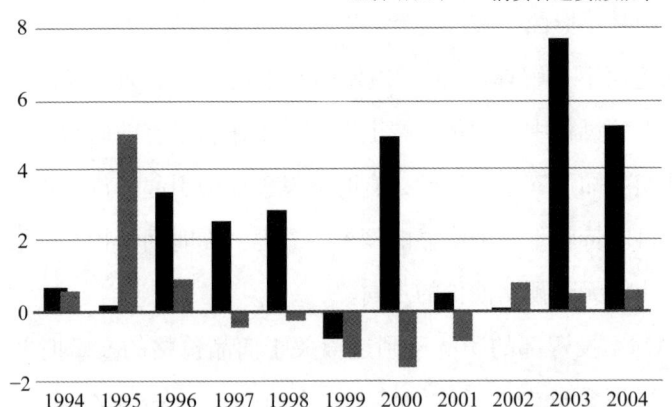

图 6-1　1994—2004 年的经济增长率和通货膨胀率（%）

数据来源：IMF，World Economic Outlook Database，2015 年 10 月。

1981 年，政府支出了创纪录的 840 亿美元，但十年后的 1991 年，支出仅为这一数字的 1/2～3/4。不过，沙特在 1991 年并没有重现第二次石油繁荣之后出现的那种萧条和通货紧缩，因为政府保持了当期的支出，而且公务员把工资花在了当地经济上，这产生了乘数效应，而资本支出从未达到这种效果。1981 年，500 亿美元用于资本项目，但大多数支付给了建筑公司的美元合同，这些建筑公司雇用居住在工地的外籍劳工，因此几乎所有的钱都立即以费用、机械进口和工人汇款的形式流向国外。

赤字开支使经济持续增长，财政部以务实的方式而不是使用公式来控制支出。每年的预算都是根据估测的油价和可能的出口量制定的。所有规划的关键都是油价，而油价波动很大（见图 6-2）。

与此同时，沙特人口增长迅速，从 1980 年的 800 万增加到 2004 年的 1 600 万，对医疗服务、教育和住房的需求持续上升。公共开支

图 6-2　1994—2004 年的油价（单位：美元/桶）

数据来源：Fed Economic Data。

的增长速度必须快于每年 2.5% 的人口增长率，否则人均实际收入就会下降。

不断增加的失业男性带来了另一个问题。（经济）多元化政策的引入旨在为年轻的沙特人创造更多的工作机会，私营部门的确有许多工作机会可以提供给沙特人，但事实上企业更喜欢雇用外国人。1974 年，王国内的外籍劳工不到 100 万。根据 SAMA 的相关年度报告，1994 年有 480 万，2004 年达到 610 万。在 1998 年的危机之年，该国的石油收入为 210 亿美元，但外籍劳工汇回母国的资金达到 140 亿美元，占比达 2/3。其中相当大的一部分汇款仍然是小型、非合规的外籍企业主（tasattur）的收入，他们从沙特国民那里租赁商业执照，因此不仅工资，而且利润也流出了该国。

石油收入还取决于出口量，而沙特国内石油需求威胁到了出口。20 世纪 80 年代的金融危机就是在石油价格和产量双双下滑的情况下发生的。沙特削减了出口，油价也下跌了。20世纪90年代的石油日产量稳定在约800万桶，但生产量和出口量之间的差距在拉大。由于油价低廉，沙特国内燃料浪费严重，随着消费的增加，沙特不得不减少出口。沙特石油部的数据（偏保守）显示，1994—2004年，沙特居民直接消耗的成品油增加了1/3，从每天98万桶增加到每天130万桶。这部分石油不能在国外赚取美元。

财政部在确定石油收入预期后，会与其他各部进行谈判，以确定国王预算报告中使用的支出总额。实际支出与预算不同，这些谈判贯穿全年，具体取决于石油收入。在20世纪90年代中期，这一过程运行良好，因为收入高于预期，政府花掉了额外的收入，所以赤字保持不变。但是，由于存在"棘轮效应"，油价走高时政府支出的增长幅度要高于油价走低时的下降幅度。爆发于1997年的亚洲金融危机期间，财政部花了几年时间才控制住开支（见图6-3）。

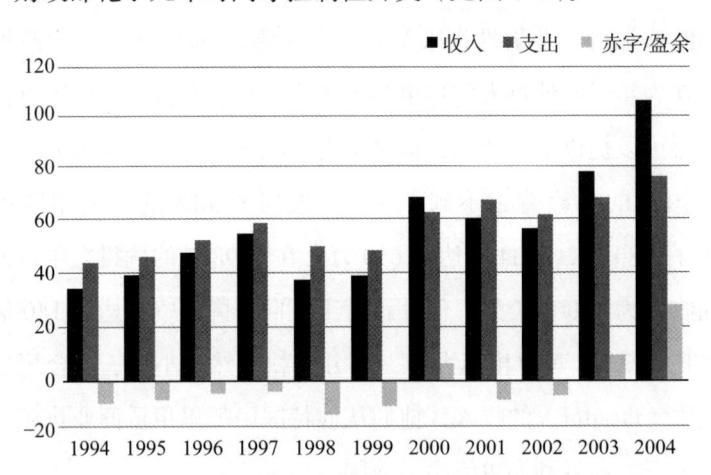

图6-3　1994—2004年的预算赤字/盈余（单位：10亿美元）
数据来源：SAMA Statistical Bulletin.

看 1994—2004 年整体数据，实际的预算赤字比预算额度少了 600 亿美元，因为财政部阻止所有超预期的石油收入用于支出。鉴于石油收入的不确定性和财政部面临的增加支出压力，其如何控制支出这一点尤其值得关注。

三、管理政府债务

SAMA 的关键作用是确保外汇储备充足，足以支付最终由财政赤字带来的进口开支。如果无法满足进口所需外汇，将意味着经济和社会危机。管理政府债虽然不是至关重要的，但它涉及巨大风险。如果无法在国内出售政府债，可能导致对本币的信心下降，且由于 SAMA 无限承诺以固定汇率出售美元，可能导致资本外逃、里亚尔被抛售。届时，不断下降的储备将促使更多沙特人从里亚尔转向美元，形成恶性循环。这种情况曾在 1990 年 8 月的恐慌中初现端倪。

投资部门继续负责管理发债计划。SAMA 在此期间坚持认为，（沙特商业）银行应该积极购买政府发展债券（GDB）。要实现这一点，一方面要基于（美国）国债（收益率）和伦敦同业拆出利息率（LIBOR）在合理价差水平上给银行出价，另一方面就是要给这些银行想要的债券类型和期限，并在 SAMA 的流动性比率测算中纳入 GDB。简言之，（商业）银行得偿所愿。

1996 年，SAMA 扩大了其产品范围，包括 3 年和 5 年期限的里亚尔浮息票据。这些浮息票据的定价是基于 3 个月的沙特阿拉伯同业拆出利息率（SAIBOR）。由于 SAIBOR 与美元 LIBOR 的关联非常紧密，这遵循了固定利率政府发展债券相对于美国国债的定价模式。这些债券对商业银行具有吸引力，因为与它们的短期融资相匹配。但银行对三分之一的银行存款不支付利息，所以它们的平均资金成本远低于 SAIBOR。实际上，SAMA 是在保证银行盈利，以激励它们购买更多的债券。当银行表示它们希望持有更长期的债券时，1998 年，10 年期债券取代了 3 年期债券。最后，当 2001 年的预算再次出现赤字时，SAMA 被迫提高了与美国国债的价差。它掩饰了这一情况，称当时是根据美元掉期利率为债券定价，而美元掉期利率比美国收益率高。为了使债券更有吸引力，SAMA 扩大了与美国国债的利差。

由于商业银行的利润率有保证，它们主动购买许多债券也就不足为奇了。2003 年，它们持有的债券达到了 400 亿美元的峰值。其资金有一部分是通过减少其国外资产获得的，从而使 SAMA 的外汇储备受益。实际上，因为转而购买政府发展债券，商业银行从 SAMA 争取美元开展投资活动的情况少了，这有助于 SAMA 保持其外汇储备。

SAMA 还继续以商业银行同等条件向半官方基金[3]出售产品。这些基金迫于财政部的压力而购买。这样一来，它们购买海外资产需求下降，对美元的需求也就减少了，从而进一步增加了 SAMA 的外汇储备。尽管如此，商业银行、半官方基金和政府内部所有其他资产来源所能购买的资产总额仍然无法满足财政赤字缺口。唯一的解决办法就是由 SAMA 自己购买政府债，并将资金存入政府账户。这种做法在 1993 年后开始兴起（见图 6-4）。准政府基金已经达到极限，在接下来的四年中，大部分的预算赤字都是由 SAMA 的干预基金提供的。

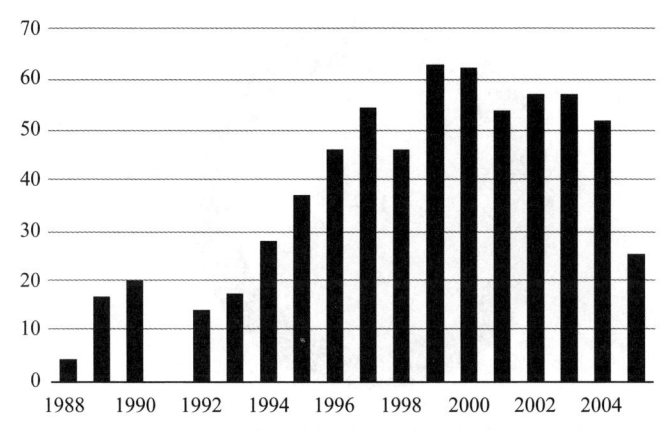

图 6-4　1988—2005 年 SAMA 持有的政府发展债券（单位：10 亿美元）
数据来源：SAMA Annual Reports（SAMA 资产负债表）。
注：1991 年数据缺项。

这种做法在 1999 年达到极致，当时政府用债券而不是现金支付承包商，以结清拖欠的工程款。银行以低价购入这些债券，结果是它们无意再买入更多债券。巨大的资金缺口意味着 SAMA 不得不介入，使其持有的债券增加了 160 多亿美元。这是高峰期。从 2002 年起，政府石油收入的增加使得财政赤字逐渐下降，而随着债券的到期，政府开始偿还欠 SAMA 的钱。

谁购买了大部分的债券？实际上，主要持有者是 SAMA 和准政府基金。私营部门只持有 30%，其中大部分是由银行持有的（见图 6-5）。

SAMA 已经满足了沙特（商业）银行所有的要求，但私营部门还远未能够填补预算赤字。从积极方面看，没有证据表明国债发行损害了投资。商业银行给政府的资金支持不多，而给私营部门的贷款则迅速增长。如果没有由（销售政府）债来解决预算赤字，经济和投

第六章　低油价、攀升的政府债务和外部危机（1994—2004）　　139

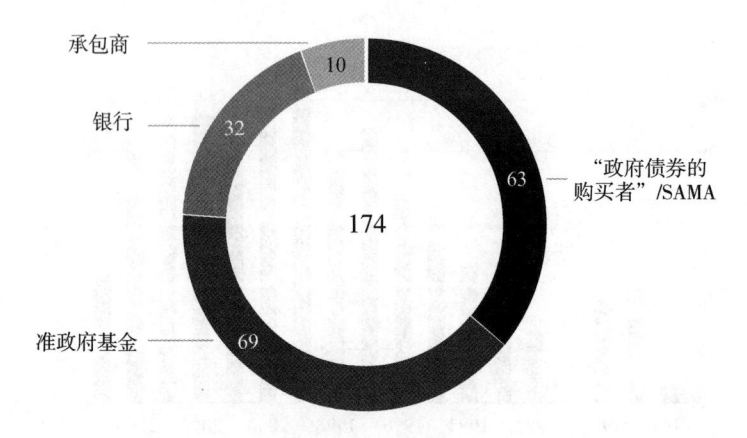

图 6-5　2002 年政府发展债券的持有者及其持有总额（单位：10 亿美元）
数据来源：本书作者绘制。

资无疑会表现得更差。SAMA 的债券购买在后来被描述为量化宽松，这相当于印钞，但它对通货膨胀没有任何影响，通货膨胀保持稳定：事实上，2002 年的消费品价格水平比 6 年前略低。而在紧急情况结束后，SAMA 很快从政府那里拿回了钱。

四、照管外汇储备

与"咆哮的 20 年代"一样，20 世纪 90 年代是股票市场的黄金时代，尤其是 SAMA 的大部分资产都在美国。亚洲经济体为西方国家提供了低成本的廉价商品，而西方国家则通过增加借贷来支付这些商品。资本壁垒瓦解，因此西方可以向发展中国家提供融资，以增加投资和出口。价格低廉的原材料也有帮助，尤其是全球资本主义的重要组成部分——廉价石油。

在"咆哮的 90 年代",企业利润强劲,通货膨胀率保持在较低水平。美国所有主要股票指数的年回报率都在 9%～11%。[4] 美国高等级公司债券指数年涨幅超过 7%。投资者收益颇丰。[5] 如图 6-6 所示,债券和存款的实际收益率在 2001 年之前一直居高不下,因此 SAMA 能够以极具吸引力的利率将其收入进行再投资。

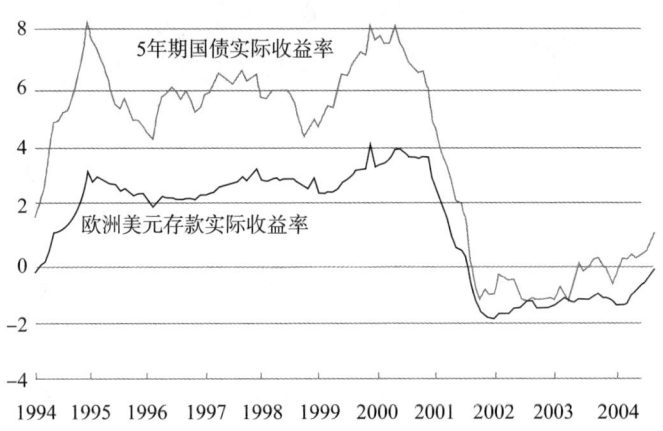

图 6-6　1994—2004 年美国市场固定收益资产的实际收益率(%)

数据来源:Fed Economic Data。

外汇储备是王国财政的最后一道防线,SAMA 能赚多少钱成为国家大事(见图 6-7)。到那时为止,人们已经完全理解了"90% 解决方案",即国内政府支出与外汇流出的比例接近一比一。资金以石油收入的形式流入,又以进口的形式流出。投资部知道,"90% 解决方案"只能作为年度间的应用指南,但它发现在几年的时间里应用起来效果很好。

然而,可以看到中央银行并未如"90% 解决方案"预测的那样耗尽储备——已经考虑了公布的政府源自石油收入的支出及私营部门的国际收支赤字。1994 年中期,储备金为 480 亿美元。"90% 解决方

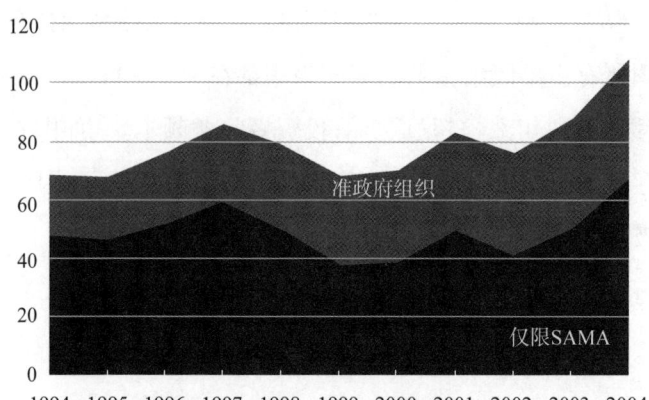

图6-7 沙特1994—2004年的外汇储备总额（单位：10亿美元）

数据来源：SAMA Annual Reports。

案"本应意味着外汇储备的净流出量将与1994年至2002年间总额为550亿美元的累计预算赤字非常相近。也就是说，从理论上讲SAMA本应耗尽资金。尽管数据显示"90%解决方案"一直有效，而且对外赤字与预算赤字相匹配，但最终结果并非如此。最糟糕的一年是1999年，外汇储备下降到380亿美元，但到了2002年，储备金又回到了400亿美元以上，只比8年前少了80亿美元。这是如何发生的？部分原因是已实现的市场收益帮助稳定了储备金余额。大部分储备是债券和股票。对于这些资产，已公布的储备金数字是账面历史成本，并没有反映市场的上涨（见图6-8）。

在这8年里，美国股指翻了一番，非美元市场也表现良好。SAMA的资产获利颇丰。另一个原因是，当（商业）银行和准政府基金卖出美元并购买政府发展债券时，外汇储备又多了一个美元来源渠道。

以SAMA的方式进行投资并非无风险策略。1997年至1999年

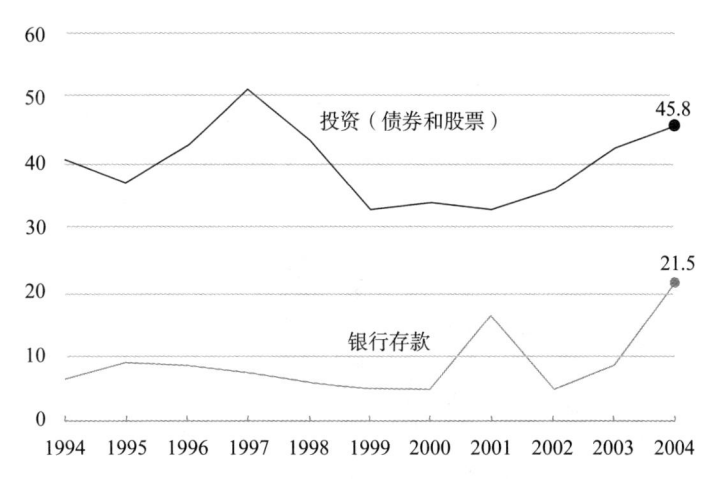

图 6-8　1994—2004 年 SAMA 外汇储备资产配置情况（单位：10 亿美元）
数据来源：SAMA Annual Reports。
注：投资考虑了货币保值。

是亚洲金融危机造成真正压力的时期。储备金减少了 210 多亿美元。但投资部坚持己见，认为承担风险是合理的，因为低油价对世界经济和金融市场有利。

　　危险时刻确实发生过。最大的风险是对钉住汇率失去信心。为了不让市场担心里亚尔会贬值，需要储备底线。一旦出现这种情况，（商业）银行将不可避免地购买美元，并向 SAMA 出售里亚尔，以保护自己。在达到这个储备底线之前，没有人知道这个值是多少。信号就是里亚尔和美元利率之间的利差扩大，这也会表现为货币远期汇率的贴水，意味着里亚尔贬值。

　　这种情况从未发生过。亚洲金融危机期间的 1998 年和 1999 年，（沙特）石油收入急剧下降，两国利差达到最高点。有时，利差比图 6-9 所示的平均值高出很多，（里亚尔）远期汇率走弱。1999 年，储备金达到最低点，SAMA 持有的政府债券达到顶峰，占沙特国内生产总值的比例略高于100%。但是，沙特和美国利率之间不到1%的平均利差肯定不能证明危机已经全面爆发。为此，SAMA通过远期外汇市场进行了几次小规模干预，以支撑里亚尔对美元的汇率。

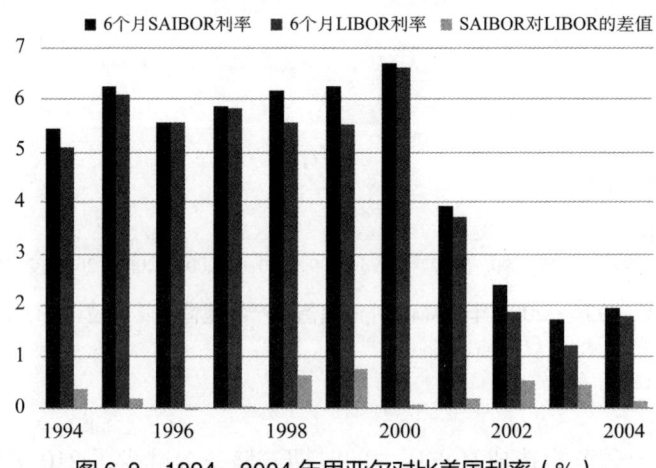

图6-9 1994—2004年里亚尔对比美国利率（%）

数据来源：SAMA Annual Reports。

注：图中数据是年度平均数。

另一个危险时期是在2001年美国遭受"9·11"恐怖袭击和2003年3月发动伊拉克战争时。西方认为沙特人参与袭击可能会遭到某种报复，但美国人决定将怒火发泄到伊拉克身上。当联军攻打伊拉克后遇到问题时，沙特本身显然不会受到来自华盛顿的压力。利差缩小了，到2004年，平均利差仅为0.2%。

五、银行体系的挑战

中央银行面临的最大挑战是金融危机，尽管经济出现问题，王国的银行大部分仍保持盈利。国家商业银行是个例外，1999年，政府（通过公共投资基金）收购了该银行50%的股份，当时该银行（仍由马赫福兹家族控制）暴露出一些问题贷款。在说服银行通过购买政府债来支持非石油经济方面，SAMA取得了一定的成功。与此同时，随着沙特人越来越多地将自己的金融行为与个人的虔诚和对宗教传统的恪守联系起来，符合伊斯兰教法的银行业务也在不断增长。这导致无息存款增加，进一步提高了银行利润。[6]

发展保险市场的奋斗历程将三个因素联系在一起，即银行的作用、发展资本市场的动力以及伊斯兰教法带来的挑战。1986年，国家合作保险公司（NCCI）成立，在此之前的至少40年里，在沙特经营的外国保险公司一直在销售保险产品。银行通过其分支机构代销保险产品，但从保险费中获得的现金一直流向国外。NCCI旨在改变这种状况，其由政府所有，伊斯兰教法学家认可其为一种公平分担风险的方式。尽管如此，NCCI发展速度仍非常缓慢。

20世纪90年代末，作为推动发展本地资本市场的一部分，SAMA希望出现NCCI的竞争对手，其目标是建立一个庞大的寿险业。银行热衷于销售人寿保单，这也是个人投资长期储蓄基金的一种方式，有助于股票和债券市场的发展，包括购买更多的政府发展债券。2004年，一部新的保险法将保险业务的所有方面都交由SAMA掌控，并在合作的基础上开展工作。不久之后，NCCI部分私有化，并在沙特阿拉伯证券交易所（Tadawul）上市。但这其中存在着一个比较麻烦的结：伊斯兰学者对人寿保险是否会影响人的命运无法达成一致。有些人认为，人寿保险是不允许的，因为死亡赔付意味着拿人的生命做赌注。

中央银行在制定新的保险规则时非常谨慎，以不违反伊斯兰教的指导原则为前提，这项工作耗时四年。它组织各种会议，向各公司普及这些规则将如何运作，但直到 2008 年，央行才开始批准 NCCI 的竞争对手。短短几年内，就有数十家保险公司参与市场竞争，包括与当地银行合资，这些都不违反伊斯兰教的指导原则。然而，即便如此，寿险也只是该行业的一小部分。

尽管在开发产品范围方面难言成功，但在千禧年，（沙特的）银行系统仍是世界上最稳健的系统之一。（沙特的）银行完全符合监管制度的审慎比率，且已进行贷款损失拨备，看上去足以覆盖坏账。该系统不仅盈利，且流动性极高，贷款低于客户存款，使其更能抵御大量存款挤兑的风险。[7] 此外，SAMA 已成功地使大部分银行业务都使用里亚尔。商品出口国总是担心经济美元化的威胁，但在（沙特）这里不存在，（银行）系统内外币贷款和存款的低比率证明了这一点。[8]

为确保在危机中银行系统能保持流动性，贷款量被严格控制在存款以下。SAMA 将贷存比的上限设定为 65%（后来提高到 85%，2016 年又提高到 90%），且要求银行将至少 20% 的存款置于可以 30 天内转换成现金的资产中。

尽管沙特的银行系统具有活力、流动性和盈利能力，但与发达经济体的银行系统相比，其规模仍然很小。商业银行比以往任何时候都更能主导银行体系，它们现在已成为比国有专业信贷机构更重要的参与者，拥有比准政府基金更多的资产。商业银行与政府的联系非常紧密，这使得 SAMA 对商业银行的监管变得更加容易。公共部门持有几家银行的股份，银行股票在股票市场上交易活跃。自 20 年前库雷希实施沙特化计划以来，外资持股已受到限制，但仍有 6 家银行拥有外国投资者。例如，沙特英国银行由汇丰银行持有40%的股份，汇丰银行通过服务合同经营该银行的业务。

最大的问题是，是否让跨国银行进入沙特市场。如果让跨国银行进入沙特市场，将改善竞争，但也会增加沙特银行系统受到全球金融危机影响的风险，促使大银行撤回贷款额度。这种情况确实在2008年发生了。但当时中央银行已经向三家跨国银行——德意志银行、摩根大通和法国巴黎银行颁发了许可证。

SAMA希望通过这种方式带来做市方面的专业交易知识，发展债券市场。它鼓励沙特本地银行进行政府发展债券交易的尝试在很大程度上失败了，因为后者将购买的债券存入了各自的投资账户而不是交易账户。这意味着这些银行可以按成本持有债券，而不必按市价计价。出于监管目的，SAMA将其归类为流动性投资（这是SAMA调整规则以使政府发展债券更具有吸引力的一种方式）。

当时，有人担心政府发展债券会导致对私营部门的贷款减少。按百分比计算，政府自（商业）银行借款必然会"挤出"私营部门。然而，银行继续提供信贷，事实上，在1988年开始发行政府发展债券起到2004年以后开始减少期间，私营部门的贷款从不足200亿美元增加到超过800亿美元（见图6-10）。

这些年，随着升级后的电子支付系统的引入，一种新的金融产品出现，消费贷款在沙特金融领域急剧增加，使得银行受益颇丰。沙特早在1980年就建立了一个中央支付网络，但SAMA的目标是建立欧洲和北美以外很少国家拥有的实时总结算系统，如美国的Fedwire、英国的CHAPS、欧洲中央银行的Target2。在各项银行间债权实现同步结算之前，银行继续使用传统方法，包括电报、银行支票、电话和

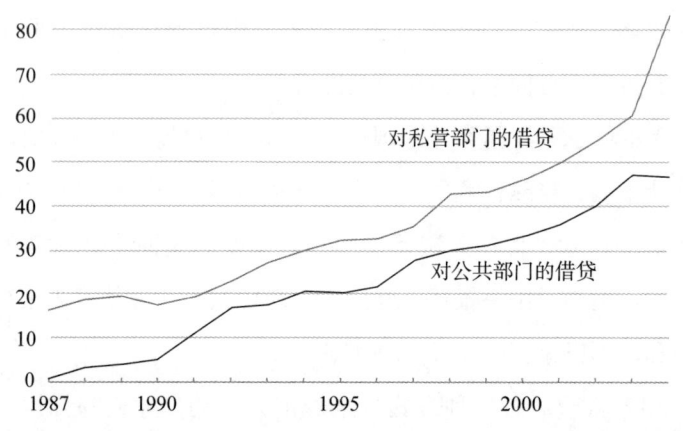

图 6-10　1987—2004 年（商业）银行的国内贷款（单位：10 亿美元）
数据来源：SAMA Annual Reports。

传真等。沙特阿拉伯里亚尔银行间快速汇款系统（SARIE，阿拉伯语中的"快速"）于 1997 年开始运作，使银行能够直接从其在中央银行的账户进行收付款，收款人当天即可使用资金。这一时期，银行可以持续监控其财务状况，因此运营更为高效。然而，SARIE 的一个意外结果是，银行能够提供更多的消费贷款。

我们将在下文中看到，根据伊斯兰教法，银行几乎不可能追究不按时支付利息的借款人，因此其需要一种确保后者按时支付利息的方法。SARIE 为银行提供了这种机制，因为在新系统下，公务员和公共部门雇主支付的工资直接记入雇员的银行账户。银行只需要让借款人设置直接扣款、自动还款，而 SARIE 也使这一做法变得切实可行。到 2004 年，消费贷款和信用卡贷款——在 SARIE 面世前很少见——占了银行向私营部门提供的所有信贷的五分之二。事实上，这些年银行贷款的快速增长完全是由于消费者以工资为保证，借款目的不明。这对 SAMA 而言不是什么好消息，因为后者希望商业银行向本地企业而不是消费者提供贷款，并担心这些贷款会被用于股市投机。

在此之前，中央银行监管的是西式银行。由于一系列耸人听闻的欺诈案，遵循伊斯兰教法的银行被全面纳入 SAMA 的监管之下。1991 年是沙特经济的困难时期，一种新业务类型突然出现，通过承诺不切实际的回报，诱使毫无戒心的客户交出他们的钱。其中许多实际上是欺诈性的庞氏骗局，警方根据各种法规关闭了近 30 家（银行）。这些恶劣的欺诈者称自己为"伊斯兰（银行）"，并从轻信的投资者那里骗取了近 20 亿美元。相比之下，该国最大的符合伊斯兰教法的持牌银行拉杰赫的存款已增至 130 亿美元。该行之所以发展迅速，是因为它是一家完全符合伊斯兰教法的银行（SAMA 不允许它自称伊斯兰银行）。

符合伊斯兰教法的金融是一个消除了"食利者"（rentier，即出借资金而不承担风险的人）的简单概念。它涉及两个方向：接受存款和进行投资。银行不会对存款支付利息。如果客户想要获得回报，则必须购买包含借款人（borrower）分担风险的伊斯兰投资产品。对于"伊斯兰（银行）"没有完整定义，因为伊斯兰教（对此）没有成文的法律体系，而是依赖于法官对伊斯兰教法的解释。

与此同时，传统银行的业务处于灰色地带，某些操作不属于法律明文规定的合法或非法范畴。虽然为某些伊斯兰投资提供高回报是完全合法的，但并非所有西式银行业务都得到伊斯兰教法的支持。与此同时，（西式）银行也从符合伊斯兰教法的银行业务的兴起中获利，因为它们也吸收不支付利息的存款。拉杰赫银行是一个特例，但到 2000 年，传统银行约有三分之一的存款不支付利息。这是资产回报率和银行股票回报率居高不下的原因之一。到 2004 年，沙特的银行位居世界上最赚钱的银行行列。

与这一好处相抵的是，银行在发放贷款时遇到了一个问题：银行没有法律保障机制来追究违约者的责任。当地的法律是伊斯兰教法，法院不承认传统贷款具有法律效力。20世纪80年代末，SAMA成立了一个仲裁委员会，试图解决银行的不良贷款问题，在多起案件中，银行得以追回资金。但要从个人借款者那里收回贷款则比较困难，这使得银行不愿意开展以良好资产（如房地产）为抵押品的基本银行业务。例如，如果银行发放个人住房贷款，而后者后来又拖欠贷款，银行就不能像美国通常的做法那样收回房屋并出售以偿还债务。伊斯兰法院总是站在借款者一边。

银行业务的另一个主要方面是投资，在理论上也很难实现。根据伊斯兰教法，没有风险分担就没有投资。但在实践中，符合伊斯兰教法的主要投资工具的运作方式与西式贷款类似。最简单的形式是，符合伊斯兰教法的银行可以从客户手中购买资产，向其支付现金，客户同时同意将来以更高的价格买回资产。资产仍归借款人所有。这种交易符合伊斯兰教法，不用支付利息，但其经济效果与有息贷款相同。同样，在远期外汇市场上交易也可以接受，哪怕里亚尔兑美元的即期汇率和远期汇率之间的差额包含了两种货币之间的利率差。

SAMA在履行监管职责时并不区分符合伊斯兰教法的银行和传统银行，甚至在伊斯兰银行业纳入其监管范围后，仍然对两者一视同仁。这使它模糊了伊斯兰银行业与非伊斯兰银行业之间的区别，也模糊了放贷收息可能被视为违法的事实。

SAMA支持符合伊斯兰教法的银行业务，但前提是不涉及可疑操作。困难在于，银行监管是为西方体系设计的。SAMA采取了双管齐下的方法来解决这一问题，但成效有限。首先是规范借贷行为。大量消费者贷款流入了国内股票市场，那里的小投资者可以使用符合伊斯兰教法的安排来提高杠杆，承担更多风险。限制消费者借贷将阻碍这些业务的增长。因此，SAMA通过将分期付款额度限制在工资的30%以内，对银行以无担保方式向个人贷款的额度设置了限额。中央银行还支持成立了沙特信用局（SIMAH），以便银行能够识别那些使用符合伊斯兰教法的金融工具信用记录不佳的借款人。

第二个策略是通过与其他国家合作，放宽符合伊斯兰教法的银行的工作规则。由于沙特的伊斯兰教法比其他大多数国家的都要严格，因此采用国际规则可以使符合伊斯兰教法的产品系统化，并使法院的裁决更具有可预测性。本着这一目标，SAMA在2002年伊斯兰金融服务委员会（IFSB）成立时便加入这个总部设在吉隆坡的组织。IFSB试图在全球范围内对符合伊斯兰教法的金融业务进行监管，这与巴塞尔监管框架统一西方银行实践的方式类似。IFSB面临的问题是，正如在沙特阿拉伯一样，各国中央银行发现将其标准纳入本国法规不切实际，因为本地法学家有着他们基于个人对伊斯兰教法解释的判断。因此，标准化工作只取得了有限的进展。

SAMA一直在努力解决这一问题。中央银行需要找到一种更好的方法，在单一的监管准则内对符合伊斯兰教法的贷款进行监管，并确保银行对其所承担的风险做了充分拨备。问题日益严重，因为符合伊斯兰教法的产品在1999年至2003年间几乎翻了一番，占银行投资的近四分之一。在某些领域，符合伊斯兰教法的做法占据了主导地位，例如，银行（包括西式银行）向零售客户销售的共同基金中有75%都宣传符合伊斯兰教法。但银行或SAMA中无人能够准确说出所言何物。

六、股市时代来临

中东是一个动荡不安的地区，本书每一章都可以看到政治事件带来何种金融后果——通常是意想不到的后果。例如，1973年的中东战争引发了第一次石油冲击，改变了海湾地区的形势；1979年伊朗沙阿被推翻引发了第二次石油冲击。在上一章中，我们看到1990年伊拉克入侵科威特和随后对伊拉克的制裁如何推高油价，并在困难时刻助益沙特的财政。同样，"9·11"恐怖袭击促进了沙特股票市场的繁荣，但随之而来的是2006年的大崩盘。

"9·11"恐怖袭击将沙特王国置于媒体关注的焦点。恐怖袭击的遇难者家属对沙特阿拉伯提起了诉讼，这意味着沙特与美国的关系出现变化。出于对自身财富可能会被卷入类似的诉讼中的担忧，一些沙特私人财富开始离开美国。其中一部分资金回流沙特，寻求高回报，而Tadawul成了受益者。

沙特阿拉伯的股票交易至少可以追溯到1935年，Tadawul自20世纪80年代中期以来一直受SAMA监管。但由于除银行外的大多数大企业都归国家或富裕家族所有，这两类企业都不需要筹集股本。这也解释了为什么银行贷款没有在国家发展中发挥更大作用。股票市场规模小、效率低、流动性差。截至2003年，只有69家公司在Tadawul上市。买卖股票的成本很高，因为银行通常收取1%的佣金，而且交易主要集中在部分私有化的沙特阿拉伯基础工业公司（SABIC）和拉杰赫等商业银行。SAMA担心，来自国外的短期"热钱"流动会导致市场波动，损害当地投资者的信心。因此，中央银行将股权（交易）限于沙特人，外国人则被排除在外。

20世纪90年代末，情况开始发生变化。SAMA逐渐开放市场。第一步是在1997年，它批准了一只封闭式基金，该基金在伦敦募集了2.5亿美元；次年，世界银行下属的国际金融公司（IFC）将沙特阿拉伯纳入新兴市场指数。两年后，外国人获准购买银行向沙特零售客户出售的共同基金。SAMA也提升了市场的基础设施，股票交易开始当天交割、结算，银行降低了佣金率。此外，SAMA还推出了Tadawul全股指数作为市场基准指数，但流动性仍然很差。

沙特经济规模是阿拉伯世界中最大的，股票市场现在也开始反映这一点。2001年，沙特股票市场总市值占所有阿拉伯股票市场的近一半。外国投资者只占市场参与者的很小一部分，到2004年，股票市值已达3 000亿美元，而沙特人口中有很大一部分（超过22万公民）将钱投资于共同基金。但可交易的大盘股数量有限，其中许多是银行股。

在股市能够在经济中发挥重要作用之前，投资者必须能够购买国有企业的股份。除了石油领域之外，政府从未坚持对经济的国有控制，在20世纪80年代早期，就已经将SABIC的30%的股份出售给了公众。在接下来的十年中，出于解决预算赤字的考虑，沙特面临对国有企业进行私有化的压力。1999年成立了最高经济委员会，该委员会的成员包括SAMA总裁，它拟定了一份待售企业名单。"9·11"事件之后，（沙特各方）对股市的态度发生了巨大变化。私营部门所持海外资金远超政府。据估计，2003年沙特阿拉伯的私人海外财富估计在4 800亿～9 000亿美元，而政府资金只有870亿美元。股市显然成为这些回流资金的选项。

随着大量资金回流沙特，如果Tadawul扩容，就有可能形成良性循环。非石油部门的公司可以为扩张筹集资金；养老金和保险产品的储蓄将找到一个自然的归宿。这反过来又会鼓励国内储蓄和资本形成，并减少"90%解决方案"的影响，即大部分政府支出（里亚尔）流出。股票市场融资还将进一步削弱专业化政府信贷机构的作用，这些机构通过软贷款和政府合同助长了依赖国家的文化。"9·11"事件之后，第一次国有企业股权公开发行是在2002年，当时全国性公用事业公司——沙特电力公司的股份被出售；紧接着，第二年，沙特电信公司30%的股份也被出售，筹集了相当于40亿美元的资金。但国家仍保留这两家公司的控股权。

还有一个时代变迁的标志。2003年7月，新成立的资本市场管理局（CMA）成为Tadawul的独立市场监管机构。SAMA在人事任命中的影响力显而易见。CMA的首位主席是SAMA前副总裁贾马兹·苏海米（Jammaz Al-Suhaimi），而该机构的五名成员之一穆罕默德·舒姆拉尼（Mohammed Al-Shumrani），接替穆罕默德·奥马尔·哈提卜（Mohammed Omar Al-Khatib）担任投资部门负责人。CMA和SAMA都希望看到股票市场稳步、可持续地发展。它们担心其快速扩张，认为那是太多资金追逐有限数量的公司。

在"9·11"事件后的三年内，Tadawul股票市值增长了三倍（见图6-11），并且在2005年又翻了一番。换手率飙升——到2004年已经超过150%，许多小投资者进行日内交易，并使用杠杆来增加对估值越来越高的股票的持仓。当股市出现问题时，当局将面临重大问题，因为数以百万计的小投资者将向政府施加压力，要求护市。这些担忧是有根据的，因为在2006年初确实出现了这种情况。这个故事将在下一章中详细讲述。

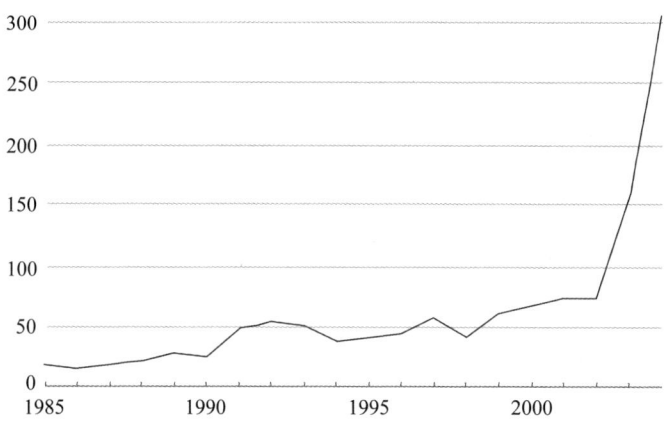

图 6-11　1985—2004 年沙特股市总市值（单位：10 亿美元）

数据来源：SAMA Annual Reports。

七、全球参与者

莱茵河畔的瑞士小镇巴塞尔风景迷人，是国际清算银行（BIS）的所在地。该机构成立于第一次世界大战结束后，旨在解决交战国的债务问题。BIS 从最初作为《凡尔赛和约》的遗产，逐渐演变成"中央银行家们的中央银行"，因为它只向各经济体央行提供银行业务。BIS 是世界金融界最重要但并不广为人知的组织之一。

这个组织的成员资格不是轻易授予的，但在 1996 年，来自发展中经济体的中央银行应邀加入。它们分别来自巴西、俄罗斯、印度、中国、韩国、新加坡、墨西哥和沙特阿拉伯。在沙特王国加入二十国集团前，SAMA 被接纳为顶级中央银行之一，这反映了沙特王国在全球经济中的重要性。

国际清算银行所有新成员的共同点是公信力。就 SAMA 而言，由于沙特阿拉伯的财政政策与货币政策之间的密切联系，这种公信力尤其来之不易。财政政策不受其控制，而汇率是固定的，这给 SAMA 储备和满足美元需求带来了巨大负担。外汇流入来自石油收入，无法预测，而"90% 解决方案"则没有改变的迹象。SAMA 必须谨慎管理储备，确保不会丧失信心，否则个人和银行就会用里亚尔套买美元。

沙特政府从未对自愿金融市场的理念失去信心，尽管 SAMA 和财政部有时可能会采取强制措施，迫使（商业）银行购买更多后者不想要的债券。这种开放性也适用于外国直接投资（FDI）。2000 年，沙特阿拉伯投资总局（SAGIA）成立，以吸引外国直接投资。除所得税税率外，新法律给予外国投资者与沙特本国投资者同等的奖励、优惠和保障。

在再次提出对外籍劳务征税这一有争议的想法仅一年后，SAMA 就信心十足地要求美国评级机构标准普尔（S&P）对沙特阿拉伯进行第一次评级。在 2003 年 7 月，也就是伊拉克战争开始四个月后，美国的分析师报告称，他们发现了一个总体上积极的局面。尽管受到了严重冲击，但由于实行最终由 SAMA 的储备提供资金的逆周期性赤字政策，经济保持了稳定。标准普尔称赞了固定汇率制度、低通胀历史以及健全的银行体系。SAMA 的储备资金可以支持约十个月的进口，足以偿还银行的短期境外债务。最重要的是，政府几乎没有外债，并以国有控股公司的形式拥有大量国内资产。[9] 以里亚尔计价的国债是负担，但大部分是中长期债券，最大的持有者是政府自己的基金。

在政治治理方面，标准普尔批评该国的社会政治制度发展缓慢。它的论点是，西方国家在必要时更容易提高税收和削减开支。虽然增税和削减开支在任何地方都很难实施，但在沙特阿拉伯这样一个以政府为主要雇主的中等收入国家尤其困难。半个世纪以来，公共部门的工资每年都在增长。征收直接税的尝试——包括1987年对外籍劳工重新征税的决定——都没有取得成功。标准普尔没有意识到的是，沙特的政治制度之所以稳定有效，正是因为它发展缓慢。在未来的十年中，沙特国内股市的崩溃、70年来最大的国际金融危机以及革命浪潮，都将考验沙特的政治制度。

第七章

全球金融危机的影响及其余波
（2005—2016）

一、股市崩盘：2006

2005 年 12 月，前总统乔治·H.W. 布什（美国第 41 任总统布什，即老布什）飞往科威特，在海湾地区资本市场未来会议上发表主题演讲。15 年前，正是他将科威特从萨达姆·侯赛因的军队中解救出来，因此他在这里受到热烈欢迎。他也恰是在当地股票市场大幅上涨、Tadawul 市值翻番的一年年底发表的讲话。迪拜市场的涨幅甚至更大。他表示，海湾地区的市场不再是区域性和流动性差的市场，区域股市总市值接近 1 万亿美元，该地区正在油价上涨的推动下蓬勃发展。但他的愿景是，海湾地区的命运不仅仅与石油有关。政府正在进行私有化，非石油领域的增长将推动未来发展。他的信息很明确：这些股票市场只会上涨。

当时的氛围确实极度乐观。油价一路上涨。SAGIA 的目标是在未来 20 年吸引 1 万亿美元的直接投资。国际上的银行摩拳擦掌，准备提供巨额的项目资金。IMF 对推动股市上涨的私有化计划大加赞赏。一切看起来都很顺利，那么会有什么问题呢？

到底会出什么问题？科威特会议的讨论本应更侧重于推动 Tadawul 发展的技术因素。Tadawul 指数由国有企业和银行主导。私人投资者（只有沙特人和 GCC 其他成员国的公民可以直接购买股票）相信国家会保护他们免受损失。购买私有化公司的股票成为一种稳赚不赔的方式，因为这些股票是以低于实际价值的价格发售的，目的是将财富分配给人民。小投资者受到青睐，而大投资者则因增加持仓而被迫抬高价格。与此同时，新技术让投资者如鱼得水。投资者可以在银行网点通过电话和互联网认购新公司股票。2005 年 8 月，阿卜杜拉国王接替法赫德国王登上王位，公共部门的工资随之上涨，公务员们可以基于定期存入其银行账户的工资增加借款额度。沙特人可以在工作时间利用互联网进行交易。办公室闲聊中充斥着股票日内交易的故事。到 2006 年，超过 50 万的沙特人在线交易股票。

老布什演讲一周后的 12 月底，利用石油生产乙烯（生产塑料的原料）的新企业 Yansab 的股票认购结束。该公司显然不是一家有吸引力的公司，它由国有石化公司 SABIC 发起，需要筹集近 50 亿美元，融资的目标项目尚未安排，且两年内生产不出乙烯。尽管如此，小投资者还是踊跃认购，到认购截止日，已收到近 900 万份个人认购申请（其中许多是投机者的多次申请）。这是公开募股的标准模式。小股东在派发股票时备受青睐，每个认购者的上限是 5 000 股。那些通过融资认购的小投资者准备卖给大投资者。Yansab 股票上市第一天的交易异常混乱，股价一路飙升。

2006 年 1 月，标准普尔上调了沙特最大银行的信用评级，银行股受到提振。但到 2006 年 2 月 25 日（星期六），股价泡沫随时可能破灭。市场指数为 20 966 点，自年初以来已经上涨了四分之一。估值被拉得极高：平均市盈率高达46倍、市净率11倍。股票总市值是沙特阿拉伯国内生产总值的3倍。相比之下，在2000年网络泡沫最严重的时候，华尔街的市值还不到美国国内生产总值的2倍。次日，股票价格开始下跌，一周之内指数下跌了15%。沙特市场并非孤例——海湾其他经济体也受到了影响：到3月初，迪拜的股票价格下跌了三分之一。资本市场管理局暂停了两家股票交易商的业务，规定了日内涨跌幅限制以阻止市场下跌，但抛压不断。

到5月，市场跌去了一半，政府顾问委员会（Shura）的成员呼吁国家通过官方进场购买股票来支持市场。但与阿联酋不同的是，（沙特）政府并没有采取干预措施来支持市场。相反，政府下调了加油站的汽油价格，以补偿小投资者的损失。夏季，市场下跌的速度放缓。到10月，股票指数自峰值下跌了60%。

Tadawul股市崩溃早于纽约次贷危机一年多发生，两者之间存在联系。利雅得股市的泡沫直接与全球银行的活动相关，而SAMA像其他中央银行一样发现自己受到了无法控制的事件的冲击。在2008—2009年间，发达市场的危机波及沙特商业银行，并短暂威胁到沙特里亚尔本身。不过，沙特经济继续保持良好。像往常一样，油价是王国经济福祉的最重要因素，幸运的是，这一情况一直保持到2014年。然后油价下跌，又一场危机逼近。

二、财政和经济背景

在油价上涨的推动下，沙特经济一路高歌猛进。2005—2014年，石油收入超出预算近1万亿美元。但在2014—2016年，随着油价下跌并持续走低，情况变得越发严峻。[1]

截至2014年，预算盈余取代了赤字（2009年除外，当时全球金融危机使其他经济体对沙特石油的需求放缓），SAMA的外汇储备飙升，并于2014年达到顶峰。与20世纪70年代一样，一部分收入被用于促进经济多元化。政府还鼓励国有控股公司（如Yansab）自跨国银行借款。高额的公共开支助长了通货膨胀，SAMA不得不努力解决这一问题，这也导致了金融危机爆发前的里亚尔升值压力。2008年秋天雷曼兄弟倒闭前的几个月，通货膨胀率接近10%。次年，世界经济开始衰退，经济转为负增长。油价下跌，政府通过赤字来维持经济——这种模式在2014年后重演（见图7-1）。

图7-1　2005—2016年国际油价（单位：美元/桶）
数据来源：Fed Economic Data。

不利的一面是，非石油经济继续令人失望。该领域仍是政府活动驱动，无论是通过直接的社会支出，还是通过国有控股企业间接进行。

政府的收入基础也仍然严重依赖石油，没有征收销售税或所得税。尽管非石油收入从 2005 年到 2013 年翻了一番，但它在总收入中的占比仍低于 20 年前。

额外的公共支出主要涉及学校、大学、医院以及通信这些项目，比如计划中的利雅得地铁、连接麦加和麦地那的哈拉曼高速铁路项目。钢铁和水泥的需求远远超过了当地的产能，价格大幅上涨，助长了通胀（见图 7-2）。

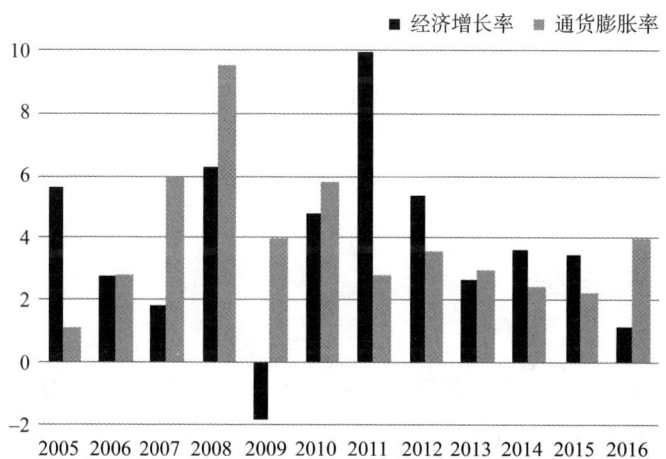

图 7-2　2005—2016 年的经济增长率和通货膨胀率（%）
数据来源：IMF WEO Database，2016 年 10 月。

当油价坚挺时，（政府）收入和支出也很强劲，而当油价疲软时，两者则较弱或为负（见图 7-3）。经济仍然与油价紧密相连。在这一时期结束时，政府下了最坚定的决心，试图摆脱对石油的依赖，实现经济多元化。

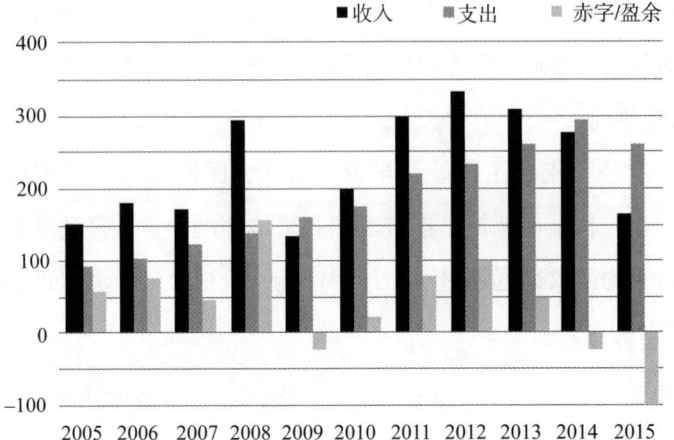

图 7-3 2005—2015 年的预算赤字和盈余（单位：10 亿美元）

数据来源：SAMA Annual Reports, Ministry of Finance。

三、替代政府债务

当油价在新千年上涨之际，SAMA 同财政部之间出现了分歧，后者决定利用其盈余来偿还政府债务。政府债务在 1999 年达到国内生产总值的 100%。财政部的态度很直白：债务需要付息，所以除非需要借钱，否则没有理由保留债务。此外，IMF 和评级机构将政府债务下降作为提高该国信用评级的主要因素。

中央银行则希望保留一些政府已发行债券以进一步发展债券市场。沙特的财政状况经历过快速而不可预测的波动，SAMA 认为长远而言，发展债券二级市场是降低融资成本的关键。如果所有政府债都还清，那就无法实现这一目标。中央银行还担心，如果海湾货币联盟成立，而利雅得没有可交易的债券市场，那么沙特阿拉伯可能会发现自己成为

（货币联盟）新中央银行的所在地，但迪拜却将成为海湾金融中心，就像欧元区的中央银行设在法兰克福，但伦敦仍然是金融中心一样。

财政部在争论中获胜，债券到期即被偿还。没有了政府债，SAMA发现自己又回到了20世纪80年代初，当时它必须承担自己发债的成本。SAMA微调流动性的工具是回购和逆回购机制，但要使其发挥作用，银行必须持有可以回购的政府债券，因此当2007年国债发行结束后，出于控制货币供应目的发行了新的SAMA票据，以及murabaha票据（符合伊斯兰教法的票据，适用于拉杰赫等符合伊斯兰教法的银行）。2008年9月雷曼兄弟倒闭后，SAMA票据发行增加，沙特的银行收紧了信贷标准。在接下来的两年里，对私营部门的贷款停滞不前，银行系统现金充裕。SAMA通过发行更多的票据来回收流动性。

与此同时，为防止再次发生类似全球金融危机期间的流动性短缺等情况，《巴塞尔协议Ⅲ》要求SAMA必须引入新的流动性覆盖率（LCR），以确保有流动资产（即现金或政府债券）来应对可能出现的现金流出。商业银行受到协议两方面的影响。它们高度依赖短期存款，这意味着在任何给定时间都可能出现大规模现金流出，而它们又没有足够的流动资产来应对这一潜在风险。这意味着如果SAMA不提供更多的票据，商业银行可能会将资金转移到境外。因此，SAMA从2010年开始陆续发行更多票据，以便在接下来的几年内逐步引入LCR。

到2015年初，央行票据发行量超过了GDP的6%，SAMA在2007年曾认为，这是维持政府债券市场活力的最低要求。它用自己的债务工具代替（政府债），并用其自身收入偿还，来为银行提供所需的资产。实际上，原来的银行安全存款账户又回来了，只是名字变了。

但 SAMA 票据并未在银行间交易，因此错失了构建收益率曲线的机会。

随后，在当年晚些时候，沙特政府又回到了国内债券市场。有趣的是，这一次是主动选择。1988 年开始的早期债务发行是因为政府在 SAMA 的账户中缺里亚尔，但 2015 年的情况并非如此。政府希望在被迫（发债）之前以优惠条件主动发行。这种积极主动的做法，是萨勒曼国王在那一年接任其兄弟后引入新的治国方式的一部分。在接下来的一年里，财政部内部设立了债务管理办公室，SAMA 管理政府债务的作用逐渐下降，即使它仍然是支付机构，并继续发行自己的 SAMA 票据。

四、里亚尔之战：2007—2008

金融危机爆发前的几年，随着政府支出快速增长，食品和住房价格飙升。如何在不升值汇率的情况下解决通货膨胀问题，一直占据着 SAMA 的议事日程，直到全球金融危机将这一问题挤出重点议题。关于这个问题的争论是公开的，顾问委员会也参与其中。[2] 所有海湾国家都面临着同样的问题，因此人们开始关注沙特阿拉伯邻国的做法。2007 年 5 月，科威特放弃了与美元挂钩的做法，SAMA 受到了持续的压力，要求其效仿。

在沙特阿拉伯，食品价格上涨是一个政治敏感问题，但 SAMA 对此无能为力。从广义上说，有两种不同的通货膨胀，一种是由需求增加引起的，另一种是由成本上升引起的。尽管央行可以通过提高利率来抑制需求，但如果成本上升来自国外，除了让货币升值之外，别无他途。食品价格上涨是成本推动型通胀，而且这种情况并不局限于沙特阿拉伯。以美元计算的世界原料食品价格，在截至2008年的四年里飙升了一半以上，主要原因是金融危机爆发前美元疲软以及油价上涨推高了一系列农业成本，也正是（沙特）这个国家重新繁荣背后的（石油）资源导致了食品价格的上涨。

食品价格上涨对贫困的沙特人构成了直接威胁。他们的饮食依赖基本的食材，如扁豆和大米，因此他们无法像美国消费者那样，通过减少外出就餐或购买更便宜的肉类来应对食品价格上涨。住房成本是价格指数中的第二大因素。住宅价格经过数年的稳定后，从2006年开始大幅上涨，主要是由外籍劳工重新涌入引起的。在2009年之前的四年中，外国人口增加了超过250万，所有这些新来者都需要住房。新住房需求增加了建筑材料的供应压力，推高了通货膨胀，而争夺现有住房也导致租金上涨。

在不改变钉住（美元）汇率的情况下，SAMA很难应对食品和住房通货膨胀。如果通货膨胀是由银行信贷增长导致的，那么SAMA本可以采取行动。但是这两种通货膨胀并不是由银行积极放贷引起的。与早期的石油繁荣一样，银行的流动性充裕，但并没有传导到经济的其他部分。如果沙特里亚尔实行的是浮动汇率，它本应在石油高收入引起的经常账户盈余的支撑下自然升值，这将使进口变得更便宜，但挂钩美元阻止了这种可能性。同样，由于钉住汇率，中央银行在国内调高利率方面的行动自由有限，这意味着沙特的利率必须紧随美元利率。

环顾2007年初的海湾地区，很明显，通货膨胀与每个经济体的增长速度有关。卡塔尔经济蓬勃发展，通货膨胀率达到两位数，紧随其后的是阿联酋。相比之下，科威特和沙特阿拉伯通货膨胀率较低。因此，当科威特在5月宣布将不再与美元挂钩，转而使用2003年以前的一篮子货币时，人们颇感意外。与沙特阿拉伯一样，科威特的通货膨胀率也一直在上升，但此举与其说是一次升值，不如说是对美元进一步走软的先发制人的出击。这一消息震惊了海湾地区的金融市场，它代表了海湾地区统一货币道路上一个意想不到的障碍。

如果科威特能够与美元脱钩，那么利雅得也有可能。批评者认为，只要兑美元汇率保持在3.75里亚尔，沙特的通货膨胀永远无法克服。相反，他们倾向于升值或者采取科威特的计划，转向一个货币篮子。中央银行内部的政策制定者们争论着挂钩是否可持续，汇率是否应该采用更宽的浮动区间，以及是否简单地以更高的汇价继续固定。

扩大汇率波动区间困难重重。第一个问题是，沙特经济领域没有管理外汇风险的经验。例如，许多公司缺少能够应对美元/里亚尔汇率变动的计算机系统，私营部门以里亚尔和美元交替借贷。SAMA需要设定一个通货膨胀目标，但却不具备实施的能力。SAMA决定继续坚持固定汇率政策。

第二个问题是，是否有必要升值。从积极方面来看，升值不会损及出口，因为国际市场上的石油和石化产品是美元定价，所以更贵的沙特里亚尔不会有任何影响。但在20多年的时间里，固定汇率为沙特在艰难时期和顺境中提供了货币稳定的锚。（汇率的）任何变动都将改变（沙特）银行体系的游戏规则。

SAMA的结论是，（时下的）固定汇率水平并不完美，但调整的影响会更糟糕，因此有必要等待时机。美元不会永远疲软。与此同时，维持钉住汇率只是一个技术问题，即要抑制那些希望从汇率升值中获利的人将美元兑换成里亚尔的投机性流入，并回收这些新增里亚尔所产生的流动性。

美元在 2007 年日渐走弱，（里亚尔）升值压力加大。美国银行体系的危机显而易见，美联储的减息措施扩大了里亚尔和美元之间的利差，投机者得以更便宜地借入美元并建立里亚尔多头、押注里亚尔升值。SAMA 没有跟随美联储的政策，因为它需要在对抗通胀方面表现得强硬。这是一场央行加入媒体战的较量：SAMA 总裁萨亚里曾在 9 月表示，没有必要跟随美国降息，尤其是在流动性极充裕的情况下，并强调利率稳定和透明度对投资者很重要；副总裁穆罕默德·贾赛尔在演讲和研讨会上努力解释 SAMA 的立场及其捍卫钉住美元的理由。但沙特媒体确信里亚尔升值迫在眉睫。

2007 年 11 月 26 日是里亚尔最难的一天，当天里亚尔对美元汇率升至 3.7 里亚尔 / 美元。一年期远期汇率升水 5%，SAMA 不得不多次进场干预，从银行购买美元现汇。随着 SAMA 开始降低政策利率，压力有所缓解。与此同时，SAMA 通过提高银行储备金率，从银行抽走流动性。

此间，政治压力加大。下半年，物价指数年涨幅超过 10%，食品价格年涨幅则近 20%。有呼声要求增加食品补贴，尽管政府削减了许多政府服务的成本，但在食品方面几乎没有动作。当局还提高了公务员工资和福利待遇。这是标准的财政政策应对，但提高普通沙特人的收入增加了购买力，抵消了补贴带来的抑制通胀效应。

网络上、报纸专栏甚至顾问委员会中都出现了批评言论，2008 年 7 月，顾问委员会的一名委员公开呼吁将里亚尔升值 20%，以抑制通货膨胀。但商业银行的经济学家支持 SAMA 将汇率保持在当前水平的政策。他们认为，小幅升值只会鼓励投机者进一步推高沙特里亚尔的汇价。

　　SAMA 从支持者中得到安慰，并继续奉行"拖字诀"。这一策略慢慢开始奏效。2008 年开始，对里亚尔钉住美元的攻击声有所下降，通货膨胀情况也慢慢好转。随着金融危机向美国以外地区蔓延，美元止跌并强劲反弹。全球银行争购美元，投机者抛售里亚尔以获取所需美元，从而缓解了（里亚尔升值）压力——他们手忙脚乱，避免陷入危机。科威特的做法也不那么有说服力了，因为其（调整汇率的安排）显然没有导致通货膨胀率下降，通货膨胀率同沙特阿拉伯的水平接近。

　　美元自 2008 年 4 月后的企稳减缓了食品价格上涨。SAMA 在回收银行体系内流动性方面的行动变得更加有效。商业银行可以通过购买 SAMA 票据，将自身多余资金存放在中央银行。

　　到 2008 年秋天，SAMA 已经赢得为期一年半的捍卫（固定）汇率的战争。食品价格自 7 月以后几乎没有变动，随着价格指数中最大构成项稳定下来，通货膨胀率在下半年逐渐降至 8%，压力减缓。与此同时，2009 年，全球发生了 70 年来最严重的衰退。如今，（沙特）中央银行从捍卫汇率转向捍卫金融体系本身。

五、SAMA 和全球金融危机：2005—2010

　　沙特阿拉伯危机的前奏是 2005 年开始的项目融资热潮，当时沙特阿拉伯成为跨国银行的投资目标，这些银行渴望以微薄的利润率为该国的发展计划提供资金。这触发了一些国有控股企业出售股权，从而刺激了股票市场。2006年的Tadawul股市崩盘表明了金融业的变化。次年全球危机期间，跨国银行纷纷撤离，沙特的银行随之陷入困境，也将SAMA卷入了风暴中心。

因为涉及国际金融，新千年头十年的第三次石油繁荣与前两次有很大不同。20世纪70年代和80年代，沙特金融资产的增长源于SAMA的"回流"（recycling）政策。国际上的银行并没有参与沙特王国的投资计划，其资金来源是内部的石油收入。因此，沙特阿拉伯仍然与全球金融半脱节。沙特将钱存入主要国际金融中心的银行，但这些银行并没有将钱投回沙特。

经过一代人的时间，金融业已然实现全球化，外国银行看到了沙特发展中的盈利机会。尽管SAMA做到确保其监管的商业银行保持充足的资本，但它无法控制这些银行的经营活动。它也没有一整套工具来为沙特股市降温。固定汇率限制了利率空间，而对Tadawul的监管也被移交给独立的CMA。最后，中央银行受到了这一时期金融正统观念的影响，即市场最有效（the market knew best）。

金融泡沫总是有其存在的理由，而项目融资热潮的背后就有一个令人信服的逻辑。到2005年，沙特需要大量投资来升级基础设施，实现经济多元化。在廉价石油时代，改善电力和供水的项目积压了很多。在夏季，沙特王国饱受停电和电压不稳的困扰。为了替代快速下降的自然含水层，该国需要海水淡化厂，因为该国没有天然河流，自然含水层是唯一的水源。根据计划，脱离石油依赖的经济多元化发展，要建立在海岸工业城市的基础上，这些城市聚集在大型国有石油化工厂周围，这些工厂还将负责发电和淡化水源。

作为国内投资机构，SAGIA的角色是估算国家的需求并协助融资，其发布的数字令人震惊。在 2006 年初，SAGIA 宣布其目标是在接下来的 20 年内吸引 1 万亿美元的外国直接投资，即每年吸引 500 亿美元的投资。这个数字是什么概念？要知道，2004 年中国的外国直接投资流入额为 610 亿美元。总部设在巴黎的国际能源机构（IEA）称，海湾国家到 2030 年将需要投入多达 5 000 亿美元，以满足全球能源需求。这些数字大到令人难以置信，但它们助长了繁荣时期狂热的乐观情绪。

谁来为这笔巨额开支买单？对市场力量的信心取代了国家应发挥主导作用的旧观念。人们还普遍认为，利用杠杆是获得良好投资回报的关键，即高债务配以低股本。政府的计划是，由管理项目的国有公司通过 Tadawul（股市）融资，为其提供股权资金，由银行提供贷款。但是，仅随后三年的项目融资需求就超过了 2006 年沙特所有银行的全部存款，因此资金必须来自王国以外的银行。沙特的金融结构也使项目融资的启动变得复杂。参与项目融资的沙特各银行面临着资产和负债完全不匹配的问题。银行依靠的是可以按需提取的存款，而项目则需要长达 20 年的资金承诺。

沙特银行的确是有限地参与其中，但面临着来自全球银行的激烈竞争，后者试图通过进军沙特国内银行业来获取市场优势。沙特于 2005 年签署的 WTO 协议允许外国投资者控股沙特的银行。在金融危机前夕的狂热氛围中，这原本可能带来灾难性后果。幸运的是，SAMA 变得更加谨慎，并停止颁发新的银行牌照。

此外，投资银行业务在 CMA 的控制下发生了变化。该机构希望看到更多的竞争，到 2007 年中，就在次贷问题广为人知的时候，CMA 已向 64 家投资银行颁发了牌照，其中包括摩根士丹利与当地一家投资银行 Capital Group 的合资企业，该公司由几年后掌管中央银行的法赫德·穆巴拉克（Fahd Almubarak）领导。事实证明，摩根士丹利沙特阿拉伯公司正是股市所需要的创新型企业。2008 年，穆巴拉克领导的银行首次通过互换交易让外国投资者直接进入 Tadawul，随后又推出了沙特阿拉伯首个对外国人开放的开放式共同基金。

2006 年初，正值 Tadawul 市场冲顶之际，其他领域也出现了金融过度的迹象。红海沿岸的拉比格大型炼油石化项目就是一个很好的例子。2005 年 9 月，该项目的成本估计为 86 亿美元，但五个月后，工程尚未开工，就发现至少还需要 10 亿美元。根据合同规定，银行必须补上这一资金缺口。为拉比格项目提供资金的银行包括法国巴黎银行、法国农业信贷银行、西德意志银行和花旗银行。这些银行对一个长期项目做出了承诺，而它们此前在这个领域几乎没有经验，而且利润要在多年以后才能兑现——前提是这期间没有以更优惠的条件再融资，项目才会变得有利可图。

Tadawul 股市崩盘是金融危机的前兆。此后的一段时间里，一种不实感持续存在，国际贷款人积极争夺项目，并同意越来越苛刻的条件。他们仍然接受像拉比格这样的"账面"（open book）交易，承诺支付任何形式的成本上涨，而项目的杠杆率越来越高，贷款期限越来越长。许多企业缺乏锁定收入以偿还贷款所需的长期供应合同。到 2007 年 10 月，国际市场对这类项目的兴趣已经消失殆尽。虽然拉比格项目得以继续，但据后来估计，四分之一的沙特能源项目搁浅。

全球金融危机始于 2007 年，10 年之后，我们仍生活在危机的余波中。历史恰如无休止的争论，历史学家们将长期争论金融危机的成因。所有的分析清单都将包括全球失衡的加剧、收入不平等、投资向东亚转移、美国消费者债务增加、监管机构的失败以及对市场总会自我修复的过度自信。[3] 很明显，危机始于美国抵押贷款市场的违约增加，到了 2007 年 6 月，其他信贷利差开始走阔。由于与美国基金经理定期会晤，SAMA 意识到金融系统出了问题，但认为自己可以远观，因为问题主要集中在担保债务凭证（CDO）的评级上，CDO 由信用记录不良的借款人的次级抵押贷款组成，而这正是 SAMA 避而不投的领域。

因为知道沙特的银行没有参与其中，中央银行对此感到安心。在危机爆发之初，银行在抵押贷款支持证券（MBS）和其他证券化资产方面的风险敞口仅占总资产的 3%，这一数字与当时奉行的观点背道而驰，后者认为，资产证券化和使用衍生工具是通过在金融体系中分散风险来降低风险的一种可取方式。2007 年夏末，当美国基金经理重返利雅得时，他们带来了更坏的消息。美国陷入了螺旋式下跌的恶性循环。随着评级机构下调 CDO 的评级，投资者试图减少风险敞口。他们没有找到买家，价格因此进一步暴跌。由于贝尔斯登和雷曼等投资银行对 CDO 市场的风险敞口超出了他们的预期，也超出了他们的承受能力，问题变得更加严重。到 8 月，整个美国金融体系陷入困境。最严重的后果是，银行因担心偿付能力而停止相互拆借。一些银行发现很难融到资金。

美国问题引发的恐慌有如癌细胞扩散，感染了全球金融体系。危机的下一个阶段是追逐优质资产：无风险债券价格飙升，公司债券被抛售，结构性产品被投资者回避。股票和房地产价格下跌，金融机构遭到重创。

在 SAMA 看来，各国央行的反应是恰当的。美联储和欧洲中央银行都向货币市场注入了大量现金，以压低利率，并允许银行推迟 CDO 的清算。美联储还下调了贴现率。到 2007 年 9 月，市场恢复了一定程度的稳定，但那只是暂时的平静。银行间同业拆借利率保持在较高水平，而且很快就发现，许多投资者需要出售他们持有的结构性产品，但无法以可接受的价格找到买家。在被出售之前，危机还远未结束。相反，危机即将进入一个更为严重和前所未有的阶段。

SAMA 从基金经理那里得知，这将是一个不小的调整。银行监管小组也在密切关注，因为沙特的银行是华尔街和伦敦金融城的债权人，后两者中的金融机构破产将给前者带来损失。在一个由商业银行主导的金融体系中，SAMA 有多年的银行监管经验，它知道，如果一个监管者不了解银行的业务，就等于没有尽到自己的职责。但在纽约和伦敦，监管机构面临着新的挑战，因为问题出现在传统银行之外，即影子银行体系。

其时，与爆发于 1997 年的亚洲金融危机形成对照的是，新兴市场基本未受影响。到 2007 年底，SAMA 认为，沙特阿拉伯最可能受到影响的方式不是通过金融市场，而是因全球经济放缓导致的油价下跌。随着借款成本持续上升，这似乎越来越成为可能。沙特银行体系在风暴的第一年表现出色。客户存款和贷款都在增加。重要的是，流动性仍然充裕。

2008 年 9 月雷曼兄弟破产是危机的标志性事件。随着问题的扩散，SAMA 继续采取回收流动性的方式来对抗通货膨胀，而美国和欧洲的央行则在注入流动性。SAMA 意识到这种政策反差，但在秋季之前一直认为无法改变政策方向。导火索来自纽约，具体来说，来自曼哈顿中城第七大道 745 号的雷曼兄弟总部。当雷曼兄弟于 2008

年9月15日申请破产时，全球资本市场崩盘，沙特的银行被国际资本市场拒之门外，导致美元和里亚尔的利差急剧扩大。随后，迪拜房地产市场遭遇麻烦，油价急剧下跌。恐慌笼罩了海湾地区，人们争相从银行提取资金。雷曼兄弟申请破产后的第四周，也就是2008年10月11日，阿联酋央行宣布保证所有银行存款安全。SAMA随后在四年内首次降低了回购利率，并降低了银行的储备要求。2008年10月16日，为了避免银行挤兑，最高经济委员会宣布将确保银行存款安全，但保证额度有上限。[4]

这一安排避免了类似于20年前昭示科威特危机发端所出现的恐慌。但银行仍然面临着迫在眉睫的资金问题。SAMA采取了向银行存放美元和里亚尔存款的措施。这恢复了人们对银行将有足够资金的信心，6个月后这些存款就得到偿还了。

（SAMA的）行动重点从银行转移到汇率和股市。谣言四起，称资金将从沙特里亚尔流向安全港美元，从而迫使沙特里亚尔贬值。沙特里亚尔兑美元的汇率从其官方汇价3.75里亚尔/美元下跌至3.77里亚尔/美元，但很快恢复。股市在2008年10月16日的最高经济委员会声明后上涨，沙特里亚尔和美元汇率之间的风险溢价缩小。2008年10月至2009年1月，SAMA将回购利率从5%降至2%。由于公共支出推动经济持续增长，沙特阿拉伯的金融体系几乎毫发无损。整个年度，银行利润未见下降，同时私营部门和银行的信贷以及银行的资本和储备大幅增加。最重要的是，该体系流动性之充裕令西方银行羡慕不已。

沙特阿拉伯对雷曼危机的迅速反应，在很大程度上应归功于SAMA副总裁穆罕默德·贾赛尔。他出生于1955年，在出任沙特驻华盛顿 IMF 代表一段时间后，担任了 14 年的央行二把手，并于 2009 年 2 月取代萨亚里出任总裁。贾赛尔是在石油繁荣时期成长起来的新一代沙特技术官僚中的杰出代表，公开演讲水平不凡、解决问题果断。他的目标是通过在仍处于压力之下的银行体系建立信心，带领沙特阿拉伯走出危机。到 2009 年 4 月，银行对企业的贷款下降，存款增长停止。贾赛尔认为进一步降息可能会危及钉住汇率，所以他转而降低了银行的准备金要求，以便有更多的可用现金。这一举动有先见之明，因为两个月后一家大公司破产，震动金融界。当时，诸多问题均源自王国之外，但这一事件则完全发生在国内。

2009 年 6 月，沙特东部省发生一起举国瞩目的企业违约事件，人们得以一窥沙特商人是如何融资的。银行对此感到震惊，因为沙特大约一半的企业信贷是发放给私营公司的。涉事公司艾哈迈德·哈马德-古赛比兄弟集团（AHAB），是海湾地区最受尊敬的企业集团之一，其经营建筑业务，控制着沙特的百事可乐装瓶厂，且关键的是，几十年来一直为沙特阿美的外籍劳工提供货币兑换服务，帮助他们将收入汇回母国。这块业务发展成为 AHAB 的融资部门，为集团筹集资金并偿还债务。AHAB 还在巴林离岸中心建立了一家金融子公司。

几乎没有一家贷款给 AHAB 的银行要求其为这些贷款提供保证。它们只是基于海湾地区所谓的"名声"（Name Basis）提供资金，让他们感到安慰的不是抵押品，而是 AHAB 整体业务表面上的成功及其紧密联系的家族结构。多年来，融资业务一直由马安·萨尼阿（Maan Al-Sanea）经营，他是古赛比家族的一名科威特成员，经营着自己的企业萨阿德集团（Saad Group）。

导致萨阿德和 AHAB 破产的一系列事件始于 8 年前的（美国）

世界贸易中心袭击。在"9·11"事件之后，SAMA严厉打击了未受监管的货币兑换业务，担心它们可能被用作恐怖分子的融资来源。作为回应，AHAB将其融资业务转移到离开SAMA监管范围的巴林，并成立了一家名为国际银行公司（TIBC）的新银行。放贷给TIBC的银行认为这是在为AHAB集团提供资金，但AHAB声称萨尼阿将大部分资金用于个人用途。此外，TIBC的长期资产和短期负债之间不匹配，容易出现流动性问题。2009年5月，TIBC未能履行对迪拜马士礼格银行（Mashreq Bank）的付款，后者对TIBC提起了诉讼。这引发了那些曾向AHAB和萨阿德放贷的银行纷纷要求两者提前还款。信用评级机构下调了它们的评级，几周内，这两个集团都大规模违约。

没有一家沙特银行公开披露其对AHAB和萨阿德的敞口，但涉及的贷款总额可能超过60亿美元。沙特境外银行（对这两家公司的）敞口甚至更大。据报道，萨阿德最大的贷款银行是法国巴黎银行（BNP Paribas），贷给这两个集团的问题款项总额估计高达220亿美元。对于SAMA来说，好消息是尽管大多数借款没有抵押物支持，但没有一家（沙特）银行因此陷入严重困境。

沙特当局迅速采取行动，警告其他大型沙特借贷者官方将采取严厉措施，首先是冻结萨尼阿的资产，接着是AHAB的资产。AHAB坚持认为TIBC是由萨尼阿控制的，后者从他们那里贪污了90亿美元。2009年9月，SAMA将冻结令扩大至古赛比家族其他成员的资产。旅行禁令禁止萨尼阿和古赛比家族在问题得到解决之前离开沙特。AHAB和萨尼阿在世界各地的法庭上互相反诉。最终，AHAB与债权人达成了全球和解。但到2017年年中，该案仍在开曼群岛进行诉讼。

SAMA 行动迅速，但它解决此事的权力有限，而且由于缺乏破产法和向债务人收债的坚实法律权力而受到阻碍。它评估了沙特的银行对其他私营企业的风险敞口，并成立了一个由银行代表组成的工作组以审查纰漏之处。萨阿德-AHAB 事件与雷曼兄弟的倒闭有相似之处。无论 TIBC 的实际负责人是谁，AHAB 和萨尼阿都利用了监管套利，在巴林设立了一家离岸银行，就像雷曼兄弟在伦敦和纽约使用不同的融资规则来掩盖其负债一样。尽管 SAMA 定期与巴林中央银行进行沟通，但双方并没有正式的合作安排。世界各地的监管机构，如 SAMA，仍然主要依赖于非正式安排。

批评者认为，中央银行解决这个问题花费了太长时间，并且偏袒了沙特的债权人，伤害了外国债权人，从而损害了沙特企业的国际信誉。但实际上，AHAB 的债务解决不是中央银行的责任。这是一个法律问题，应交由该国首席法律官员主持的委员会负责，该委员会有 SAMA、CMA 以及内政、商业和司法部的代表。在没有像美国那样全面的破产法的情况下，这种问题无法迅速得到解决。SAMA 并没有偏袒沙特的银行，它们和外国银行一样，使用抵消（set-off）权来收回部分债务。外国银行有权向 SAMA 的银行纠纷解决委员会提起诉讼，但它们大多数是在 SAMA 的管辖范围以外向 AHAB 贷款。令人惊讶的是，萨阿德-AHAB 事件并没有标志着银行停止了"（基于）名声放贷"。从理论上讲，SAMA 可以要求银行在放贷之前获取和审查财务报表来制止这种情况。但根据全球中央银行业务惯例以及遵守市场化解决方案的承诺，SAMA 认为这是银行和审计师的责任。

萨阿德-AHAB 事件之后，阿联酋财团迪拜世界（Dubai World）

于 2009 年 10 月暂停付款（不过沙特银行的风险敞口很小）。在那之后，沙特的银行算是度过了风暴最严重的时期。迪拜世界的崩溃实际上标志着海湾地区金融危机的结束。信贷增长在 2010 年恢复。次年，（沙特的）银行的大部分损失得以弥补。2011 年 11 月，标准普尔得出结论称，沙特银行体系是世界上最安全的银行体系之一，与德国、法国、挪威、瑞典和新加坡并列。这家美国信用评级机构认为 SAMA 严密且保守的监管是一个关键因素。

2010 年，IMF 在到利雅得对该国金融体系进行 6 年来的首次评估时发现，沙特银行业的结构自上次评估以来几乎没有变化，可以说与 1980 年大体相同。尽管 SAMA 新批准了两家银行，外国银行现在也在王国境内设立了分支机构，但该体系仍然高度集中于三家最大的银行（国家商业银行、拉杰赫银行和以沙特美国银行名义运营的原花旗银行业务），三者合计占沙特银行业近一半的资产和存款。沙特的银行继续因不支付大部分存款的利息而受益。IMF 很清楚，全球危机对沙特银行的损害远小于 1999 年之前的长期低油价时代。银行的净资产收益率较危机前的高点有所下降，但仍达到两位数，且贷存比非常保守。

虽然金融体系的结构没有太大变化，但其对经济领域的渗透已然深入。看待这一问题最有用的方法是看银行信贷相对于非石油部门的规模。这是一幅稳步扩张的图景：从 20 世纪 70 年代占非石油经济规模的 20% 到金融危机开始时的 100%。这些银行基本上是从政府自己的贷款机构（比如沙特工业发展基金）手中接管这些信贷业务的，后者传统上向工业部门提供低成本贷款，SIDF 信贷从 20 世纪 70 年代占非石油行业 GDP 的 70% 左右下降到 2009 年的 20% 左右。

对比银行信贷的趋势，商业债券市场仍处于初级阶段。沙特阿拉伯基础工业公司（SABIC）发行了沙特的首个企业债，于 2006 年以符合伊斯兰教法的债券形式"Sukuk"发行。四年后，一家沙特公司首次发行了国际债券，但很少有其他公司效仿 SABIC 的做法。（个人）成为银行客户并获得信贷的机会也增加了，部分原因是银行此间以公共部门工作者的收入为保证提供的个人信贷增长。到 2014 年，65% 的沙特成年男性拥有银行账户，女性的数据稍低，为 58%。[5]

图 7-4 显示，全球金融危机几乎没有对（沙特）银行造成重大损害，主要原因在于其与政府密切结合。政府支出保证了经济的增长，确保银行对私营部门的贷款安全，并为银行在项目融资方面的风险敞口提供了缓冲。通过在必要时提供资金支持，SAMA 成功地制止了银行冒险行为。SAMA 密切监控外汇头寸，而银行的衍生品敞口大多是代客操作且完全进行了对冲。高额的政府支出和政府债务的偿还可谓锦上添花，使银行持续从政府财政活动中获得流动性。总之，政府基于石油收入的支出，在推动沙特经济运行方面发挥了至关重要的作用。

SAMA 拒绝了市场原教旨主义的信条，就在危机前的几年里，市场原教旨主义被全世界学者和政策制定者奉为圭臬。对沙特阿拉伯来说，石油收入的不确定性让其政策制定者没有对市场经济内在的过度行为掉以轻心。在发达经济体，顺周期倾向被植入金融监管体系，导致繁荣持续时间过长，而政府继续维持预算赤字，从而剥夺了该国的财政回旋余地。当经济增长强劲时，沙特王国实现了财政盈余——这是逆周期的——但可以说，它本应实现更大的财政盈余，以给经济降温。2008—2009 年，保持支出增长起到了反周期作用，抵御了全球金融危机的风险。但沙特继续增加支出而不是通过扩大预算盈余来积累外汇储备，这给未来几年埋下了隐患。它实际上是在押注油价将保持高位。

资本充足率

监管资本对风险加权资产的比率: 1999年21.2, 2016年18.3

一级资本对风险加权资产的比率: 1999年17.8, 2016年16.4

资产质量

扣除拨备后的不良贷款占资本的比率: 2007年-3.7, 2016年-3.7

不良贷款占贷款总额的比率: 1999年11.4, 2016年1.2

盈利能力

资产收益率: 1999年0.9, 2016年2.1

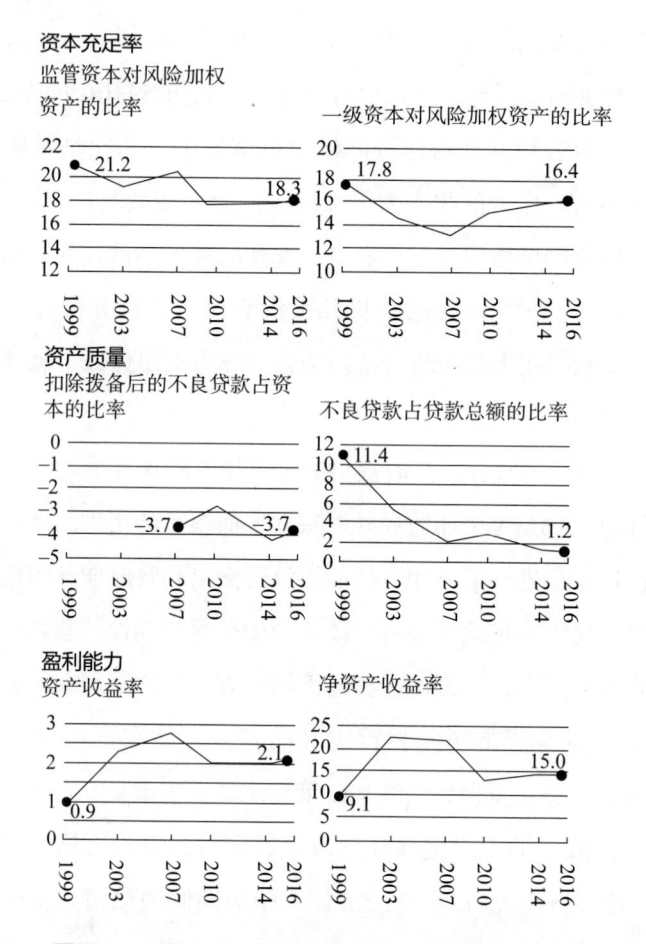

净资产收益率: 1999年9.1, 2016年15.0

图 7-4　1999—2016 年的银行体系稳健性指标（%）

数据来源：IMF Financial Stability Assessment Report, 2006, 2011; Irish Stock Exchange: The Kingdom of Saudi Arabia Medium Term Note Program, 2016 年 9 月。

注：一级（资本）：普通股＋储备（股东基金）。

不良贷款：利息及本金逾期 90 天及以上的贷款。

拨备：用于冲销贷款或其他应收款项潜在损失的资金［逾期 90 天的不良贷款，拨备为贷款额的 25%，180 天内为 50%，360 天内为 100%。此外，为履约贷款设立 1% 的常规拨备；国际财务报告准则（IFRS）的规定不同于 SAMA 的计算］。

资产质量：2007 年以前扣除拨备后的不良贷款占资本的比率数据缺失。

六、外汇储备：应对收益率下降

人们很少了解收益率下降对投资回报的破坏性影响。从 2005 年开始，流入 SAMA 外汇储备的资金规模之大对该机构来说前所未见。挑战在于如何谨慎地投资这些现金。在固定收益方面，债券收益率正在下降，信贷质量已经恶化，因此央行获得高安全回报率的机会实际上已经消失，它不得不分散投资于质量较低的信贷资产上。与此同时，全球股市的大幅波动也在考验 SAMA 的定力。当其他发展中国家在央行之外建立主权财富基金时，沙特面临着效仿的压力。但沙特阿拉伯坚持将外国资产集中于央行管理的政策，尽管在 2016 年，它表示公共投资基金将成为一个完全成熟的主权财富基金。

对投资者来说，这是一段艰难的时期。从一个繁荣的开局开始，股市在经济衰退期间跟随华尔街下跌，然后在中央银行降息刺激下恢复。从 2005 年到 2015 年，美国主要股指的复合年回报率仅为 5%～8%，与债券大致相当。与前十年相比，股市回报平平，波动性很大——2008 年美国股指跌幅高达 40%。[6] 关键是，债券利率和现金利率一起暴跌。

每个人都明白，银行存款利率下降对储户来说是个坏消息。对于 SAMA 这样的债券持有人来说也是如此。SAMA 想的是持有债券至到期，债券价格上涨和收益率下降会破坏长期回报，因为债券收益的再投资利率下降。描述投资者购买债券时预期回报的传统方法是"到期收益率"公式。对债券买家来说，这并不是一个确定的回报——事实上，这是一种假设，只有在债券存续期内票息收入能以相同的收益率再投资于同一债券时才能实现。

当利率下降时，债券价格上升，因此将债券票息再投资于同一债券的投资者，能够买到的债券将更少，这意味着他们再投资的债券所产生的收益也将更少。因此，他们的到期收益率低于他们在（最初）购买债券时的预期。相反，如果利率上升，债券价格下降，投资者将能够用债券票息购买更多的债券。或许令人惊讶的是，利率上升可以提高那些将债券持有至到期的投资者的长期回报。

这就是为什么过去 30 年债券收益率的下降对长期债券投资者，尤其是养老基金等机构都是坏消息，尤其是自危机以来，债券收益率已经跌破通货膨胀水平，因此实际收益为负。图 7-5 展示了美元通货膨胀调整后的收益率变化情况，德国、日本和英国市场的情况大致相同。例如，5 年期美国国债收益率自 2011 年以来实际一直为负；而银行存款的情况更糟糕——自 2008 年以来就一直为负。

图 7-5　2005—2016 年美国固定收益产品的实际收益率（%）

数据来源：Fed Economic Data。

这个十年里，沙特的外汇储备以可见的速度大规模增长，因为自 2005 年以后，SAMA 定期发布准确的数据，所以可以每月查看其动态。[7] 从 2005 年初不到 1 000 亿美元的外汇储备，到 2008 年 11 月油价下跌前猛增至 4 450 亿美元。外汇储备在差不多两年半的时间里才重回峰值，并持续增长，直到 2014 年 8 月达到历史最高的 7 310 亿美元。如果将准政府组织的资金包括在内（因为 SAMA 可以通过将前者的外汇持仓换成政府债券来获取这些资金），这个数字将增加到 8 514 亿美元（见图 7-6）。

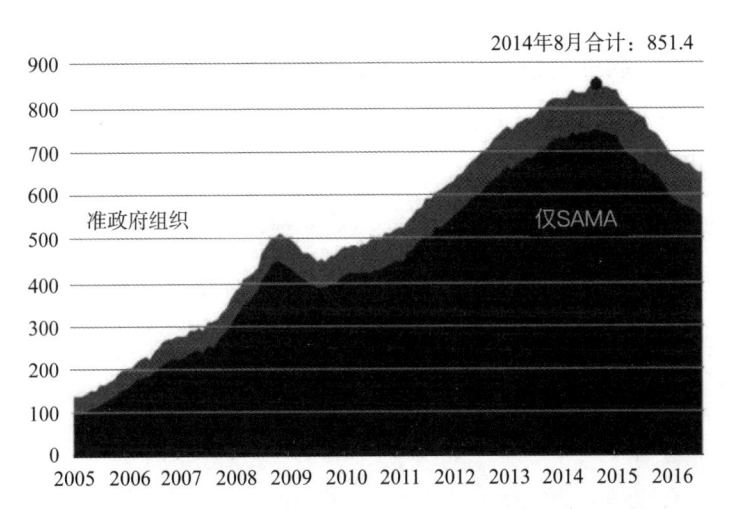

图 7-6　2005—2016 年的外汇储备总额（单位：10 亿美元）

数据来源：SAMA Annual Reports，IMF，SAMA Statistical Bulletin。

有了更多的储备，SAMA 就有能力为其投资设定一个更长的期限，并转而投资于回报率较高但流动性较差的资产。投资部[8]已经为债券和股票制定了专属标准。现在，它又进一步将新兴市场资产纳入投资视野。这意味着 SAMA 必须承担更大的风险，因为新兴市场的流动性更差、波动性更大（有一个老式金融笑话，"新兴市场是一个在紧急情况下无法脱身的市场"）。

第二步是调整战略指数，即现金和银行存款相对债券、股票和所谓的另类资产的比例配置。债券仍然是最主要的资产类别，因为它们承诺长期提供固定收益，值得信赖。但私募股权等另类资产也开始出现。另一个问题是：SAMA应该在多大程度上开展美元之外的多元化投资？一旦确定了战略指数的百分比，由总裁担任主席的投资委员会就会根据投资部的建议，决定对各类资产的仓位头寸（即所谓的战术分配）。

在金融危机之前的泡沫后期，SAMA将存款转为债券和股票，到2007年中，（存在境外国际）银行的存款不到其资产的十分之一。但在危机期间，中央银行稳步增加存款，直至2012年，存款占储备的近四分之一（见图7-7）。SAMA利用包括惠誉在内的评级机构对银行进行评级，其方法是寻求银行母国政府为金融机构提供担保。这既可以是明确的承诺——如2008年9月爱尔兰对其银行的担保——也可以是基于银行"大到不能倒"[9]这一事实的默许承诺。在危

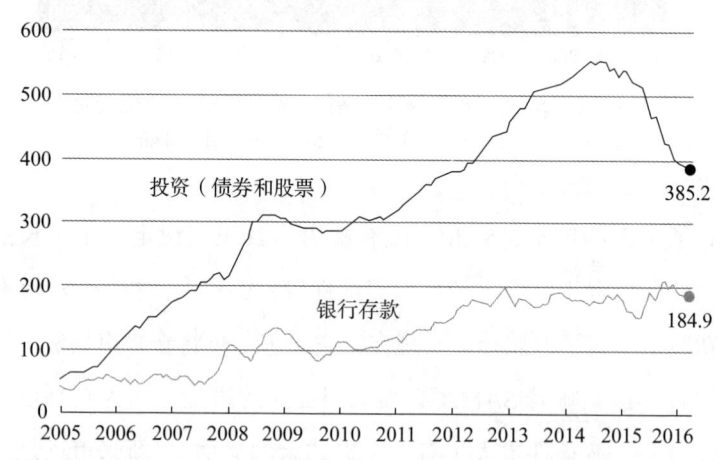

图7-7 2005—2016年SAMA所持外汇储备资产的配置（单位：10亿美元）

数据来源：SAMA Annual Reports, SAMA Statistical Bulletin。

机期间，这意味着中央银行存放其资金的境外国际银行数量减少。

由于政府债券回报率下降，SAMA从美国国债和其他政府债券市场转向企业和新兴市场债券，首先（购买）亚洲发行的美元债券，然后是当地发行的本币债券。传统上，它不购买评级低于AA或同等级别的债券，但现在它放宽了信用标准。

七、将住房抵押贷款引入沙特

住房问题在金融危机期间已经助长了对通货膨胀的恐慌，但作为政府应对2011年周边区域爆发的大规模抗议浪潮的事项，这个问题在政治上变得愈加尖锐。阿卜杜拉国王宣布拨款兴建50万套新住宅，但项目面临可供开发土地不足的困境。只要未开发土地的价格持续年复一年地上涨，房地产开发商就更愿意观望。4年后，政府宣布将对城市地区的未开发土地征税，以迫使其进入住房市场。但与此同时，房价不断上涨，导致许多家庭无力购买房产。

绝大多数沙特家庭仅依赖一个收入来源。公共部门的雇主并不慷慨：2013年，普通公务员的月薪仅为约2 000美元。尽管没有个人所得税，但在首都利雅得或吉达购置一栋房产，对于靠这一收入的人们来说显得太过昂贵。对于一对有孩子的年轻夫妇来说，拥有一套基本的公寓甚至也可能难以企及。40年前，沙特设立了房地产发展基金（REDF），提供无息贷款用于购房，但大约30%的贷款出现了违约，无法再发放新的贷款。据估计，2012年大约有170万家庭在等待REDF的贷款。因此，迫切需要一种新的住房融资方式。

在银行无法提供抵押贷款的情况下，SAMA 也无力帮助解决住房短缺问题。这是一个长期存在的涉及伊斯兰教法的问题。在欧洲和北美，房地产抵押贷款的概念已经存在了几个世纪，而在沙特阿拉伯，法律规定禁止抵押贷款，用于购买房地产的贷款在银行的贷款组合中占比不足 5%。这个问题可以追溯到 1981 年，当时最高司法委员会确立了三项法律裁决，扼杀了这一新生市场：第一，收取利息是非法的；第二，任何抵押法律都是非伊斯兰教的，因为银行没有权利没收违约者的财产；第三，伊斯兰教法应该由个别法官来解释。从那时起，负责登记房地产权益的公证员拒绝记录抵押贷款。直到 2008 年，中央银行和财政部才能够将一套抵押贷款法规提交给顾问委员会，迟至 2013 年这些法规才开始生效。

新法律允许银行和房地产金融公司提供抵押贷款，后者是由 SAMA 许可的一类新型金融机构。这些抵押贷款将被正式登记，并附有明确的产权证明，如果未能按时偿还贷款，放款人有权没收财产。经过接受新法律培训的法官将在法院支持这一措施。为了避免出现 REDF 所经历的违约问题，这些法律还迈出了建立个人信用记录全面数据库的重要一步。现在，除非在由 SAMA 成立的沙特信用局（SIMAH）拥有良好的信用记录，否则任何人都无法获得抵押贷款。

中央银行希望通过财产权登记来促进符合伊斯兰教法的金融产品的开发，这些产品既可以作为抵押贷款，又不会违反伊斯兰原则。在传统抵押贷款中，银行仅持有不动产的产权证明，但在伊斯兰同类抵押贷款中，银行实际拥有不动产，同时将其租给借款人，借款人在交易结束时获得不动产的所有权。

这些改革也颠覆了住房金融的治理体系，这个领域以前主要依靠国家发放的无息贷款。新的住房部成立后，冻结了所有房地产发展基金（REDF）的贷款。公共投资基金承诺设立一个抵押贷款再融资机构——房地产再融资公司，其运作方式类似于美国的联邦国民抵押贷款协会（FNMA 或 Fannie Mae），以启动抵押贷款二级市场。[10]

中央银行还承担了新的职责。在抵押贷款合法化的同时，金融租赁也得到允许。截至 2014 年底，SAMA 已颁布了新的法规，并设立了一个新的机构来监管这类金融公司。考虑到银行过度放贷曾导致海湾其他地区房地产市场崩溃，SAMA 同意将贷款额与房产价值的比例限制在房产价值的 70%（后来在 2014 年经济下滑后进行了上调）。

抵押贷款法的历程说明，在 SAMA 的鼓励下，（沙特）政府在面对（本国）法规限制西方银行做法的情况时采取了务实的态度。然而，沙特法官独立于政府，也不受先例的约束，而政府仍然无法质疑个别法官在抵押品处置案件中的法律裁决。这就给银行系统增加了额外的责任，即设计、提供可能符合法官标准的产品。原则上，尽管有抵押贷款法，法官仍可自由驳回银行没收未支付抵押贷款利息的家庭财产的要求。但如果金融产品明显符合伊斯兰教法，法官就不能轻易地驳回银行的做法。

八、交班

哈马德·萨亚里担任 SAMA 总裁长达近 25 年，直到 2009 年。在接下来的 7 年中，央行经历了三位不同的领导者。2011 年 12 月，法赫德·穆巴拉克接替了穆罕默德·贾赛尔。他是第一位没有公共部门背景的沙特货币局总裁。他在任四年半，改革了 SAMA 的组织结构。然后在 2016 年 5 月，艾哈迈德·霍利菲（Ahmed Alkholifey）接替了他的职务，后者曾担任研究与国际事务副总裁，而贾赛尔则调任为经济计划大臣。尽管贾赛尔任期不到三年，但其领导时期经历了一系列挑战。全球金融危机带来的压力和复杂性前所未有，但即将卸任的总裁成功引领央行安全度过了这段波涛汹涌的时期：银行系统得以稳定，固定汇率得以确保，境外资产再次迅速增长。但他的继任者们却面临更多风暴的冲击。

这十年间的动荡有一个共同的主题——金融全球化风险。全球股市的繁荣以及跨国银行积极参与项目融资，推动了 Tadawul 指数在 2006 年达到不可持续的水平。中央银行几乎没有有效的工具来减缓股市上涨，平缓其下跌。同样地，几年后，SAMA 在控制通货膨胀方面也一筹莫展。它试图阻止银行体系中的过剩流动性传导至物价上涨，但又不愿意改变汇率制度。

贾赛尔领导的（SAMA）官员不得不承认，他们国家的银行已经卷入全球金融危机。尽管几十年来一直实行健全而保守的监管，但在雷曼兄弟公司破产时曾出现过一次信心危机。不过，贾赛尔通过实施传统的政策——降息和注入政府存款，成功地遏制了恐慌情绪。同样，萨阿德-AHAB 事件也具有国际影响，因为它表明私营企业可以从几乎不了解海湾地区业务，但愿意"基于名声"借贷的外国银行那里获得资金支持。

或许人们曾期望 SAMA 将度过一个相对平静的时期，以让总裁穆巴拉克的改革能够平稳进行，但在他上任不到三年后，油价下跌了一半，政府开始出现财政赤字，海外资产再次减少。2015年，政府发行了国内债券，次年穆巴拉克被替换。无人能确定这是20世纪八九十年代标志性的20多年低油价的重演，还是像金融危机和衰退期间那样，只是短短几个月的插曲。石油价格仍然没有时间依赖性。然而，有一点可以确定，即SAMA曾经应对过类似的事件。

第二部分

现代世界中的 SAMA

第八章

海湾货币联盟的未来

一、共同货币的吸引力

伊拉克于1990年入侵科威特时，曾试图废除科威特第纳尔。然而，尽管该国已被占领，但SAMA还是带领海湾阿拉伯国家合作委员会（GCC）中央银行，确保科威特第纳尔仍按入侵前的汇率兑换美元。这是海湾货币团结的巅峰时刻。相比之下，在后来的一次危机中，GCC却未能提供帮助。2009年，当与阿拉伯联合酋长国政府关联的迪拜世界（在阿联酋从事建筑和房地产业务）无法履行其债务时，阿布扎比（比迪拜更富有的姊妹酋长国）和阿联酋中央银行提供了帮助，而GCC则缺席了。鉴于该组织在协调该地区货币事务方面取得的有限进展，大多数观察员并不感到意外。

两种反应差别如此之大，原因在于迪拜不愿向其海湾阿拉伯邻国寻求帮助。相比之下，在科威特危机期间，沙特阿拉伯不得不让其他海湾国家参与其中，并确定共同立场。迪拜世界的违约事件，本可以成为GCC展现其在金融领域作用的契机。不过，虽然GCC在过去30多年一直在推进金融一体化和共同货币的计划［通常称为海湾货币联盟（GMU）]，但使迪拜能够请求援助的协调机制尚未建立。为什么这一理论没有转化为实践？它将来能否实现？

采用共同货币的吸引力显而易见。海湾经济体有理由有朝一日享受到像欧元那样全球通用货币带来的益处。到 2020 年代初，GCC 成员国的人口将超过 5 000 万，其名义国内生产总值可能达到约 2 万亿美元。这一巨大的产出规模以及石油出口的重要性，将使共同货币在国际上备受欢迎。它可以享受一些国际通用货币（如英镑和瑞士法郎）所拥有的特权，但还有其他重要的优势。随着海湾经济体逐渐摆脱对石油的依赖，它们可能会更多地从国外借款。如果这些借款可以用它们自己的货币单位计价，将使借款人（borrowers）免受汇率风险的困扰。一个统一的金融市场意味着它们的证券将提供更高的流动性，从而降低借贷成本。

理论归理论，实践则要困难得多。在更大的货币联盟中放弃本国货币，意味着丧失部分主权。成员国将发现自己的银行系统要对超区域监管机构负责。也许最严重的是，每个成员国的财政政策都将受到限制。这就需要解决"搭便车"问题：如果一个成员国的借款可以用共同货币偿还，那么它就有动力借更多的钱，后果则由货币联盟来承担。鉴于这些挑战，本章将尝试围绕三个问题，不仅回答"海湾货币联盟如何走到今天？"，还将探讨"为什么这是一个好主意？""成功需要什么条件？"

二、共同货币的基础：1975—1998

事实证明，泛阿拉伯主义的梦想虽然难以实现，但却一直延续。建立海湾国家货币联盟的雄心壮志可以追溯到第一次石油繁荣时期，英国从海湾地区撤军后带来的脆弱感也激发了这一雄心壮志。1975—1978 年，巴林、科威特、卡塔尔和阿联酋试图协调发行海湾第纳尔。各方商定了新货币的形式以及旧货币单位与新货币单位之间的汇率。然而，该协议未能获得政治上的支持，沙特阿拉伯也没有参与其中，计划最终失败。

下一次尝试是 1976 年成立的阿拉伯货币基金组织（AMF），由海湾国家提供资金支持，向较贫穷的国家提供贷款。该构想与同期在吉达成立的伊斯兰开发银行相似，但成效甚微。如今，GCC 经济体贡献了该基金 37% 的实收资本，仅沙特阿拉伯就贡献了 15%。AMF 的协议条款规定，它应促进经济和货币一体化，最终实现货币联盟。

AMF 的总部设在阿布扎比，一开始主要向北非、也门和约旦的借款人提供贷款。其基金组合已增长到 25 亿美元，但与最小的区域开发银行相比并不占优势。例如，从人口角度看，AMF 的覆盖规模仅为非洲开发银行的三分之一。AMF 早已忘记了单一货币的目标，现在提供的是国际金融机构的标准服务，如提高成员国官僚机构的技术能力及主办研讨会。

最终，一个政治事件起到了催化作用，启动了将泛阿拉伯主义的愿景变为现实的首次认真尝试——尽管只是在海湾地区。1979 年伊朗伊斯兰革命意味着该地区最强大的国家之一，在一夜之间成为中东第一个什叶派神权国家。这个革命政权对海湾阿拉伯人表现出强烈的意识形态敌意，其在德黑兰发表的言论引发了人们的担忧，担心新政权在整个中东地区输出什叶派神权政治的野心，会冲击沙特阿拉伯和其他海湾国家。伊拉克随后在 1980 年对伊朗发动袭击，接下来持续时间颇长的两伊战争成为海湾六国决定独自行动的背景。趁着伊拉克忙于战争，沙特阿拉伯、阿联酋、科威特、卡塔尔、阿曼和巴林于1981年在阿布扎比签署了《海湾阿拉伯国家合作委员会章程》。

GCC的正式组织结构与欧盟非常相似，其核心是由六位国家元首组成的最高理事会，类似于欧盟的欧洲理事会，负责制定总体优先事项。处于核心地位的还有外长理事会，类似于设在布鲁塞尔的欧盟理事会，由各成员国的外交部长或外交大臣组成。秘书处设在利雅得，类似于设在布鲁塞尔的欧盟委员会。GCC没有类似欧洲议会的机构，欧洲议会是民选出来的负责监督欧盟的办事机构。GCC设立了最高理事会咨询委员会，由30名专家组成，成员国各指定5名专家。咨询委员会向最高理事会提出的建议不具有约束力。

虽然"安全"是GCC创始者的目标，但它在经济领域取得了更多成就。其中最重要的成就，是1981年GCC经济协定所要求的共同市场。该协定寻求在10年内废除成员国之间的关税，并统一对外关税。但最初毫无进展，直到目标日期10年后的1999年，GCC才重振共同市场。政治因素再次掣肘。1990年伊拉克入侵科威特，给所有海湾国家的生存带来了挑战。疲软的石油价格让海湾国家领导人对未来忧心忡忡。关税同盟最终于2003年形成，2008年共同市场诞生。

1981年的协定还呼吁成员国之间实现劳动力和资本自由流动，以此作为建立共同货币的步骤。此举已基本完成。该地区如今实现了公民自由流动以及高度的跨境投资自由。与世界平均水平相比，尤其是与GCC以外的OPEC成员国相比，GCC各成员国的贸易和金融开放程度更高。但该地区的劳动力流动性更为复杂，因为私营部门的大部分工人是持有临时签证的外国人，在评估该地区是否适合采用共同货币时，必须考虑到这一点。

三、努力实现货币联盟：1999—2016

如果以欧元作为先例，那么从提出共同货币的倡议到其最终诞生，时间上大约相隔30年。就欧元而言，它始于1971年通过的十年统一路线图，而终于1999年欧元的推出。如果将这个时间表用于GCC，区内居民现在应用上了海湾地区的纸币。与《海湾阿拉伯国家合作委员会章程》同时签署的还有1981年的一项经济协定，具体阐释了加强协调和经济一体化的基本原则。创建共同货币的目标于1982年获得批准，但直到1987年才迈出建设性的第一步，当时成员国同意协调汇率。由于各国政府未能就共同锚定货币达成一致意见，这项工作最终被搁置。

在接下来的10年里几乎没有什么实质性进展，直到1999年欧元的出现为海湾货币联盟计划注入了新活力。欧元的创建是一项重大成就，引发了人们的猜测，认为全球的国家货币数量会急剧减少。地区货币的构想具有吸引力：例如，东南亚国家联盟（ASEAN，简称"东盟"）曾考虑过这个想法。该计划最终未获成功，但当时它产生了大量的政策文件。正如图8-1所示，从经济和人口规模来看，GCC成员国将挤进全球"硬"通货发行国之列，与英国相似。相比之下，按人均收入对比，东盟货币联盟可谓遥遥无期。

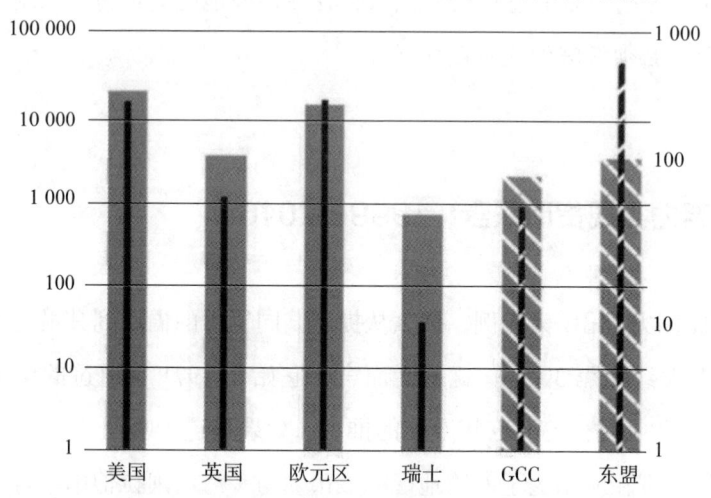

图 8-1　2019 年单一货币区（实际和潜在）GDP 和人口（对数刻度）

数据来源：IMF WEO，2016 年 10 月。

在欧元问世三年后，顺应当时的国际金融趋势，GCC 成员国同意建立货币联盟的时间表并签署协议。协议第 4 条规定：

> 为了实现成员国之间的货币和经济联盟，包括货币统一，成员国应按照规定的时间表承诺实现该联盟的要求。这些措施包括会员国之间在所有经济政策，特别是财政和货币政策、银行立法、制定与财政和货币稳定有关的经济指标的高度协调，例如预算赤字率、负债率和价格水平。[1]

《马斯喀特协议》（Muscat Agreement）规定了一个紧凑的一体化进程，计划从 2005 年开始，最终在 2010 年实现货币联盟。在最初的几年里，计划进展顺利。其中一个具体的要求是，所有成员国在

2003年之前必须将本币与美元挂钩。由于除科威特之外的GCC成员国几十年来一直与美元挂钩，这相当于要求科威特放弃长期与一篮子货币挂钩的做法。科威特按期满足了这一要求，并于2003年11月挂钩美元，后来多次调整了第纳尔兑美元的汇率水平（见图8-2）。

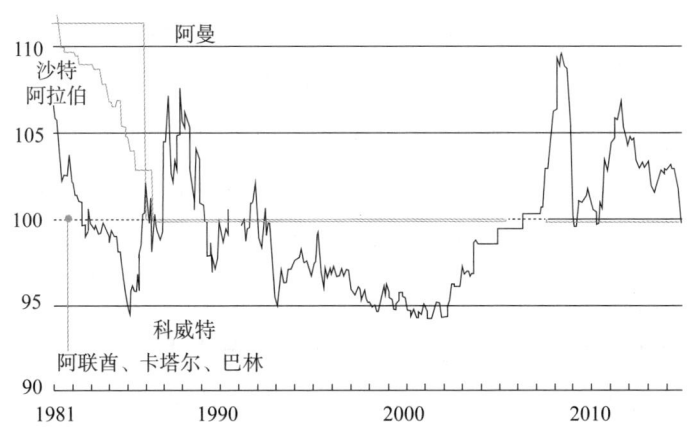

图8-2　1981—2016年GCC成员国本币兑美元汇率（2006年=100）
数据来源：IMF。

不出所料，每个经济体的一体化标准都与欧元区规划期间所用标准高度相似，主要涉及共同的债务占国内生产总值的比重以及财政赤字和通货膨胀指标。一个由中央银行和财政部官员组成的委员会开始制定具体数字指标，结果再次与欧元区的标准相似：财政赤字通常应控制在国内生产总值的3%（尽管比欧元的《马斯特里赫特条约》标准更宽松），政府债务上限为国内生产总值的60%，通货膨胀率控制在2%或以下。该地区新的中央银行应独立（于政治）的原则也与欧洲中央银行（ECB）的设置相一致。

海湾国家首脑于2005年同意建立货币联盟，次年，GCC与欧洲中央银行签署了一份谅解备忘录，正式确定了双方的合作关系。但沿用《马斯特里赫特条约》标准并没有实际意义。对欧元方案而言，政府债务占国内生产总值60%的限制是武断的，且从未执行。对于海湾经济体来说，将政府债务作为限制因素的理念是错误的。GCC 经济体都是国际净债权国。更重要的是，政府债务被有意识地用作应对石油价格轮盘赌的逆周期工具。欧元的设计者认为对待债务应"将其最小化"，而GCC的政策制定者则将债务作为一种工具，在油价的波峰和波谷中稳定经济。在油价高企时，GCC在有些年份实现了财政盈余，但随着 2014 年油价下跌，这种情况发生了变化。对沙特阿拉伯来说，廉价石油的后果之一是政府债务增加，这种情况以前也发生过。

新千年以来，油价变化所引起的财政状况波动，以及它们对海湾国家的债务占 GDP 比重产生的影响，可以清晰地从表 8-1 和表 8-2 中看出。

2006 年 12 月，（货币联盟）方案出现了第一个裂缝，阿曼表示无法在最后期限前达到加入标准。6 个月后，科威特放弃第纳尔挂钩美元，回到挂钩一篮子货币，第纳尔随后对美元快速升值 8%，但通货膨胀率在 2008 年加速上升，随后回落。通货膨胀率下降是否因为挂钩一篮子货币不得而知，因为 2007 年之前几年的高通货膨胀率，很可能是由于科威特的经济强劲增长造成的。从 2002 年到 2007 年，科威特是 GCC 成员国中经济增长最快的国家之一，此后则变成增长最慢的国家之一。然而，挂钩一篮子货币有助于为货币政策创造一些空间，并使钉住汇率与科威特的贸易和投资模式更加一致。短期利益战胜了共同目标。

表 8-1　2000—2016 年 GCC 成员国的财政状况
（财政盈余/赤字占各自 GDP 的比重，%）

GCC 成员国	2000	2005	2010	2016
巴林	7.6	2.9	−5.8	−14.7
科威特	31.6	43.3	26.0	−3.5
阿曼	14.3	13.2	5.7	−13.5
卡塔尔	4.7	10.5	6.7	−7.6
沙特阿拉伯	3.2	18.0	3.6	−13.0
阿联酋	20.3	20.2	2.0	−3.9

数据来源：IMF，WEO Database，2016 年 10 月。

表 8-2　2000—2016 年 GCC 成员国总体债务状况
（占各自 GDP 的比重，%）

GCC 成员国	2000	2005	2010	2016
巴林	25.7	24.2	29.7	75.2
科威特	35.4	14.1	11.3	18.3
阿曼	26.1	9.9	5.9	21.8
卡塔尔	52.5	19.2	41.8	54.9
沙特阿拉伯	86.7	37.3	8.4	14.1
阿联酋	3.1	6.6	22.2	19.0

数据来源：IMF，WEO Database，2016 年 10 月。

科威特表示仍希望与 GCC 其他成员国统一货币，但承认它要么必须重新钉住美元，要么必须说服其他海湾国家钉住一篮子货币。又过了一段时间，该计划最终被搁置。科威特退出后，在 GCC 货币当局的一次会议上，SAMA 总裁萨亚里承认，2010 年最后期限这一目标看起来很难实现。但 GCC 成员国首脑在 2007 年 12 月的会议结束时重申了这个最后期限，并于次年批准了一项货币联盟协议草案。在离开国际场合，需要各国政府开展所需具体工作时，就没有进度可言了。2009年3月，GCC秘书处承认需要一个新的最后期限。

为保持计划顺利推进，GCC成立了共同货币中央银行的前身——海湾货币委员会（GMC）。考虑到与欧元形成的相似之处，海湾货币委员会可能类似于欧元诞生前的两个机构中的任何一个。它与欧洲货币局有一些相似之处，后者是1994—1997年欧洲中央银行的前身。欧洲货币局主要编制技术文件，概述欧洲中央银行的各种货币政策框架方案。但海湾货币委员会的职权范围要宽泛得多，从协调货币政策到开发整个GCC的统计系统。

事实上，海湾货币委员会更像欧洲货币局之前的机构：欧洲经济共同体于1973年成立欧洲货币合作基金，欧洲经济共同体成立该机构的目的是努力限制欧洲货币之间的汇率波动[即所谓的"蛇形（浮动）"]。巴塞尔的国际清算银行作为该基金的代理机构，负责结算外汇干预账户，并向成员提供国际收支支持。虽然海湾货币委员会不会这样做，但它确实承担着一个协调汇率政策的角色。实际情况是，成员国之间持续的通胀差异使"蛇形浮动"计划受挫，欧元项目也停滞了20年。

可以说，成立海湾货币委员会的做法进一步损害了货币联盟的前景，因为其选址表明了联盟中央银行的未来选址。海湾地区近一半的GDP出自沙特阿拉伯，而且该国人口占海湾地区总人口的近60%，因此利雅得是理所当然的所在地。但这遭到阿联酋的拒绝，后者早就希望成为这一中央银行的东道国，为此离开了谈判桌，这意味着海湾地区超过四分之一的GDP都在计划之外（见图8-3）。

当《货币联盟协议》最终签署时，只有巴林、科威特、卡塔尔和沙特阿拉伯四国签字，协议条款为阿曼和阿联酋的后续加入保留了空间。2010年3月，海湾货币委员会召开首次会议。委员会由四个国家中央银行的行长/总裁组成，讨论了货币联盟运作的必要要求，并成立了一个统计委员会。

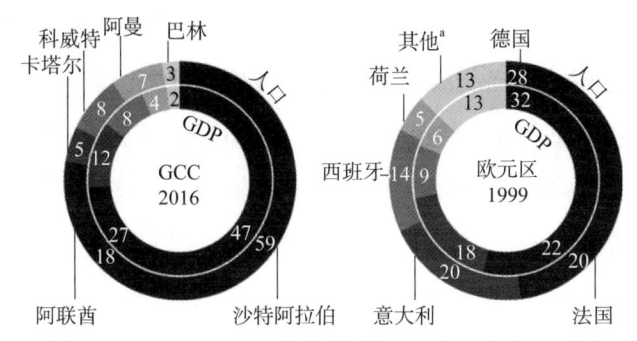

图 8-3　2016 年 GCC 成员国同 1999 年的欧元区对比

数据来源：IMF WEO。

a 包括比利时、奥地利、芬兰、葡萄牙、爱尔兰、卢森堡。

如今，海湾货币委员会总部的大门敞开着，但货币联盟的梦想仍未实现。该地区的资本市场对阿联酋的退出可谓波澜不惊，这充分反映了它们对货币联盟前景的看法。正如 1999 年欧元区的形成鼓舞了 GCC 成员国的首脑一样，（欧元区）自 2010 年以来的困境同样使后者警觉。主权债务危机和随之而来的经济困境，导致海湾国家领导人重新评估货币联盟计划。如今，货币联盟计划已经不再有具体的最后期限了。

四、运行共同货币需要的条件

"最优货币区理论"是加拿大经济学家罗伯特·蒙代尔（Robert Mundell）于 1961 年提出的构想。最优货币区是拥有共同货币能够带来收益超过成本的地理区域，例如北美地区。蒙代尔分析的核心是共用一种货币的成本与收益之间的权衡，一些好处包括降低交易成本、减少市场不确定性及网络外部性（也可以称之为"规模经济"效应）。至少在2010年希腊危机爆发之前，欧元区的经历验证了其中的一些收益。根据实证估算，货币联盟成立的前几年，欧元促使成员国之间的贸易额额外增加约15%。欧元的诞生显然也带来了更多的跨境投资，证据是南部成员国借款成本骤降。但这一成就具有一定争议，因为欧元区在2009年之前的南北资本流动正是该危机的症结。

罗伯特·蒙代尔通常被视为共同货币的倡导者，但他也提示强调了共同货币所带来的痛苦，其中大部分痛苦源于成员国适应、应对特定冲击的能力不同。让我们考虑一下美利坚合众国这个成功的货币联盟的个别成员。假设俄勒冈州遭受了独特的冲击，比如木材价格下跌。在没有货币解决方案的情况下，有哪些机制可以减轻痛苦呢？请记住，俄勒冈州没有自己的独立货币，因此不存在俄勒冈元可以贬值以恢复该州相对美国其他地区（有竞争力）的价格水平的可能性。此外，请记住，货币联盟的货币当局（美联储）无法专门针对俄勒冈州降低利率。如果美联储降低利率，必须全国同时调整，从而可能刺激较健康的州出现过度增长，而这在正常情况下将导致通货膨胀。

由于缺乏即刻奏效的货币政策应对，就需要通过其他机制来维持共同货币区的运行。劳动力流动性是判断最优货币区是否存在的一个标准。在我们的假设模型中，俄勒冈州的工人可以搬到经济更活跃、工资更高的加州。还有哪些机制能发挥作用？俄勒冈州的工人可能会接受较低的工资，俄勒冈州的企业可能会降低物价以应对木材销售收入的下降。这将吸引外部资本，并通过"内部贬值"保持该州相对于其他州和世界其他地区的竞争力。工资和价格的灵活性是判断最优货币区是否存在的另外两个标准。

然而，如果俄勒冈人欠其他人钱，情况就会发生变化。工资和物价的下降意味着劳动力和企业收入减少，而债务和利息不会因为工资和物价的下降而减少。换句话说，向下浮动的工资和价格可能导致更高的实际利率，当信贷是经济运行的重要组成部分时，利率问题至关重要。另外，更开放的经济也有利于复苏。如果邻州不买俄勒冈州的木材，那么俄勒冈州的工资和价格降低又有什么好处呢？另一个标准是财政一体化：财政安排是否有助于抵消冲击？俄勒冈州的大部分公共支出并非来自州首府塞勒姆，而是来自华盛顿特区。这种安排（有时称为自动稳定器）抵消了木材价格下跌所造成的收入损失。

判断共同货币是否合适还有最后一个标准，我们可以通过上述模型检验。如果俄勒冈州与全美的经济周期同步，其经济困境本可以得到缓解。同步商业周期不仅可以降低个别州遭受特定冲击的可能性，还能解决"一刀切"的货币政策所带来的难题。这种政策甚至在冲击发生前就有问题，而且实际上可能是引发冲击的元凶。上面描述的例子说明了这一点，美联储只能控制一个利率，该利率可能适合某些州，但对其他州来说太松或太紧。

五、共同货币理论应用于欧元区和海湾货币联盟

用俄勒冈的例子，我们可以确定评判共同货币计划的 8 个标准：劳动力的流动性、资本的流动性、工资的灵活性、价格的灵活性、低

债务、开放的经济、高财政转移和同步的商业周期。我们现在可以从理论的角度分析欧元和海湾货币联盟的表现。

欧元区只是诸多案例中的一个，但它对超大规模货币一体化机制提供了独到视角。逐一审视这8个标准，可知前景难言乐观。实践中，劳动力的流动性有限，人们在欧洲的流动程度远没有在美国那么大，部分原因是语言差异。资本的流动性较高，但它刺激了欧元区南部成员国不合理的增长。工资和价格的灵活性令人失望，尤其是欧元区南部成员国通货膨胀调整后的贸易加权汇率下降缓慢。欧元区存在的问题在图8-4中有所体现，经济体的价格竞争力由汇率和国内价格组合衡量，并与贸易伙伴进行比较。图中显示，与欧元区整体及货币独立且大幅贬值的英国相比，5个欧元区南部经济体的价格结构在2007—2010年全球金融危机期间调整幅度较小。

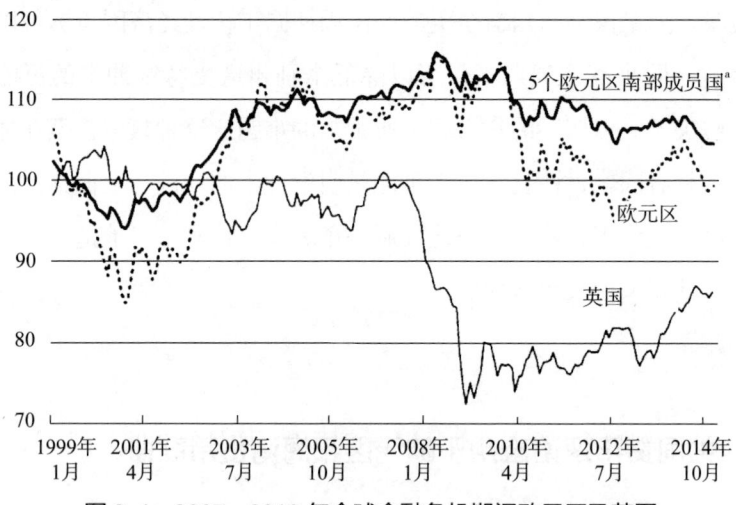

图8-4 2007—2010年全球金融危机期间欧元区及英国
实际有效汇率（1999年=100）

数据来源：BIS。
a 希腊、爱尔兰、意大利、葡萄牙和西班牙的平均值。

欧元区债务稳步增长，债务紧缩是欧元区南部成员国问题的核心。这些经济体在经济开放标准方面也表现不佳：在危机爆发之初，非贸易部门产出在其总产出中占比过大，这使得这些经济体难以利用（对外）竞争力提高经济。财政一体化从来就不是欧元区计划的一部分，而政府平衡预算的努力加剧了紧缩。由于商业周期不同步，情况进一步恶化。因此，在衡量成功的共同货币所需要满足的8个标准中，只有资本的流动性在欧元区明显发挥了作用。

如果我们设想一种海湾通用货币并满足8个标准，结果会更加乐观。与欧元区相比，（GCC成员国）更有可能通过灵活的工资和价格实现调整。这是由于私营部门的就业由外籍劳工主导，因此工资和合同能比海湾国家规范的劳动力市场更迅速地得以调整。劳动力的流动性因为两个劳动力群体而不同。占据私营部门主导地位的外籍劳工流动性良好，他们可以选择在哪个国家工作（但那些已经在GCC成员国的人几乎没有流动性，因为他们受到雇主的严格控制），阿拉伯语和英语的普遍使用有助于外籍劳工在任何成员国工作。外籍劳工很少直接跨国流动，海湾劳动力市场的主要特点是劳动力供给曲线几乎是平坦的，因为劳动力可以很容易地输入或送回母国，以适应商业周期。因此，劳动力流动独立于GCC内部（其他要素的）跨境流动。与此形成鲜明对比的是，GCC成员国的公民往往在公共部门工作，劳动力流动性非常低。除了阿曼人和某种程度上的巴林人，GCC成员国的公民很少在邻国工作。

在海湾地区，资本流动几乎没有障碍，而且悠久的共同文化价值观传统，增加了GCC成员国相互投资的安全感。这些经济体的金融深度远不及欧元区，因此个人和企业的借贷较少，这使得债务通缩问题相对轻微。第6个标准即开放的经济，有着正反两面性。GCC经济体高度开放，但主要地区的出口产品是石油，而石油对当地工资的变化并不敏感。SAMA没有跟随科威特改变与美元挂钩政策的主要原因，正是在于前者确信大宗商品出口国无法从当地成本的调整中获益。如果GCC成员国能成功地使出口产品多元化，这一因素的影响将下降，但目前仍然很重要。与欧元区一样，GCC也没有财政一体化（每个成员国都有自己的预算，没有GCC范围内的预算），这将对货币联盟产生负面影响。

关于成功的共同货币的最后一个标准——同步的商业周期——需要更深入地分析。成员国并不存在与美国意义上相似的商业周期（指经济扩张和收缩的重复变化），因为它们或多或少依赖于油价波动。尽管如此，GCC的有利之处在于，每个成员国的经济结构相似，其出口产品都以碳氢化合物为成分，因此石油冲击对它们的影响也相似。这降低了覆盖整个海湾货币联盟的单一货币政策不适合任一成员国的可能性：例如，对一个正在扩张的经济体过于宽松，而对另一个陷入困境的经济体过于紧缩。

事实上，令人惊讶的是，海湾经济体在2014年油价下跌之前的商业周期并不是特别同步，至少与统一货币前夕的欧元区商业周期相比是如此（如图8-5和图8-6所示）。这一观察基于衡量GCC经济体潜在趋势的实证方法。

与1999年欧元发行前夕的欧元区成员国相比，GCC成员国的商业周期似乎远没有那么同步。

尽管如此，海湾经济体在成功的共同货币区需要满足的8个标准中，有6个满足且表现良好，财政一体化和（可能）同步的商业周期差强人意。因此，从理论上讲，海湾货币联盟计划的运作应该好于欧元区。

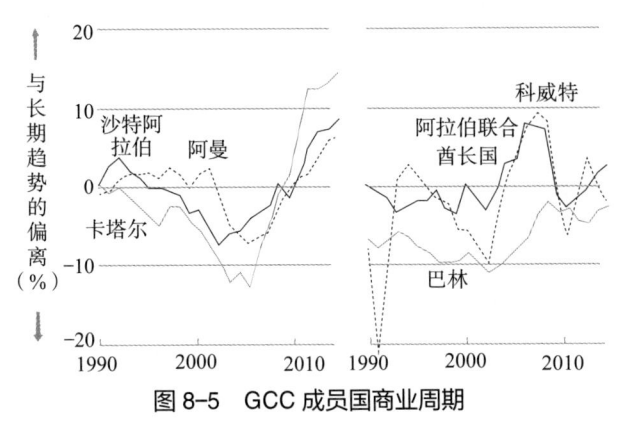

图 8-5　GCC 成员国商业周期

数据来源：IMF WEO，2015 年 10 月；本书作者绘制。

注：该图给出了用霍德里克-普雷斯科特（Hodrick-Prescott）滤波法过滤的实际 GDP 指数的周期性成分。具体来说，它是实际指数减去趋势指数。当经济低于趋势时，显示负数。

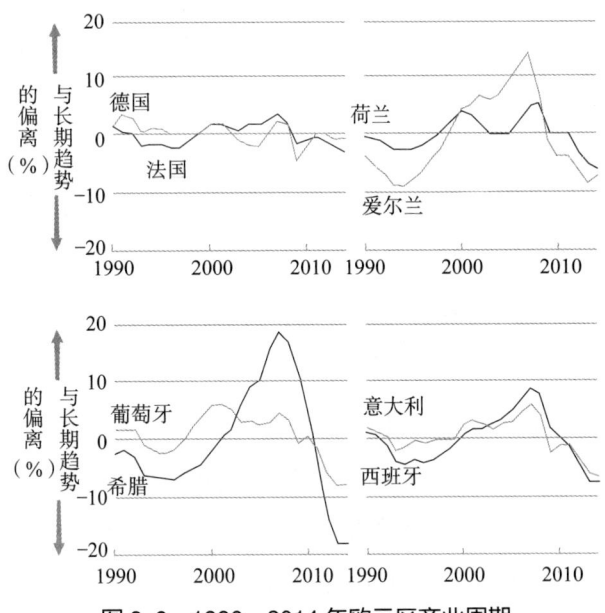

图 8-6　1990—2014 年欧元区商业周期

数据来源：IMF WEO，2015 年 10 月；本书作者绘制。

注：该图给出了用霍德里克-普雷斯科特（Hodrick-Prescott）滤波法过滤的实际 GDP 指数的周期性成分。具体来说，它是实际指数减去趋势指数。当经济低于趋势时，显示负数。

六、海湾统一货币的现实障碍

尽管从纯粹经济角度看，海湾货币联盟可能看起来容易实现，但其益处却有限。共同货币的主要结果是共同货币政策，它可能对海湾经济体产生的影响微乎其微。成员经济体的货币大多已与美元挂钩，因此区域内的利率水平接近。现有的货币政策就是专注于维持汇率稳定。由于债务规模很小，货币政策的有效性比美国要弱得多，因为美联储掌握着强大的调控工具。缺乏负债水平较高的深度金融部门，是金融深化进展缓慢的重要原因之一。

实际上，主要的障碍不在经济层面，而在于政治和文化因素。金融深化速度没有加快的原因之一是，海湾国家的许多公民对长期投资以及利息（或称"里巴"）存在文化上的抵触。传统债券市场——即使是 Sukuk（符合伊斯兰教法的债券）——也未能扎根，而且大多数是定向配售，激发了当地金融机构"买入并持有"的心理。个人投资者更倾向于投资股票，而且是采用根植于当地历史的短线交易策略。因此，海湾货币联盟不太可能以其在改善储蓄和投资决策方面所能带来的好处来深化资本市场。

沙特阿拉伯在该地区的主导地位也是一个因素。乍一看这似乎有利于海湾货币联盟的创立，但实际却是一个障碍。沙特王国人口占整个海湾地区的 60%，GDP 接近一半，在海湾货币联盟中的影响力远超德国在欧元区的地位，也远超海湾货币联盟中其他五国的联合力量。如果海湾货币联盟带来的经济利益不显著，小国就完全可以辩称，为什么我们要放弃自己的货币独立性呢，即便它很小？反正海湾地区的货币相互之间都维持固定汇率。

这是一个合理的看法，但联邦中央银行还需要承担其他责任，特别是在金融监管方面，极有必要采取统一要求。首先，全球金融危机表明，就监管标准达成一致，以防止监管套利或不稳定的跨境资本流动至关重要。如果下一次全球金融危机引发新兴市场借款人流动性紧缩，这个问题将再次被重点关注。2008年雷曼兄弟公司破产引发的全球流动性紧缩，最终导致了知名借款人迪拜世界的重组。但其中也存在问题。尽管海湾货币联盟有一些好处，但要求银行业统一以及各国监管放权，很可能使其不受欢迎。阿联酋就一直努力成为金融创新中心，不愿放弃自主权。

强烈的民族主义情感也将阻碍财政一体化，而财政一体化是成功的共同货币的标准之一。从欧元的问题中可以得出一个教训，即需要更大程度的集中预算编制，这意味着跨国税收和支出受限。这将使联邦机构能够提供自动财政稳定机制，以帮助低迷的经济，就像前面提到的俄勒冈的例子一样。欧元区显然抛开了财政一体化。2016年欧盟的预算仅占国内生产总值的约1%。美国为成功的货币联盟提供了一个更好的模板。以全球金融危机期间为帮助佛罗里达州从房地产崩盘中复苏而进行的联邦转移支付为例。除去医疗补贴和联邦对住房抵押贷款二级市场的支持（这会使实际数字大得多），这些注资占GDP的4%以上。这与欧共体1977年的一份报告相吻合，该报告建议单一货币的欧洲中央机构预算需要占该地区国内生产总值的5%～7%。[2]具体到海湾货币联盟，这些资金必须通过当地税收筹集，或通过石油收入转移。鉴于这笔资金总额每年近1 200亿美元，约占所有海湾国家预算的五分之一，所以不太可能得到海湾国家的同意。

压倒海湾货币联盟的最后一根稻草是，每个国家都将失去对其预算的部分控制，以防出现"搭便车"现象——某成员国以共同货币借款，后果却由整个货币区承担。让我们回到俄勒冈的例子。如果俄勒冈可以自由借款，那么它应该去借——因为对美元的影响将由美国经济买单。换句话说，如果俄勒冈按本地生产总值的比重融资支持高铁系统，那么这种支出可能会推高通货膨胀率，而这将影响每个使用美元的人。这也可能压低美元债券价格，意味着每个以美元借款的人都将面临更高的利率。俄勒冈还可以假设，如果它看起来濒临破产，联邦政府最终会挽救它。实际上，根据州宪法的规定，各州几乎完全被要求平衡预算。要在海湾地区实现这一目标，就必须对当地支出制定规则，提高财政账户的透明度，并在报告和会计方面比目前更加统一。最重要的是，货币联盟需要伴随着财政联盟，或者至少是明确的财政规则。

七、等待经济多元化

在利雅得新成立的阿卜杜拉国王金融区，Tadawul 和 CMA 已经入驻，2013 年，海湾货币委员会也跟着设在了法赫德国王路。它与位于沙特国王路上的 SAMA 总部隔城相望，直线距离只有数千米，但在交通拥挤的情况下，路上可能需要一个小时。这段距离象征着海湾货币联盟愿景与现实之间的差距。

在欧元诞生前夕，许多人认为它永远不会被推出。当前对海湾货币的疑虑是否同样毫无根据？其方案远没有被放弃，（货币）一体化的条件基本满足。海湾货币委员会的工作十分繁重，仅举几例就有统计协调、支付和结算基础设施的开发、银行监管和监督的标准化等。但这个新机构的组织结构揭示了成员国在让渡主权方面的困难。最重要的是,决定必须一致通过。这表明,尽管海湾货币联盟得到了各种肯定,但成功取决于更紧密的政治合作,也就是说,取决于信任。

有必要重温一下支持海湾货币的两个主要理由。首先,GCC 成员国几乎已经接近目标。它们实际上已经拥有了共同货币:除了科威特,它们都钉住美元。这意味着它们之间的汇率是固定的。由于资本账户开放,这也意味着它们已经放弃了货币独立性。在所有高收入经济体中,它们这样做的时间最长,这一事实表明,它们善于应对冲击。还应该指出的是,近年来,在中、高收入经济体中,固定汇率已成为既定事实,如图 8-7 所示。自 1986 年以来,除科威特以外,GCC 其他经济体的货币都钉住美元,有些经济体的固定汇率时间更早。相比之下,欧元前身体系(即欧洲货币体系)的固定汇率持续了不到 13 年(1979—1992)。

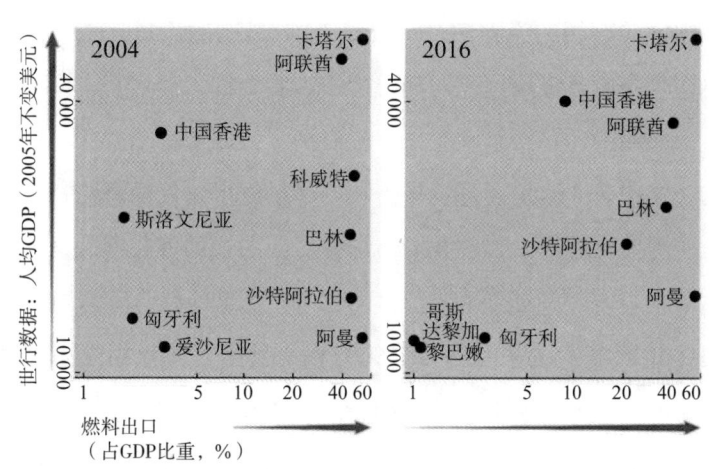

图 8-7 2004 年和 2016 年实行固定汇率制十年以上的经济体情况

数据来源:World Bank WDI, IMF AREAER。

其次，海湾经济体将从共同货币中获益良多。正如前述讨论，如果只从区域内部看，这一点还不明确。但从国际的角度看，海湾国家的纸币背后有庞大的经济和人口支撑。其发行方将是世界上最大的国际债权人之一，这种地位有利于推出全球认可的货币。如果获得国际认可，该货币将成为GCC贸易结算工具，海湾国家将能够以本币筹集国际资金。这将使它们摆脱经济学家所说的"原罪诅咒"，即大多数新兴经济体无法以本币发债。能够做到这一点是有帮助的，因为它使借款人的资产负债表免受汇率变化的影响。美国目前是主要的受益者，世界其他地区乐于购买美国国债。

海湾地区的贸易伙伴只有在海湾地区的纸币具有流动性并有可投资的债券市场的情况下，才会使用和持有海湾地区的纸币。只有当发行货币的经济体出现国际收支不平衡时，外部才能获得这些纸币。对海湾地区来说，这就意味着资本外流，但其实这已经通过GCC的主权财富基金实现了，基金广泛投资于各种公共和私人资产。海湾纸币计价的债券市场的流动性，将由GCC成员国的借贷计划来决定。短期内，政府债务将根据逆周期政策的需要而扩张和缩减，以平稳油价波动；长期内，私人和政府债务应当扩张，以支持金融深化和经济多元化。如图8-8所示，自境外借款的增量就可以使用海湾货币。

海湾地区的历史告诉我们，最有可能的行动催化剂是又一次地缘政治冲击。政治紧迫感催生了GCC，在关键时刻将海湾国家团结在一起，并推动了迈向海湾货币的进程。目前，该计划受阻，因为它复制了欧元模式，而自2010年以来，欧元区的困境已经引起了警惕。过度关注欧元可能是一个错误。尽管可以说，与欧元统一之前的欧元区国家相比，海湾经济体的商业周期趋同性较低，但在其他方面，它

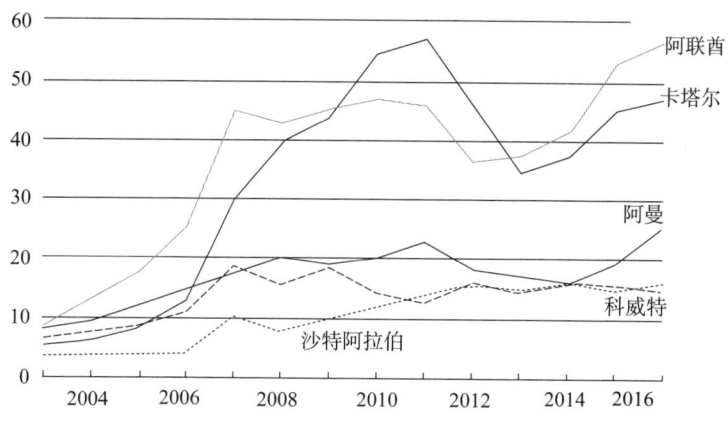

图 8-8　2003—2016 年 GCC 成员国外债总额 / 平均国内生产总值 (%)

数据来源：BIS，World Bank WDI。

注：2003—2016 年相应各国外债总额占平均国内生产总值的百分比，以实际价值表示，不包括巴林；数据截至 2016 年第二季度。

们的特点表明统一前景更为乐观。从政治角度看，GCC 共同货币区将比欧元区更少涉及债权国和债务国之间的摩擦。

美国的货币联盟有无参考价值？只有部分参考意义。无疑，美式货币联盟最重要的特点是将州层面的财政职责联邦化。国防支出、社会保障和基础设施建设都由联邦政府来承担。

当海湾货币联盟的支持者能现实地说这类统一在海湾国家前景可期时，海湾货币联盟也就指日可待了，但这可能需要很多年。然而，如果经济多元化取得成功，单一货币政策必须同时适用于石化密集型经济和更加多元化的经济，那么随着时间的推移，海湾货币联盟可能会变得更加困难而不是更加容易。这可能会导致出现类似欧元区的"一刀切"问题。对于海湾货币联盟来说，实施与否可能是一个"机不可失、时不再来"的现实问题。

第九章

外汇储备管理——SAMA 的经验

一、SAMA 和主权财富基金

在全球金融危机爆发前的几年里，SAMA 观察到一些主权财富基金的活动在欧洲和北美引发了负面的政治反应。2006 年，在美国国会采取行动阻止交易后，迪拜港口世界（Dubai Ports World）被迫出售其收购的美国港口。2007—2008 年，当主权财富基金入股陷入困境的金融巨头摩根士丹利、美林、花旗和瑞银（UBS）时，也遭到了反对。主权财富基金能够主导全球投资的想法是一种幻想——2007 年，它们仅占全球金融资产的 1% 左右。但一些主流政客却以隐晦的威胁回应。以欧盟贸易专员彼得·曼德尔森（Peter Mandelson）2008 年 3 月的言论为例：

> 没有人担心挪威的全球主导计划。然而，中国的投资机构和俄罗斯的稳定基金是新兴的投资者，拥有庞大的储备，背后是不同的政府，这些政府外交政策影响力大，且在投资方面的实绩相对不足。这并不是要把这些国家及其基金挡在门外，但需要让人放心。[1]

20世纪70年代，曾出现类似的强烈反对沙特在美国投资的声音。不同于其他经济体，沙特阿拉伯自20世纪40年代以来一直是美国的战略盟友，并且一直全面参与西方金融体系。SAMA认为，没有必要通过标榜自己为主权财富基金来提升自己的形象。当包括利比亚、中国、俄罗斯、阿联酋和科威特在内的一众国家，自愿合作起草一份善意的操作原则——《圣地亚哥原则》时，前述疑虑得到了证实。它们的想法是，这样可以转移对其活动的批评。

与一些东亚国家不同的是，沙特阿拉伯无意刻意积累出口盈余。积累储备是一种长期现象，而不是一项政策决定，其储备主要由石油收入而不是投资组合流入组成（见图9-1），而SAMA不采取主动的汇率干预。高油价导致出口盈余和SAMA储备的增长，而低油价则意味着储备减少，因此SAMA需要定期出售部分资产。诚然，这种做法不一定有助于金融市场的稳定，但SAMA不可能坦率承诺不再这样做。SAMA认为《圣地亚哥原则》侵犯了国家主权和独立性，其中最令其反感的是第17条："应公开披露有关主权财富基金相关的财务信息，以证明其经济和金融导向，以便为国际金融市场的稳定做出贡献，并增强接受国的信赖。"[2]

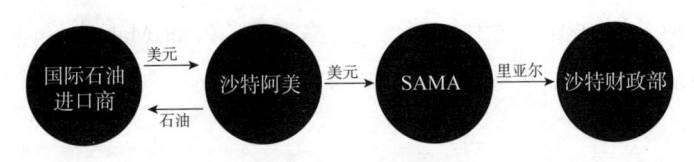

图 9-1　石油收入流向

资料来源：本书作者绘制。

因此，SAMA从未自我标榜为主权财富基金，也未加入签署《圣地亚哥原则》的国家组织。在本章中，我们将解释SAMA如何管理其储备，以及它如何同时兼顾主权财富基金和中央银行的职能。本章内容包括储备管理的发展以及 SAMA 目前的实践，并比较了 SAMA 与挪威主权财富基金的投资策略。

二、从 20 世纪 60 年代至今

自成立以来，SAMA 就一直在管理外汇储备。从 1952 年起，黄金和白银被用作沙特的货币支持。我们掌握的最早数据是 1958 年的，当时金融资产总额为 200 万美元，存在纽约的美元活期存款账户。半个世纪前，央行采用被动、短期投资策略来保全本金价值并保持最大的流动性。相比之下，今天它积极使用更多的工具和基准来衡量业绩。

SAMA 既类似于传统的中央银行，又类似于主权财富基金，管理着两个资产组合：一个是储备组合（类似于中央银行通常的流动性要求），另一个是投资组合（将剩余储备进行中期投资）。20 世纪 60 年代末，当它开始大规模积累资产时，便一直严格区分两个组合。SAMA 的双重角色意味着它既强调流动性，也关注回报。一旦备足了流动性，所有剩余资金都会被投资于较长期的金融资产。

在 1973 年第一次石油繁荣之前，SAMA 的资产配置是将存款分散到主要的国际银行。随着储备的积累，SAMA 利用 WB 投资专家的专业知识，协助储备管理和工作人员培训。[3] 在此期间，全球资本市场（除了美国）缺乏流动性，SAMA 不得不与美国及后来的日本和西德签订谅解备忘录，以便通过直接购买这些国家的政府债券来进行投资。随着市场流动性的增加，SAMA 开始购买七国集团的定向

配售债券。与此同时，它逐渐参与全球股市，并在 2002 年增加了新兴市场债券的购买。自金融危机以来，由于人为压低债券收益率，传统资产类别表现不佳，沙特外汇储备已转向另类投资以提高回报（第七章图 7-6 和图 7-7 显示了 2005—2016 年外汇储备的演变）。

SAMA 的历史塑造了其投资文化。最重要的是，它的方法是渐进式的，原因在于投资人员的低流动性。在瞬息万变的投资界，经验不可替代。这意味着拥有数十年运营资金经验的 SAMA 资深员工可以培训新员工。他们可以解释风险调整后的回报有多重要，时刻将"投资成功的关键是避免重大损失"铭记于心。人员的连续性意味着团队对各类投资热点有较高的抵抗力。这也解释了 SAMA 倾向于从内部、大学或商学院招聘员工，确保他们接受过投资文化的熏陶。

除了员工的连续性之外，第二个重要的人为因素是独特的办公环境设计。投资部门历来仅设一处，采用开放式的办公空间，团队紧密合作，定期开会分享想法、讨论方案。负责存款和短期债券的内部经理、协调外聘经理人的团队以及量化风险管理团队共处办公。促成（人员）连续性的第三个历史因素，是从 20 世纪 70 年代沿用至今的内部管理与外聘经理人分离的制度。尤其是投资股票，从未有内部管理团队[*]参与过。

SAMA 的投资过程也是高度集中化的，下文将详细说明。基于外汇对冲预测收益的工作由不同的团队完成。这引发了一场以战略基准衡量投资权重的辩论。尽管投资部对执行过程中的调整有自由裁量

---

[*] 这里指的是负责存款和短期债的人员。——译者注

权,但最终决定是由总裁担任主席的投资委员会做出的。如果投资环境发生显著变化,他将对这些决定进行评估。

三、副总裁级投资局的结构

副总裁级投资局(Investment Deputyship)历经更迭,但其形式和功能基本保持不变。20世纪80年代,它被称为外汇部(Foreign Department),由一名总监领导。它的职责包括管理投资、处理信用证以及处理资金转账。该部门的工作岗位稳定性是其特点。自1970年以来,该部门只有6位负责人。[4]

过去,该部门还曾被请来协助其他政策方面的工作,例如政府债务计划的设计和管理。投资顾问向该部门负责人汇报。2013年,该部门升级为副总裁级投资局,由担任副总裁的萨亚里负责。投资管理部(IMD)是该局的两个下设机构之一,另一个是投资账户管理部(政府财政部也有单独的职能,负责债务管理)。

投资管理部的结构安排反映了中央银行投资的资产类别。它共有五个团队,其中两个团队负责监督那些管理着包括股票和固定收益等大部分资产的外部管理者;第三个团队负责管理内部持有的债券;第四个团队负责外汇和货币市场工具(旨在使 SAMA 能为银行供应美元,保障流动性);第五个团队负责另类投资。流动资金及融资、绩效和风险分析,以及投资运营部门各自独立,并分别向副总裁报告(见图9-2)。

```
负责投资的副总裁
    │
    ├─────────────────────┬─────────────────────┐
投资管理部                          投资账户管理部
外部权益组合处                       活期存款处
外部固定收益组合处                   复核科
内部收益组合处                       经常账户科
外汇和货币市场处
另类投资处
```

流动资金及融资处   绩效和风险分析处   投资运营处（审计科、结算科和投资支持科）

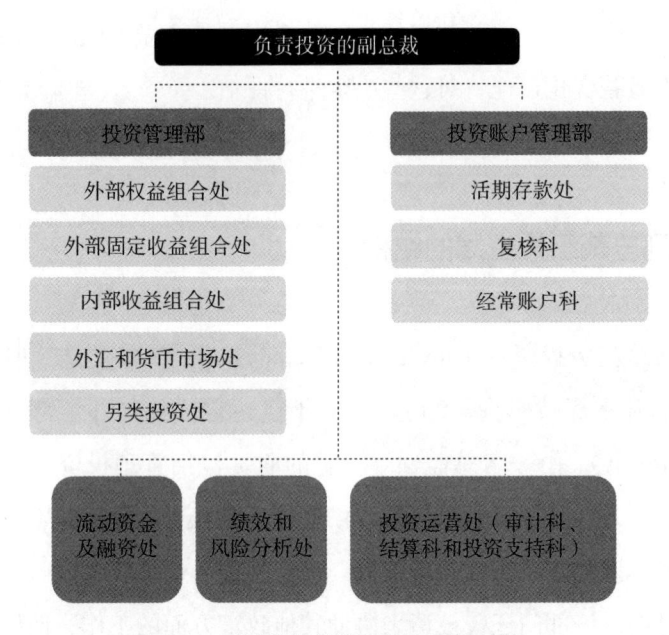

图 9-2　副总裁级投资局现有组织结构

资料来源：SAMA。

四、投资目标、理念和流程

SAMA 有三个目标：保值、保持流动性、实现与其风险偏好相符的投资回报。换句话说，它的目标是在可接受的风险范围内实现最佳的投资收益。

中央银行的理念是通过自上而下的资产配置，将内部投资（标的）与外聘基金经理（管理的资产）相结合，建立一个全球多元化的投资组合。投资过程围绕战略基准（SAMA 从未具体披露）的相对权重展开。SAMA 正在改变以往按类别配置资产的做法，转而根据资产角色按风险配置资产。投资团队提出长期宏观主题（例如，新兴市场的回报率往往高于发达市场），并通过预测债券、股票和其他资产类别在外汇对冲和非对冲基础上的回报率，形成量化指标。这就生成了一个关于预期收益和建议的矩阵，并被提交给总裁。SAMA 的战术资产配置（TAA）以总预期收益矩阵为基础，根据其与战略基准的中性位置的差异来衡量，换言之，相对于战略资产配置（SAA）而言是超配还是低配。在两次会议之间，还可以通过修改投资计划，做出额外的战术资产分配决策，以应对不可预测的市场发展和价格走势（见图 9-3）。[5]

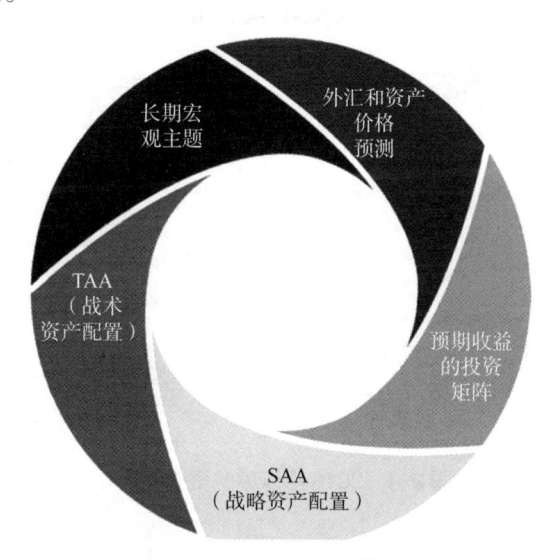

图 9-3 自上而下的投资流程

资料来源：本书作者绘制。

SAMA 的投资风格相对保守，强调信用质量、资产的流动性、多元化的投资组合和风险调整后的回报。强调多元化，并不完全是因为相信未来市场回报本质上难以预测；相反，它表达了 SAMA 的信念，即把风险分配给过去不相关、将来也可能不相关的资产是明智之举。基准的选择，依据SAMA对主权债券、信用产品和股票的风险容忍度。图9-4展示了资产在相对保守的储备组合和相对激进的投资组合之间的分配。每个投资组合都有具体的投资准则和操作性基准。鉴于储备组合注重流动性，其绩效依照短期创收型投资来衡量；激进投资组合的绩效是根据复合策略基准来衡量的。考虑到激进投资组合的目标（包括不超过投资委员会规定的上限进行主动风险管理），其短、中期内的回报可能具有高波动性。

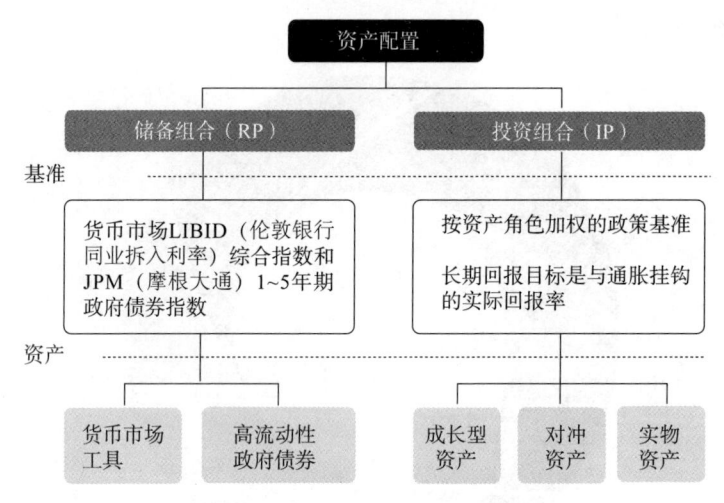

```
                        资产配置
                    ┌──────┴──────┐
              储备组合（RP）    投资组合（IP）
基准
          货币市场LIBID（伦敦银行    按资产角色加权的政策基准
          同业拆入利率）综合指数和
          JPM（摩根大通）1~5年期    长期回报目标是与通胀挂钩
          政府债券指数              的实际回报率
资产
          ┌────┴────┐        ┌────┬────┐
        货币市场  高流动性   成长型  对冲  实物
         工具    政府债券    资产   资产  资产
```

图9-4 2016年以来的资产配置

资料来源：本书作者绘制。

储备充足率评估：中央银行一直将投资组合分为流动性和投资两部分，前者旨在满足沙特银行按固定汇率兑换外汇的需求。存款是SAMA的第一道防线，其次是有市场流动性的证券。SAMA的大部分资产是债券和股票。这种资产组合保持了所需的流动性，多元化降低了风险，也提高了风险调整后的回报率。[6]

SAMA已评估过储备和长期投资组合之间的资金分配。它采用了一个综合公式，通过考虑沙特经济的特点来捕捉国际收支外流的潜在因素。对于沙特阿拉伯来说，维系汇率是强制性的，外国人对外汇款金额庞大。储备充足率的公式如图9-5所示。

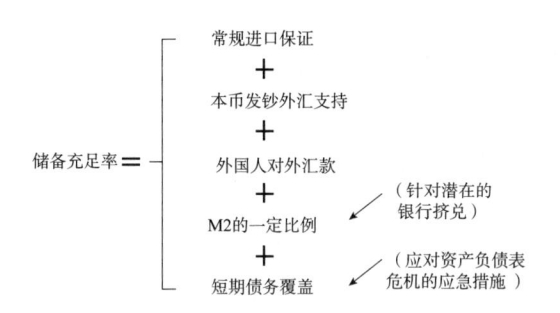

$$储备充足率 = \begin{cases} 常规进口保证 \\ + \\ 本币发钞外汇支持 \\ + \\ 外国人对外汇款 \\ + \\ M2的一定比例 \\ + \\ 短期债务覆盖 \end{cases} \begin{matrix} （针对潜在的\\银行挤兑） \\ \\ （应对资产负债表\\危机的应急措施） \end{matrix}$$

图9-5　储备充足率计算公式

资料来源：本书作者绘制。

这意味着，储备组合越大，可以分配给投资组合的资金就越少，随着时间的推移，投资回报也就越低。

副总裁级投资局每三个月运行一次多阶段流程，具体如下。

（1）投资矩阵会议。投资管理部主管带领的工作小组为预期收益投资矩阵提供筹备材料。该矩阵基于对宏观经济趋势、市场走向以及外汇与资产价格的外部预测。

（2）战术资产配置会议。投资管理部主管和部门内的小组负责人参与审查储备组合分配的现金流趋势和预测，以及他们对激进投资组合仓位的信心水平，以便为后者提出战术资产配置。总之，储备组合的战术资产配置考虑了目标流动性状况对满足美元流出的负债要求，以及激进投资组合在一年内的预期投资回报。

（3）投资计划会议。投资计划会议为期两天，由主管投资的副总裁主持，投资管理部主管、高级投资顾问和部门负责人参加。会议审议详细议程，包括全球宏观主题、市场趋势和前景、投资矩阵、外汇流动、以往计划的执行、投资业绩、托管和证券出借，以及投资组合外部经理的业绩。资金会议的成果是一套基于广泛共识的投资计划建议，供投资委员会讨论。

（4）投资委员会会议。该会议是季度会议，为期一天，由总裁主持，与会者包括专职副总裁、四位副总裁（分别负责投资、研究与国际事务、监管、银行业务）、投资管理部主管、投资绩效与风控主管和高级投资顾问。绩效与风险分析负责人、外部权益资产负责人和外部固定收益负责人也会受邀参会，以介绍他们的专业意见和信息。

（5）部署执行计划。投资计划获得批准后，主管投资的副总裁和高级同事将讨论储备组合和激进投资组合的执行策略，包括这两个资产池间的规模、时间安排和现金流协调，以及投资组合操作的实施计划（为外部经理注入资金或收回其资金）。

五、SAMA 投资组合的特点

信用标准：SAMA 根据银行的股本规模及其（是否达到）惠誉至少 BBB- 可持续性评级来决定存款与否，BBB- 为投资级别最低评级，SAMA 不直接投资次级投资证券。投资于主权债券和其他固定收益证券，通常限制在其发行规模的 10% 以内。此外，对于证券的投资也受到限制，SAMA 只投资被三大评级机构（穆迪、标准普尔、惠誉）中至少两家评为 AAA 或 AA 的主权债、主权担保债、机构债、超国家债及公司债。某些情况下也有例外，例如投资于多数主权信用评级低于 AA 的新兴市场，或利用环球固定收益投资组合经理的专长来投资较低评级债券。由于 SAMA 敞口中最大投资组合是 AAA 和 AA 级标的，违约风险几乎可以忽略不计。

资产配置：正如之前所述，资产配置是由总体预期收益矩阵给出的建议决定的。出色的资产配置应当贡献 70%～80% 的收益，而其余的收益则依赖于管理人员的技能和专业知识（通常称为 α 盈利能力）。投资纪律要求非常严格，程序执行必须在高级管理层批准的范围内进行。

外汇构成：多样化原则是投资的基础，外汇敞口须符合相关运营基准。总体框架由不断变化的外汇流出的流动性需求来确定。由于美元对沙特阿拉伯的财政收支模式以及国际贸易和金融的重要性，它被用作基础外汇，其次是其他几种主要外汇。实际的外汇构成是各币种基准权重的合计。贸易（外汇）和投资（外汇）流之间的差异，意味着外汇配置与贸易流无关，而是由可投资资产（按市值衡量）和工具的流动性决定的。

期限概况：银行存款是短期的，不超过一年。内部管理的固定收益证券的债券久期基准期限不超过五年。但外部投资组合经理在到期期限和债券久期上具有更大的灵活性。

外部投资组合管理：SAMA 相当一部分资产由外聘的专业公司管理，它们在符合 SAMA 准则的前提下寻求收益最大化。SAMA 在全球、地区和单一国家的股票和固定收益投资组合中混合了主动管理资产和指数化资产。SAMA 相信管理者可以通过研究、专业知识、权重决策、业绩和经验分享带来附加值。总体而言，外聘经理人的业绩记录好坏参半，在不同时期的表现低于或优于指数。如果外部投资组合表现不佳，或出于资产配置的原因（包括提高流动性），它们可能会被撤资。

资产管理行业受制于日益加重的监管负担和更高的资本要求。这些因素导致资产管理行业的成本/收入比率严重恶化，这对SAMA产生了影响。与此同时，像SAMA这样的客户的需求也越发复杂，它们寻求更广泛的服务，从宏观研究和资产配置理念，到基于解决方案的定制产品、定期投资组合审查和员工培训。由于像SAMA这样的客户越来越青睐费用较低的被动式委托，主动型经理面临着越来越大的跑赢基准的压力。被动型委托既具有成本效益，耗时又较少，在异常现象较少的成熟市场往往表现良好。相比之下，新兴市场为主动管理提供了更大空间，而且由于其增长潜力和资本化程度不高，重要性将与日俱增。

SAMA经常就这些问题进行辩论，主动和被动投资组合管理的对比如图9-6所示。

SAMA认为，最有效的策略是根据市场情况采用混合的方法。大部分资产被分配给高效的被动投资组合，旨在通过追踪特定基准来获取市场回报，主要是在发达国家的股票市场。其他投资组合可以投资于主动管理的"卫星投资"，以期获得更高的回报并降低整体风险。

互换和证券出借：证券互换的目的是重组投资组合的到期期限或信用质量，并提高整体流动性。全球金融危机以来，内部管理的投资组合一直保持一个短久期、高流动性的国债池，减少了对互换交易的需求。

主动	被动
1. 低效市场概念（利用市场异常波动操作）	1. 有效市场概念（价格反映了证券的真实价值）
2. 通过专业能力和判断来利用市场趋势，专注于优化 α 回报（增加值）	2. 通过低成本的市场跟踪指数专注于成本收益（降低投资成本是提高净收益的关键）
3. 适用于低效/新兴市场的策略	3. 适用于成熟市场的策略
4. 伪指数经理表现不佳的风险，以及频繁雇用/解聘管理人员的业务负担	4. 由于所选指数反映了风险偏好，因此可产生自动风险调整回报（其缺点是危机中的行业配置风险问题，危机后金融行业因大规模调整而遭受重创）

图 9-6　主动和被动投资组合管理对比

资料来源：本书作者绘制。

对冲：尽管外聘经理人在标的证券符合投资组合准则的情况下，可以在无杠杆或防御的基础上灵活使用衍生工具，但 SAMA 在很大程度上没有对冲其金融风险敞口。

黄金：在发达国家的储备中，黄金仍占 70% 以上的比例。相比之下，新兴经济体的中央银行平均持有不到 5% 的黄金，更青睐债券等产生收益的资产。持有黄金的利弊各有详细的记录。黄金可作为通货膨胀的避险工具，它有价值但没有对应的债务，不同于债券。保存在国内的黄金不会被其他国家冻结。不足之处在于，中央银行也可以使用与指数挂钩的债券来对冲通货膨胀，而与债券不同的是，黄金本身没有固有的回报。

尽管 SAMA 多年来一直持有黄金作为其支持货币发行的一部分，但它认为，随着 1971 年金汇兑本位的结束，这种贵金属逐渐失去了储备资产的作用。如今，对于 SAMA 而言，黄金的重要性已经减弱，货币发行背后实际上是由一篮子储备货币支持的。

（美元）活期存款头寸：中央银行保持一定规模的（美元）活期存款余额，以满足政府的日常现金需求和国内银行的美元购买需求。外汇几乎全部来自公共部门的石油出口，因此，通过固定汇率向国内银行出售美元，SAMA 成为向私营部门提供美元的唯一机构。实际上，它每天都在被动地干预国内银行间市场的即期（外汇）结算。

六、绩效评估和风险管理

业绩表现：投资组合基准化（也称业绩衡量）用于评估内部和外部管理的投资组合。业绩按整体回报率衡量。从中期来看，SAMA 的整体投资组合业绩与挪威主权财富基金相当。不过，SAMA 相对保守的投资方法使其在市场下行时也能表现出色。例如，2008 年，当大型机构投资者遭受巨大损失时，SAMA 投资组合的防御性定位使其遏制了损失。

SAMA 广泛采用全球投资绩效标准（GIPS）来衡量投资组合绩效。GIPS 提供了一套标准化的行业准则，指导投资公司计算和展示投资成果。

风险管理：全球金融危机之后，由于市场的内在变化和监管审查的加强，风险管理和合规变得更加重要。去杠杆和自营交易上限是中央银行和商业银行风险管理及治理业务的一部分。尽管监管是必要的，但必须进行有度管理，以确保创新和主动性不被扼杀。

SAMA 的风险管理参数如下：

- 汇率风险是资产配置时需要考虑的一个因素，而不牵涉主动的汇率投机。虽然存在战术性套利机会，但 SAMA 的管理者中只有极少数人参与汇率套利，其回报通常较具波动性。
- 信用标准依然保守，因为保本先于回报。
- 流动性风险可以忽略不计，因为 SAMA 专注于投资流动性较高的资产和市场。
- 市场风险主要取决于基准投资组合的构成，并对"预期跟踪误差"（衡量投资组合与基准指数的贴合度）设定限制。
- 交易对手风险。自雷曼兄弟公司倒闭以来，交易对手风险变得更加突出。SAMA 的政策和做法是只与信誉良好、财力雄厚的机构打交道。
- 操作风险。对于内部管理的投资组合，操作风险通过前台和后台运营的分隔来降低。外部管理的投资组合中涉及的风险，则通过管理者和托管人的分离、严格的指南和报告要求来降低。如果出现了无意的指南违规，如评级下降，管理者不会被迫立即出售证券以避免价格下跌造成的损失。

SAMA 将风险控制、合规和绩效评价职能划分开。风险和合规职能集中在一起，并向专职副总裁报告，但这不包括管理与投资有关的风险。对于与投资有关风险的管理，SAMA 有两个专门的部门：一个是绩效与风险分析部门，向主管投资的副总裁报告，另一个是投资绩效与风险控制部门，向专职副总裁报告。这几个部门相互配合，并与投资管理部保持联系，以确保投资组合在风险政策和指南方面具有高度的合规性，以及及时监测、衡量、报告和降低财务风险。

总之，风险管理仍然是一个需要积极关注的领域。由于风险模型并不总是可靠的，因此定性判断应作为定量分析的补充。

七、时下的一些问题

SAMA 的投资文化鼓励对金融问题进行持续辩论和讨论。作为示例，以下是目前相关的两个领域。

通胀保值债（TIPS）的实用性：在金融危机之后出现的通货紧缩环境中，关于 TIPS 或通胀挂钩债券的可行性仍然存在争论。TIPS 的收益率可以分解为实际债券收益率和预期通货膨胀补偿。在均衡状态下，这应该与提供名义收益的传统债券相同，公式如下：

$$名义债券收益率（NBY）= 实际债券收益率（RBY）+ 通货膨胀率$$

危机后不久，由于市场对通货膨胀的担忧较少，名义债券收益率和实际债券收益率之间存在正相关关系。在 2009 年初，盈亏平衡点通胀率几乎为零，导致名义债券收益率和实际债券收益率几乎相同。通胀挂钩债券价格极为便宜。然而，在新近一段时间，由于实际利率非常低，通货膨胀率预期保持温和，通胀挂钩债券对投资组合多元化的贡献微乎其微。SAMA 汇总了支持与反对通胀保值债的正反方观点（见图 9-7）。

支持	反对
1. 全球债券投资组合的优点是分散投资从而减少波动性	1. 实际收益率太低,无法为通胀保值债提供令人信服的理由
2. 盈亏平衡点通胀率(即名义债券收益率-通胀保值债收益率)相当稳定	2. 由于世界上大多数国家的通货膨胀率都落后于央行的目标,而且盈亏平衡点并不令人信服,因此通胀保值债的理由并不令人信服
3. 提供了对冲潜在通胀的诱人前景	3. 流动性溢价是个问题
4. 名义债券收益率上升(按实际溢价计算)似乎有利于通胀保值债,因为波动性较小	4. 在没有通胀或通胀预期的情况下,名义债券收益率上升的风险同通胀保值债一样大
5. 长期看,通胀保值债的收益率超过了通货膨胀率	5. 名义债券收益率也为投资者提供了对未来预期通货膨胀以及波动性的补偿
6. 如果实际利率下降,国债和通胀保值债都将受益	6. 发行时实际收益率低的通胀保值债会让投资者感到担忧

图 9-7 支持和反对通胀保值债(TIPS)的观点汇总

资料来源:本书作者绘制。

总的来说,我们有理由得出这样的结论:虽然在收益率的争论上胜负难分,但 TIPS 作为一种分散风险的方式仍有其价值。SAMA 最终选择持有 TIPS 作为对冲通货膨胀的工具(而不是它不持有的房地产)。前者的流动性更强,而房地产不像金融资产那样受到主权豁免的明确保护。

风险平价策略的相关性:对于像 SAMA 这样的均衡投资组合,传统方法是将 60% 配置到债券,40% 配置到风险较高且通常波动性更大的权益类资产。风险平价策略是覆盖更多资产品类,包括房地产和大宗商品,意在分散风险敞口。这种方法在危机之后变得流行,部分原因是债券市场表现强劲,这与主要中央银行大规模购买债券有关。

简单地说，风险平价就是通过提高债券配置的杠杆，使债券和权益资产的权重或风险相等。但风险平价配置本身就包含风险因素，只关注风险就会忽略收益。像 SAMA 这样的资产配置机构，若不以收益为首要考虑，如何制定合理的资产配置策略呢？例如，若由于收益在历史上相对稳定而增加国债配置的杠杆，一旦债券收益率上升，很可能遭受重大损失。这种方法是否优于按类别进行资产配置的传统方法，目前仍存在很大争议。SAMA 认为，按资产性质进行战略配置，比传统的按资产类别进行配置的系统或风险平价策略更有意义。通过资产性质配置法，可以将资产配置到成长型资产上，以获得最大回报；将资产配置到对冲型资产上，以获得稳定收入；将资产配置到实物资产上，以在通胀环境下实现保值。

八、对比挪威的做法

几十年来，SAMA 总结出三条深刻的教训：资产配置仍然是一门艺术而非科学；没有一种能在所有市场环境中都表现出色的单一策略；获得稳定和正向回报的关键是投资于非相关资产。

没有一种通用的成功的资金运作模式，SAMA 的做法更类似于中央银行经理人而不是主权财富基金，并大量聘用外部经理人。挪威主权财富基金由中央银行内部管理，被称为政府养老金基金（GPFG），其开放的文化氛围让观察者可以就两者进行一些有趣的对比。两家基金的规模大致相同，GPFG 的员工人数要比 SAMA 投资部的人员多得多，背景也更加多样化。GPFG 雇用了来自 35 个国家的 500 多名员工，虽然大多数高级人员是挪威人，但大多数员工不是挪威人，而是在其他地方接受的培训。其次，GPFG 的办公地点并不单一：虽然总部设在奥斯陆，但在伦敦、纽约、上海*和新加坡都设有办事处。

与 SAMA 不同，GPFG 公开了战略基准，即 60% 的权益、35%～40% 的债券、至多 5% 的房地产（仅房地产部门就有 100 名员工）。SAMA 并不拥有房地产（如前文所述，它更倾向于拥有包括通胀保值债券在内的金融工具），权益方面也远不及 GPFG 那么偏好。SAMA 继续使用外聘基金经理，而 GPFG 则在金融危机后改由内部管理大部分基金。相比之下，SAMA 的做法保持了一贯性。另一个区别是，SAMA 主要在发达权益和债券市场使用许多被动型外部基金经理，而 GPFG 则相信主动型基金管理。SAMA 还倾向于新兴市场，因为它相信这些市场的快速增长将带来更好的投资回报。

旁观者很难了解到任何一个投资过程的核心。GPFG 和 SAMA 一样，都有一个衡量投资决策的战略基准，但由于 GPFG 在不同时区有多个办公地点，并且有三位首席投资官，分别负责权益、房地产和资产配置，可推测其必然存在大量授权，特别是在房地产方面。相比之下，（SAMA）副总裁级别的投资系统只有一个负责人，既负责行政主管工作，又负责投资工作，而总裁的职责之一就是对投资决策负最终责任。SAMA 也有授权，但是面向外聘基金经理。

---

* 挪威主权财富基金于 2023 年 9 月 7 日宣布关闭在上海的办事处。——译者注

第十章

发展国内债券市场

一、启动政府债

1987年，油价疲软，政府在SAMA账户上的资金即将耗尽，在一个炎热的午后，担任投资部主管多年的穆罕默德·奥马尔·哈提卜，讲述了阿卜杜拉·苏莱曼在担任阿卜杜勒-阿齐兹国王的得力助手时如何应对类似问题的经历。苏莱曼经常凭借国王的信用自吉达的富商处借钱，但有时后者拒绝再借给他。20世纪30年代中期，当国家财政窘迫到无钱支付工资时，苏莱曼自掏腰包支付员工的工资，（工资的）三分之一是现金支付，三分之一是日用品，最后三分之一是强制性贷款。

哈提卜说，当情况变得特别糟糕、再没有钱支付给国王的仆人时，苏莱曼想到了一个计策。苏莱曼命令木匠们清晨提早到他的办公室。当他几个小时后开门、讨薪者跟着涌入时，他们发现房间里挤满了工人和木屑，地板上铺满了刨花。苏莱曼冲讨薪者挥手，并指着忙于制作木箱的木匠们说："我现在没工夫应付你们，新的资金已经到位，我们正忙着打更多的箱子来存放黄金和白银。两天后再来，届时你们都会拿到钱。"讨薪的人离开了，虽然半信半疑，但至少愿意等上两天。

哈提卜抿了一口杯中的茶，又吸了一口烟，他开玩笑地结束了他的故事："我正在制作一些宝箱。"

当时，政府收入与苏莱曼管理财政时一样难以预测，因为它取决于石油收入产生的现金流。由于油价实际上呈现的是一种随机走势，没有时间依赖性，不能用过往的价格推断未来的，因此政府很难有把握地提前数年进行规划。不过，政府可以在油价低迷时通过预算赤字（在油价高涨时通过盈余）来稳定经济。赤字最终会耗尽 SAMA 的外汇储备，但即使石油收入不足，政府也需要获得里亚尔来消费。除了直接从 SAMA 进行货币融资外，唯一的办法就是发行里亚尔债券。因此，与大多数新兴经济体相比，发展政府债券市场对沙特阿拉伯更为重要，因为前者拥有可预测的政府收入流。债券市场的其他好处，包括为非石油经济融资、发展储蓄市场和鼓励银行投资债券，也同样重要。

在哈提卜讲述其故事后的第二年，SAMA 作为政府代理人推出了首批政府发展债券。这是沙特第一次有计划、有组织地自市场借钱，并在此过程中尝试创建债券市场。发债收入用于补充政府在 SAMA 的账户。自那时起，SAMA 同商业银行就一直在探索发展二级市场的最佳途径，在二级市场上，政府债券和公司债券都可以进行交易。这对发行人很有帮助，因为他们可以通过市况来评估债券定价，而市场提供的流动性应使发行债券的成本更低。新的投资者也会被吸引进来，从而深化资金池。这至少是一种理论，但与其他新兴市场一样，将其付诸实践并非易事。

在从 1988 年开始持续近 20 年的第一个债务期内，SAMA 着力使债券对银行更具吸引力。中央银行积极咨询（商业）银行，以了解后者偏好何种类型的债券，并通过引入浮息票据来满足它们的需求，尤其适应银行的资产负债表结构。此外，SAMA 引入了再回购（Repo）机制，使银行能够以其所持债券作为担保来借款。为增加债券发行规模，SAMA 通过几个大额增发（Tap Basis）替代了多次逐笔发行。另外，SAMA 尝试努力推动商业银行建立一个一级经销商网络，希望后者在债券发行时购买政府发展债券，并在随后开展交易，但这一努力没有成功。

政府债券成为一款成功的金融产品，商业银行愿意购买。当第一个债务期结束后、商业银行需要更多的政府资产时，SAMA 向其提供了中央银行票据。但后者是"买入并持有"的投资者，它们对交易没有兴趣，且担心一个流动的二级市场会使债券对储蓄者更具吸引力，从而威胁到它们对存款的垄断。

即使在世纪之交、政府发展债券市值达到顶峰时，也几乎没有政府发展债券和公司债券的二级市场，此后情况也没有多大变化。这不仅仅是"银行中心"文化或"买入并持有"心态的结果。对公司来说，发行债券或伊斯兰债券"Sukuk"的成本很高。改变市场的这些特性，对 SAMA 而言是一项艰巨的挑战，需要它与发行方、监管机构、投资者及其他公共部门合力完成。

问题在于，2015 年开始的第二个债务期能否激发债券市场流动性的提升，并在第一次尝试失败的基础上取得成功。本章不仅研究了中央银行在像沙特阿拉伯这样的新兴经济体的债券市场中应扮演的角色，还深度探讨了沙特阿拉伯的债券市场，包括最常见的公司债券类型，即伊斯兰债券的结构及其未来发展方向。最后，它解释了尽管财政部于2016年设立了债务管理办公室（DMO），但SAMA仍然继续定价政府债。

二、中央银行在债券市场上的作用

央行的作用主要局限于代表政府管理债务，实际上是一种委托/代理关系。该行向政府提供投资者意愿方面的建议，并确定债券要素，如平均期限和发行规模，以及创建高效的结算基础设施。它尝试组织发行工作，以便政府（债）的收益率曲线可以作为公司债券的基准。央行回购工具被用作鼓励债券交易的"甜头"，因为银行可以暂时将债券换成现金。

但任何一家央行——SAMA也不例外——总是希望走得更远，鼓励活跃的政府和公司证券二级市场，这不仅仅是为了降低发行债券的成本。债券市场在冲销大量资本流入的货币政策操作中也至关重要。在发展经济方面，中央银行希望鼓励其他方式扩大信贷，以降低银行的主导地位。从长期来看，流动性强的债券市场也有助于确保资本的有效配置。

当第一个债务管理期结束时，问题出现了：SAMA是否应该发行自己的债券以填补缺口，作为其促进债券市场努力的一部分。SAMA决定将新的央行票据的规模和期限限制在有效管理系统流动性所需的范围内。表10-1显示了新兴市场经济体的央行是如何得出同样结论的。在表10-1所列的样本经济体中，只有智利拥有规模较大的、期限超过 3 年的央行债券。

表 10-1 2010 年新兴市场中央银行发债情况

新兴市场经济体	2010年发债数占国内生产总值的比重（%）	到期日低于1年（%）	到期时间在1～3年（%）	3年以上期限（%）	平均期限（年）
亚洲					
中国（不含港澳台数据）	10.3	70.3	29.7	0.0	
韩国	11.0	63.5	36.5	0.0	0.8
泰国	23.6	68.0	26.0	6.0	1.0
拉丁美洲					
阿根廷	4.7	88.1	11.9	0.0	0.5
智利	8.6	25.9	36.6	37.6	3.4
墨西哥	2.7	61.0	36.0	3.0	1.1
秘鲁	0.8	100.0	0.0	0.0	0.3
其他					
捷克	19.1	100.0	0.0	0.0	
匈牙利	11.3	100.0	0.0	0.0	
以色列	18.4	100.0	0.0	0.0	0.5
南非	1.0	100.0	0.0	0.0	

数据来源：BIS。

　　SAMA 等央行承认其需要发行类美国国债的短期国库券，但通常无意发行期限较长的债券。后者往往会干扰货币政策，因为这可能导致央行为保持低廉的借贷成本而忽略宏观经济目标——尤其在（长债）意味着提高利率时。所有发行成本都将落在央行的损益账户上，除非它（将发债收入）再投资于相同期限的债券。对 SAMA 来说，借入里亚尔资金并投资海外资产也毫无意义，因为它只会从自己的外汇储备中拿走美元，从而错失本可以用这些美元赚取的收入。从

SAMA 的观点来看，在不发行政府发展债券的情况下发行央行票据，具有减少外汇流出的效果，否则商业银行就会购买外国资产。在实践中，SAMA 清楚，如果外国资产的回报低于发行票据的成本，可能会有成本（这就是所谓的准财政赤字）。

但中央银行负责系统流动性管理，在这种背景下进行公开市场操作并基于合格的抵押品提供回购便利。SAMA 的中央票据发行和回购工具完全在中央银行业务的范围内。

三、企业债市场的结构性挑战

对于借款人，政府需要采取弱监管。相较于面向少数投资者的定向募资，公开市场发债管理规范多且成本高，这是诸多公司倾向于定向募资的原因之一。

研究表明，限制发债主体、发债成本高及缺乏本地信用评级机构，被认为是阻碍债券市场发展的因素。

其结果是，大多数私营企业只是从银行借款，这当然非常适合银行。债券发行者多是银行（通常通过定向募资）或政府持股的大公司。债券/伊斯兰债券的主要发行者是银行和上市公司，它们通常由政府持有部分股份，这些主体的发债数占（发债）总数的 60%，私营企业仅占 18%（见图 10-1）。

伊斯兰债券是迄今为止最受欢迎的本地投资工具，因为它们吸引了更广泛的投资者。本地需求意味着它们可以以低于传统债券的收益率发行，因此对买家和发行者都具有吸引力。由于伊斯兰债券可能仍

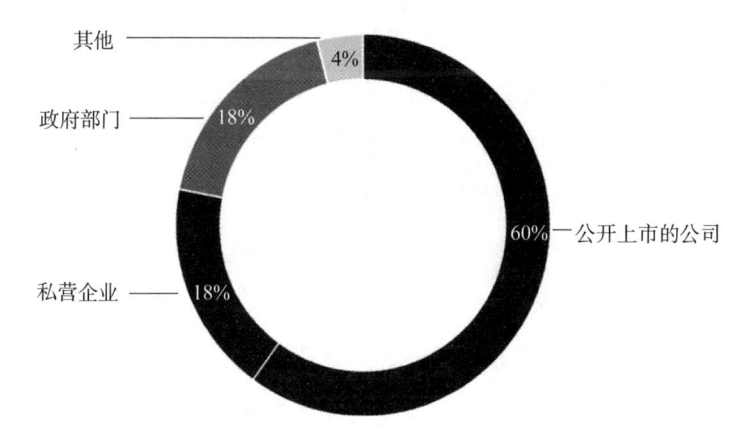

图 10-1　2015 年沙特市场上的债券/伊斯兰债券的发行主体及其发债份额
数据来源：本书作者绘制。

将是债券融资的主要形式，因此有必要解释一下它们是如何运作的。

就传统债券而言，发行者有约定的义务在指定日期向债券持有者支付利息和本金。相比之下，在伊斯兰债券结构下，持有者获得共同资产的部分所有权，并获得相应的利润份额。伊斯兰债券所基于的任何资产都必须符合伊斯兰教法。最常见的结构涉及土地等实物资产（sukuk al-ijarah）。其他类型包括债务（sukuk murabaha）、项目（sukuk al-istisna）、企业（sukuk al-musharaka）和投资（sukuk al-istithmar）的所有权。

让我们举一个以工业项目用地作为资产的伊斯兰债券的例子来说明。借款人（被称为债务人）建立一个特殊目的实体（SPV），充当中介和受托人的角色。SPV 向投资者发行伊斯兰债券并使用这笔资金从债务人那里购买项目用地。然后，它将用地回租给债务人，并使用所收到的租金支付给伊斯兰债券的持有者。到期时，SPV 将土地卖回给债务人，而伊斯兰债券的投资者将收回他们的资金。资产盈利能力的任何变化及其价值的任何变化（特别是，如果其价值下跌，那么伊斯兰债券将无法全额偿还）都将影响伊斯兰债券的回报，因此从理论上讲，伊斯兰债券的回报比传统债券的回报更不确定。然而，伊斯兰债券的结构通常会将这种风险降至最低。最明显的方法是，债务人从一开始就同意支付固定的租金，并以约定的价格买回项目，从而保证投资者投入的资金。

债券和伊斯兰债券的主要投资者是银行，它们持有募资总额的50%以上。机构投资者，如保险公司、养老金基金和公共部门的投资基金，持有募资总额的26%，而共同基金只占12%（见图10-2）。

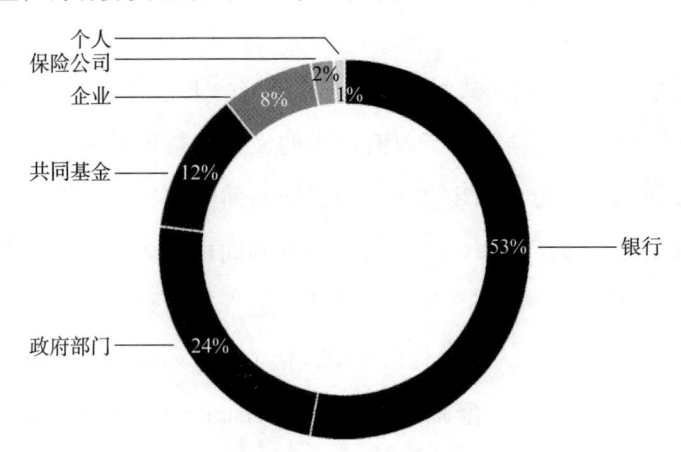

图10-2 2015年沙特债券市场的投资者类型

数据来源：本书作者绘制。

商业银行在沙特的金融体系中仍发挥着主导作用，经营着各种各样的资产和负债。失去对贷款的控制不符合它们的利益。随着它们转向长期贷款，尤其是抵押贷款，情况开始发生变化，因为这与它们的短期资金来源不匹配。通过资本市场提供与贷款期限相匹配的融资的机会正在出现。在发达市场，借款人通常通过直接接触投资者来筹集资金，从而将传统银行排除在外。这种转变通常被不当地称为"去中介化/脱媒"，有可能成为沙特金融发展的下一个阶段的主题。

除了传统的贷款业务，沙特的商业银行还专注于产生收费的业务，这反过来又有助于公司债券的发行。但它们尚未接受"为二级市场提供流动性符合其利益"的理念。除非有新玩家进入市场并打破这种局面，否则很难看出为什么有银行会选择将资金投入债券交易。20世纪90年代，SAMA试图通过提供各种激励措施建立经销商网络，但效果不彰。

四、发展二级债券市场：接下来呢？

沙特一直受到二级市场羸弱的困扰，即便是在首次启动国内债市场并积极发行政府债时也是如此。20世纪90年代一级市场规模的增长，是因为政府预算赤字需要资金，且银行和准政府基金有足够的资金来源，后两者都是"买入并持有"的投资者。

沙特二级市场的失败，反映了该国投资者基础薄弱、短期投资盛行以及投资银行不愿或无力推动二级市场交易的状况。具体而言，在第二个债务期内，缺少政府债（交易）市场已成为央行面临的一个重大政策问题——因为一个有效的政府债二级市场，将有助于未来成功发行债券。如果公开市场操作和干预都能在政府债市场运作良好的情况下进行，其他债务管理技术，如平缓债券价格波动、尽量减少赎回付款的影响，也将变得更加容易。面对这些障碍，SAMA应该如何发展二级市场？

有三种选择可以考虑：零售、强制措施、将回购工具扩展至银行之外。每种选择都可能会扩大债券市场规模，但对于鼓励市场流动性的作用有限。从公共政策的角度来看，鼓励零售分销可能很重要，但在沙特的情境下，除非小投资者的文化发生变化，否则对发展二级市场的贡献将微不足道。即使他们购买得更多，也不太可能想开始交易债券。共同基金更有可能成为交易者。

另一个建议是强制金融机构投资政府发展债券。这可能会导致某种形式的二级市场出现，因为银行可以减持其所持债券，但这可能并非理想选择。迄今为止，沙特一直没有强制国内金融机构遵守投资指令，因为它坚守自由市场的理念。由于在第一个债务期内没有强制要求，现在也不太可能这样做。

第三种选择是 SAMA 将其回购工具从银行扩展到公共部门，即便后者的债券没有政府担保也可尝试。准政府和部分由政府参与的实体可以获得与银行同等的机会，以其所持政府债券为担保，从央行融得资金。提高政府发展债券对其吸引力有望降低借贷成本。此外，回购工具还可以扩展到其他类型的债券，特别是由国有股份较多的公司发行的债券。这可能会鼓励它们发债。

但这种偏向政府关联实体的回购工具存在明显的劣势。全面扩展回购工具将抑制银行间回购市场的发展，并使二级债券市场的发展更加不可能。因此，在权衡各种因素时，应谨慎看待将 SAMA 的回购工具扩展至银行以外的机构的想法。

提振债券需求的一个可见（资金）途径，是利用作为员工离职福利金（ESB）形式的大量资金池，由于缺乏监管框架，这部分资金尚未被开发。ESB 是雇主的递延负债，并没有实际资金。任何社会保障改革都应考虑 ESB 的管理，并确保得到充分的资金支持。其形成的资金池可以用于长期投资，可见的投资领域就包括政府债和企业债。但这将如何促进二级市场的发展，尚不确定。

最后，还有一个想法是让公共投资基金（PIF）激活公司债券市场。一个有价值的比较是马来西亚，在财政盈余期间，政府投资部门国库控股（Khasanah Nasional）定期发行债券，进而形成准主权基准收益率曲线。PIF 可以发行债券，并用所得资金为一些项目融资，而不是动用自己的资源。这将使基金获得额外的投资资源。然而，如果它不希望提高资产负债表的杠杆，它可以将其未偿贷款证券化，并将收益用于长期项目融资。这将为投资银行构建交易机会。PIF 的活跃会对国内债券市场产生什么影响还有待观察。

债券市场的发展是一个集体工程，需要包括债务管理办公室、中央银行、资本市场管理局等政府部门以及市场参与者（即发行者和投资者）在内的各方协调努力。SAMA 长期以来一直与市场参与者协商以解决问题。有一些明显的障碍，可以通过放宽发行限制来解决。

五、SAMA 如何为政府债定价

在新近的债务期开始之前，一个常见的对 SAMA 的抱怨是，没有政府债券收益率曲线可以提供一个主权（用行话来说就是"无风险"）基准，以便有效地为债券或伊斯兰债券定价。但这种观点忽视了这样一个事实：在沙特阿拉伯，钉住汇率制导致里亚尔与美元收益率之间的利差低且可预测。没有基准收益率曲线并不妨碍发行公司债券或伊斯兰债券，这些债券既可以使用美国国债或掉期收益率定价，也可以与 SAIBOR 挂钩。

固定汇率意味着美元为里亚尔提供了一个锚，而美国国债为沙特政府发展债券提供了完全相同的功能。自 1988 年以来，沙特央行一直使用美元收益率曲线为政府发展债券发行（包括传统发行和符合伊斯兰教法的发行）定价，同样的原则也适用于公司债券和伊斯兰债券。为私营部门债务定价的另一种方式，是利用 SABIC 等国有企业的债券。

一个更为合理的批评是，SAMA 不会推动市场通过拍卖方式来给政府债券定价，但这是一个有争议的话题。中央银行需要确信商业银行不会串通起来通过拍卖对债券进行定价。如果 SAMA 能够说服一些金融机构作为政府债券的一级交易商投入资本，那将是一个积极的举措。有证据表明，新兴经济体的债券市场需要能保证提供流动性的参与者。一级交易商将有义务参与拍卖（以避免债券滞销），并通过在二级市场提供做市商服务来提供流动性。

时至今日，银行仍然想要一个拍卖机制，而 SAMA 则想要一级交易商。最后一次达成协议的尝试（该协议将涉及做市安排）失败了。结果是，银行对一级市场交易毫无兴趣，做市商也从未启动。这是一个经典的"先有鸡还是先有蛋"的问题。只要银行不向一级经销商提供资金，流动性强的二级市场似乎就不太可能发展起来。

迄今为止，尚不清楚政府债务管理办公室将如何以及何时在政府债券定价方面发挥作用。但在全球范围内，债务管理办公室和中央银行通常会密切合作。目前，SAMA 与商业银行之间有一个安排，以同美国国债的收益率差为基础确定固定利率债券的价格、以 SAIBOR 确定浮动利率债券的价格，为即将发行的各期债券提供价格或收益率范围。每家商业银行都会回应，报出它们愿意购买债券的利率，然后 SAMA 会根据这些信息来设定价格。实际上，这是迈向市场定价的一步，延续了自愿参与债券市场的传统。

第十一章

汇率制度和货币政策

一、钉住汇率

人们可能会说，阿拉伯半岛在1927年之前使用"元"（dollar）——但不是时下与美国有关的美元，而是玛丽亚·特蕾莎（Maria Theresa）里亚尔。在阿拉伯以外，人们大多以其德语名称"Thaler"来称呼它，这也是美元名称的由来。到20世纪50年代，玛丽亚·特蕾莎里亚尔已成为遥远的记忆，沙特阿拉伯也在逐步放弃硬币-金银本位制。朝觐者收据开始被用作纸币，然后出现了第一张SAMA银行券。自1986年以来，3.75里亚尔兑换1美元——这要归功于SAMA承诺以这个汇率与银行系统进行交易。

即使在石油出口国中，沙特阿拉伯也是不一样的存在，因为它高度依赖单一大宗商品（石油），超过80%的出口额来自石油收入（见图11-1）。如果经济更加多元化，那么它可以考虑放弃钉住美元，效仿挪威或智利，实行自由浮动的货币制度。但出口多元化仍然过于遥远，尽管这是2016年宣布的"2030愿景"战略的目标。

钉住美元带来了两个结果：沙特与美国之间的低利差，以及追随美国的通货膨胀率。即便如此，在某些时期，两国之间的通胀差异还是相当大的。钉住汇率制在长期内会拉动沙特通货膨胀率向美国的通货膨胀率回归。沙特通胀和去通胀通常是由国内经济驱动的，而国内经济又由油价驱动。2008年，外部因素导致通货膨胀率上升了超过6个百分点，这是由于高油价导致全球农业成本和食品价格上涨（恰如农民所言，"对外油价涨，里面啥都贵……"）。此外，钉住汇率制意味着SAMA在设定利率时几乎没有灵活度。

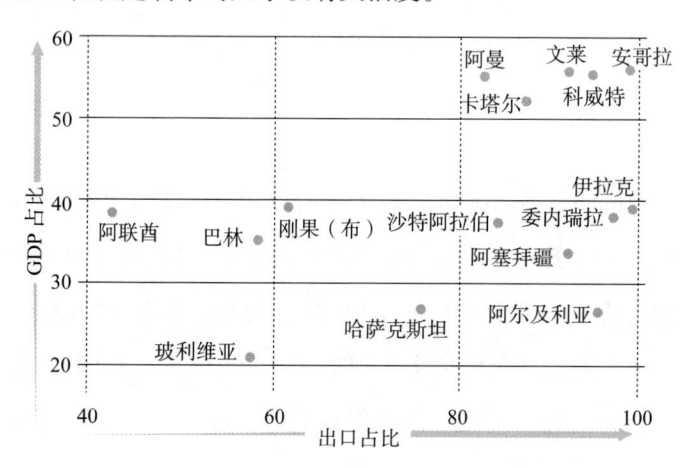

图11-1　2014年部分国家的燃料出口依存度（%）

数据来源：World Bank WDI, IMF AREAER。

本章探讨了里亚尔汇率制度，它是如何发展的，以及SAMA如何在其约束下运行货币政策。中央银行的任务是维持国内和对外的价格稳定，它通过保持货币对美元的汇率稳定来实现这一目标。与世界各国央行一样，SAMA面临着所谓的"货币三难困境"，即被迫在三个政策中选择两个：固定汇率、资本自由流动以及独立的货币政策。SAMA选择了前两个，放弃第三个。独立的货币政策只有以放弃钉住美元为代价才能实现。脱离固定汇率制的第一步会怎样？本章最后将讨论这方面的内容。

二、石油经济的汇率影响

要理解沙特阿拉伯为何实行钉住汇率制（货币挂钩），必须深谙石油及其美元价格对经济的重要性。即使在油价疲软的2015年，沙特90%以上的出口仍然来自石油及石化产品。这不是一个理想的经济收入结构。多元化的经济要稳定得多。尽管沙特在多元化方面做出了巨大努力，但其经济仍然顽固地依赖于石油。不过，在可预见的未来，世界很可能仍将消耗大量的石油。

沙特以低成本生产最高效的汽车动力——不到5美分的柴油可以与1 800美元的锂离子电池产生相同的能量。[1]虽然在世界能源消费中石油所占的份额正在下降，但石油的实际消费量却在1973—1974年和1979—1980年两次石油冲击期间急剧下降之后稳步上升。这主要是由于新兴经济体使用石油，这些经济体人口增长迅速，但能源利用效率较低（见图11-2）。

在解释沙特1970年以来的经济增长影响因素时，油价超过其他可能因素。具体来说，实际油价每上涨10%，实际国内生产总值（GDP）就增长2.2%。[2]油价上涨，经济强劲，反之亦然（见图11-3）。

但油价并不直接影响沙特的经济表现，其影响要经过财政和货币政策的传导。政府发挥的逆周期作用是财政稳定的关键。从历史上看，

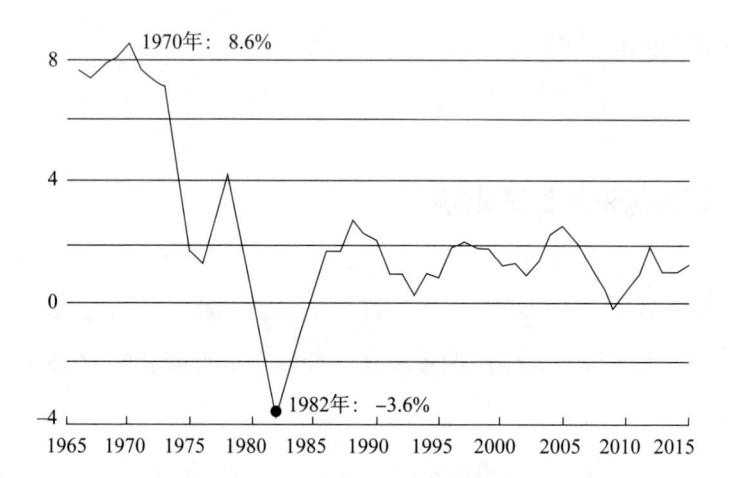

图 11-2　1965—2015 年全球石油需求增长率（%）

数据来源：BP Statistical Review 2016。

注：这里的数据是石油实际消费同比增长的三年移动平均值。

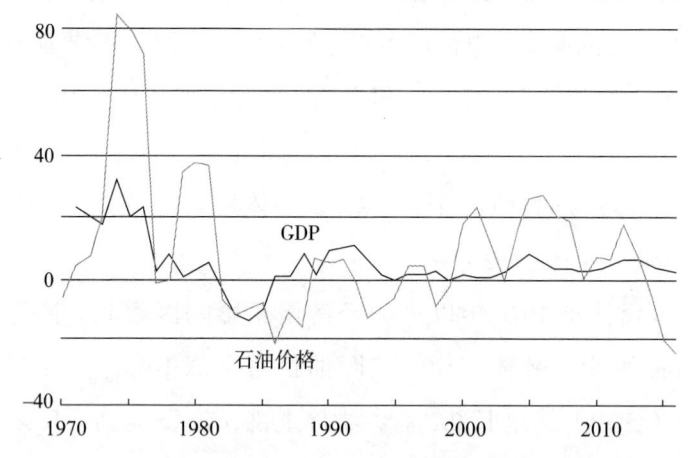

图 11-3　1970—2016 年实际油价变化和沙特实际 GDP 变化（%）

数据来源：IMF, World Bank Penn World Table。

注：数据为三年平均值。

政府支出比石油收入更加稳定，因此可以平滑油价波动对经济的影响。在经济不景气的年份，预算会出现赤字。在富裕的年份，预算则出现盈余。国际收支情况反映了这一点。

钉住汇率制在货币政策方面也发挥了类似的作用。如果沙特里亚尔自由浮动，那么当油价强劲时，里亚尔将更加坚挺。这将使进口变得更加便宜，更多商品和服务将进入沙特；相反，油价走弱将导致里亚尔贬值，进口成本上升，因此在公共支出疲弱的同时，进口将减少。沙特经济将经历剧烈的繁荣—衰退周期循环。钉住汇率制有助于降低这种波动性。

让我们以一个简单的框架，来考虑油价变化对于钉住汇率安排的影响。SAMA 的挑战是在油价高位时吸纳出口美元盈余，并在油价下跌时用美元支付贸易赤字。两者都不容易。以高油价时期为例，这意味着更多的里亚尔进入经济领域，因为 SAMA 会向政府支付等值美元的里亚尔。即使政府不会立即花掉所有的里亚尔（即政府预算出现盈余），其开支通常也会随着油价的上涨而增加。在通常情况下，这是通货膨胀的根本原因。事实上，这种情况经常引发猜测，即 SAMA 将让钉住汇率中的里亚尔升值，每美元对应发行更少的里亚尔，以减轻通货膨胀压力。

接下来考虑石油价格走低的情况。石油收入下降，但进口账单的降幅要小得多，因为政府试图平稳支出从而稳定经济。大部分国内进口需求保持不变，因为没有国内替代品，而大多数私营部门的服务都由进口的外籍劳务提供（也就是说，对进口的需求价格弹性较低）。政府对此做出反应，要么从其在 SAMA 的账户中提取里亚尔，要么在国内以里亚尔、在国外以美元发行债券（这些债券的美元收入计入

SAMA 的外汇储备,以换取等值的里亚尔进入政府在中央银行的账户)。美元赤字——支付进口账单所需的金额减去从石油中赚取的金额和计入 SAMA 账户的任何外债——必须由 SAMA 解决。如果外汇储备下降得足够多,可能会引发猜测,即央行将被迫让本币贬值,以每美元兑换更多里亚尔的汇率向政府账户付款,从而使同样数额的美元收入换更多的里亚尔。

简言之,这就是 SAMA 面临的汇率制度问题:当油价高企时,里亚尔自然会有升值的趋势,而当油价低位时,则有贬值的趋势。但这并不一定意味着问题必须通过将本币与美元挂钩来解决,其他出口大宗商品的经济体已经选择了不同的路径。但在讨论这些之前,有必要回顾一下 SAMA 是如何实施坚定的挂钩硬通货政策的。

三、管理里亚尔:1952—2016

SAMA 60 多年的历史可以明显分为两个时期:1986 年以前和 1986 年以后。在前 30 多年中,中央银行实际上是跟随美元的走势(影子汇率),而在后 30 多年中则明确挂钩美元,这一政策一直未发生变化。全球石油合同以美元计价,因此沙特阿拉伯的出口收入是美元。在 1986 年之前,美元在里亚尔管理中占有相当大的权重,但并不总是唯一的考虑因素。特别是在美元强势周期的巅峰,里亚尔并未跟随(其强势)。1981—1986 年美元强势期间,里亚尔兑美元数次贬值,最终在 1986 年实施了最后一次贬值(见图 11-4)。

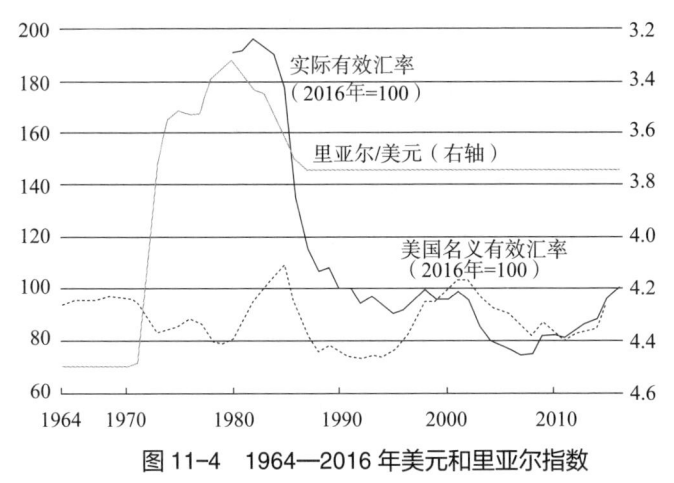

图 11-4　1964—2016 年美元和里亚尔指数

数据来源：IMF IFS, SAMA, BIS。

注：向上即升值。实际有效汇率（REER）是沙特对主要贸易伙伴的所有双边汇率的平均值，并根据相应双边通货膨胀率差异进行调整。名义有效汇率（NEER）与美元的名义有效汇率相同，但未进行通货膨胀调整，名义有效汇率是衡量美元国际实力的一个指标。

自那以后，里亚尔的汇率安排就没有发生过变化，并经受住了美元汇率的后续震荡。它的国际价值（根据贸易加权指数）随着美元的升降而升降，而几乎在此期间，这一钉住政策一直未受质疑。多年来，里亚尔度过了三次货币投机事件。[3] 1993 年，投机者基于低油价、财政赤字日益扩大和外汇储备下降等多重因素，押注里亚尔贬值。1998 年中期，亚洲金融危机导致油价下跌，投机者故伎重演。在这两次市场冲击过程中，SAMA 通过干预远期外汇市场来应对，投机者在那里做空里亚尔。中央银行继续向银行提供美元，并通过存款安排提供流动性。对规模不大的远期外汇市场的干预，使得远期汇率（升贴水）重新与利率差保持一致，投机者受挫。这些未冲销的干预规模较小，两次合计投入规模约为 15 亿美元。SAMA 两次都赚了钱。[4]

新近的一次攻击发生在 2007—2008 年，当时投机者押注里亚尔升值。这次攻击持续时间更长，但更容易控制。由于进口食品价格上涨和国内经济繁荣，SAMA已经在应付通货膨胀，它本可以提高利率，但这会鼓励投机者卖出美元，买入收益率更高的里亚尔。SAMA提高了准备金要求，这抽走了系统的流动性，迫使银行以无息方式将资金存入SAMA。SAMA的行动取得了成功，里亚尔的汇率保持不变。

在实际操作中，钉住汇率制几十年来一直非常成功，尽管如此，一些评论家仍对该政策提出疑问。有两个不同的观点：第一，目前的钉住汇率水平是否正确（这实际上是在考虑可变的钉住汇率好还是不变的钉住汇率好）；第二，钉住汇率是不是最佳选择。这里的分析涉及的是第二点，我们稍后将回到关于调整钉住水平的问题上来。原则上，沙特经济没有理由仅仅因为美元升值而与强势货币（即美元）挂钩。从理论上讲，强劲的经济需要强势货币，因为强劲的经济增长会产生通胀压力。强势货币更容易抑制通胀：它可以抑制进口成本导致的通胀，而且由于进口产品相对于国内产品更加便宜，它可以将需求转移到进口产品上，而不是国内产出。当经济走弱时，疲软的货币可能有帮助，因为非石油部门由此可以提高出口，从而促进经济增长和就业。

问题是这些观点在多大程度上适用于沙特阿拉伯，答案是——不大适用。虽然汇率变动可能会影响价格水平，但对产出和就业几乎没有影响。对石油的需求是没有价格弹性的，且该国没有庞大的非石油部门，可趁价格低廉时生产、提供出口的商品和服务。例如，与亚洲新兴经济体不同，沙特阿拉伯不生产纺织品等产品，而这些产品的出口需求对生产成本的变化高度敏感。至于服务业，该国进口劳务来经营私营部门。因此，汇率变动不太可能影响石油或非石油经济的产出和就业。货币疲软会导致对价格不敏感的产品进口费用增加。换言之，出口需求没有价格弹性，进口需求的价格弹性较差。此外，如果沙特的借款人在外币负债方面敞口很大，并与本币资产相匹配，这也可能导致他们无法偿还债务，陷入破产境地。

但批评者有一个观点确实有道理。如果与他国货币挂钩，汇率和经济走势同向发展的机会就会变小。在过去十年中，那些认为钉住汇率问题加剧的声音越来越多，因为正如图11-5所示，油价和美元的走势相反：先是沙特经济强劲而美元疲软，然后是近期（沙特）经济疲软而美元强劲。这并非完全巧合。弱美元与强油价是一致的，因为全球有更多的美元可以用来购买石油。但两者背道而驰如此长的时间确实少见。强石油、弱美元的组合为沙特等石油出口国创造了繁荣的条件，可以说，如果没有全球金融危机导致美元在2008年趋于稳定，SAMA可能会被迫升值里亚尔。自2014年以来，沙特面临的危

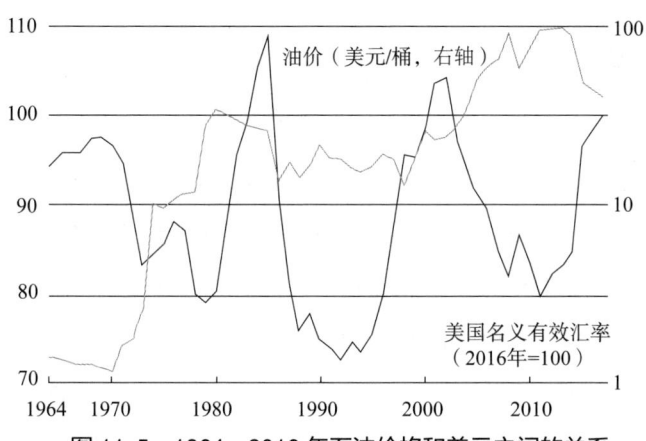

图11-5 1964—2016年石油价格和美元之间的关系

数据来源：BIS, World Bank。

注：右轴刻度（油价取对数）。

险恰恰相反：通货紧缩，因为强势美元使进口商品更加便宜，同时国内石油收益减少。问题的关键在于，由于里亚尔与美元挂钩，SAMA被迫跟随美国的货币政策。这可能在某些年份适合沙特阿拉伯的国情，但在其他年份则不适合。

四、货币政策的运行

正如时任 SAMA 副总裁贾赛尔及作者艾哈迈德·巴纳菲在 2008 年所写：

> 沙特阿拉伯的货币政策框架与其固定汇率政策密切相连。（SAMA 的）操作目标是通过再回购窗口管理系统流动性，其中间目标是维护里亚尔对美元的稳定，而美元是锚货币和干预货币。[5]

随着时间的推移，SAMA 建立了一个强大的工具箱，在一个由少数商业银行主导的金融体系中捍卫钉住汇率。它擅长识别和攻击投机者的头寸。流通中的每一个里亚尔都有对应的外汇支持，[6] 根据《货币法》第六条，货币的发行量不能超过外汇资产。SAMA 更关注金融经济指标，如汇率、掉期点和利差、信贷增长和股市，而不是实体经济指标。原因是实体经济受到政府财政政策的巨大影响。利率变动的作用相对较小，因为金融体系不发达，私营部门的借贷水平较低（尽管有一些证据表明，非石油经济对信贷供应的敏感性正在增强）。

像沙特阿拉伯这样选择钉住汇率制且资本账户开放的经济体，需要其他货币工具来协助管理流动性。例如，当国际收支异常活跃时——可能是由于出口收入的强劲增长，也可能是由于油价的上涨——就会伴随着国内流动性的增加，因为用于国内消费的每一美元出口收入都会导致本币供应量上升。货币供应的激增通常会导致通货膨胀，央行可以使用几种工具来应对。特别是，它可以提高回购利率，使商业银行从央行获得现金的成本更高，或者它可以提高商业银行体系的法定准备金率，以减少市场流动性。央行定期发行自己的短期票据，以吸收流动性，这与2015年重启的债券发行计划是分开的，并在发行规模上做出了明显调整，以吸收或提供流动性。它还可以使用一些审慎的工具，特别是调整银行的贷存比（LDR）和将存款存入商业银行，从而抵消系统流动性紧缩。

五、选择钉住汇率制

钉住汇率的批评者还有一个更具体的观点——钉住汇率的实际水平（而不是钉住制这个概念）应该不时地调整。简单来说，1986年以来，通过将汇率维持在3.75里亚尔/美元的水平，SAMA赢得了高度的信誉，而这反过来又通过良性循环减少了投机压力。但没有一个汇率机制是完美的。不同的石油出口国采取了不同的措施来应对这一挑战。（对沙特来说），可见的选择应该是不时地调整汇率。但由于里亚尔汇率一直与美元挂钩，（调整）将严重偏离当前的做法：要么放弃钉住水平，要么改变汇率机制本身。事实上，科威特在2007年就是这么做的，当时科威特放弃了与美元挂钩的汇率机制，转而将科威特第纳尔与一篮子货币挂钩，第纳尔兑美元得以升值，以期缓解通胀压力。

沙特没有在汇率问题上做文章，而是采取直接措施来减轻物价上涨的最坏影响。比如，它实施了一些食品补贴方案，帮助消费者应对食品价格上涨。这样做的逻辑是，通胀压力会减弱，而升值对里亚尔信誉的损害将是长期的。这是明智之举，因为事实证明，信誉是钉住汇率制长存的关键。

与其他资产价格一样，汇率也会受到投机行为的影响。这里就涉及信誉的概念。投机是由宏观经济冲击和宏观经济政策的相互作用驱动的。如果政策与冲击不一致，那么汇率就会处于危险之中，就有市场参与者押注汇率变化。例如，假设存在一个理论上的经济体，汇率自由浮动，政府阻止中央银行提高利率，即使通货膨胀正从国内或国外开始蓄势。因为政府不希望经济因提高利率而衰退。如果中央银行不加息，那么通货膨胀就会上升。因为出口竞争力下降，经常账户恶化，可能导致货币贬值。这个时候，通过卖出本币、买入美元来做空本币的投机者就可以平仓获利。

投机者可以通过打破像沙特阿拉伯这样不允许改变的汇率机制来获得更大的利润。原因在于，钉住汇率允许市场均衡汇率与官方汇率之间出现更大的差异。如果投机者成功地打破了（官方的）钉住汇价，回报可能是巨大的：差异越大，回报就越大。一种汇率机制的信誉越高，招致投机行为的可能性就越小。因此，采取其他措施来缓解通胀，以避免调整汇率，对沙特阿拉伯来说非常重要。

GCC 以外的其他石油出口国也实行钉住汇率制，但当油价下跌时，钉住汇率安排不时瓦解。投机者已然发现，中央银行缺乏信誉，对其汇率机制进行坚决攻击很可能会得到回报——这使得钉住汇率更容易被打破。

汇率机制可以根据中央银行改变汇率的权限进行分类。事实上，通过结合市场压力在大多数情况下对汇率的影响程度，以及汇率制度允许中央银行独立行动的程度，可以在两个维度上选择汇率机制，如图 11-6 所示。

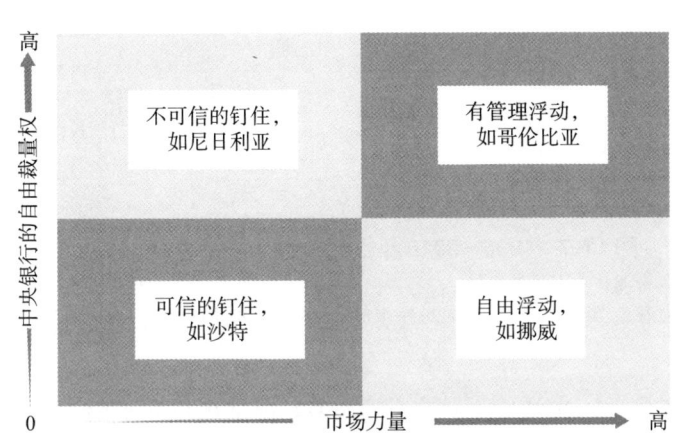

	市场力量低	市场力量高
中央银行自由裁量权高	不可信的钉住，如尼日利亚	有管理浮动，如哥伦比亚
中央银行自由裁量权低	可信的钉住，如沙特	自由浮动，如挪威

图 11-6　汇率（机制）选择的关键维度

资料来源：本书作者绘制。

尼日利亚货币奈拉（Naira）在 2016 年年中之前一直是钉住汇率，中央银行有很大的自由裁量权来改变汇率水平，但这并不是一种可信的钉住。相比之下，沙特的钉住由于不允许中央银行自由裁量，因此市场信心更强。挪威货币自由浮动，市场决定汇率。检验钉住汇率制是否成功的标准是，汇率是否在数十年内保持稳定。从这个意义上讲，GCC 在石油出口国中独树一帜（见图 11-7）。

---

* 指作者写作本书的 2017 年前。——译者注

■ 20年期　■ 10年期

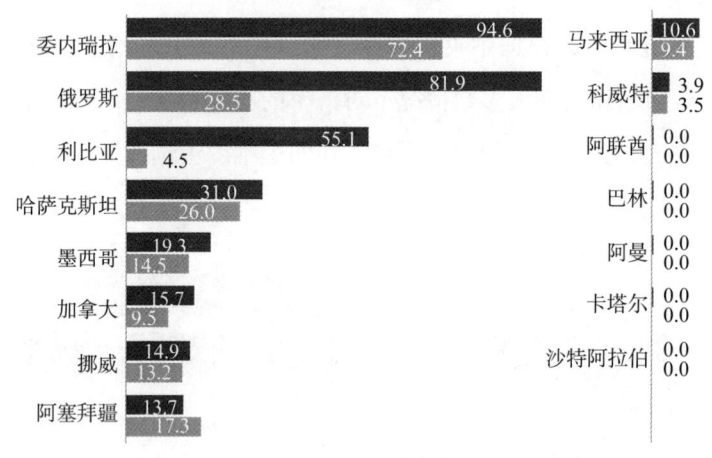

国家	20年期	10年期
委内瑞拉	94.6	72.4
俄罗斯	81.9	28.5
利比亚	55.1	4.5
哈萨克斯坦	31.0	26.0
墨西哥	19.3	14.5
加拿大	15.7	9.5
挪威	14.9	13.2
阿塞拜疆	13.7	17.3
马来西亚	10.6	9.4
科威特	3.9	3.5
阿联酋	0.0	0.0
巴林	0.0	0.0
阿曼	0.0	0.0
卡塔尔	0.0	0.0
沙特阿拉伯	0.0	0.0

图 11-7　1996—2016 年各石油出口国的汇率波动情况（%）

数据来源：本书作者绘制。

注：截至 2016 年的 10 年和 20 年期间，相对美元汇率的变异系数（%）。

在最近一次油价下跌之前*大多数石油出口国采用了信誉不同的钉住汇率。有些国家，如厄瓜多尔，甚至在国内就流通美元。文莱的做法最为坚定（货币局制度）。GCC 成员国的钉住安排因为其采用时间长而信誉度高。相比之下，其他一些中等收入的石油出口国，如墨西哥、委内瑞拉和俄罗斯，同尼日利亚一样，采用了可信度不高的钉住汇率（但在 2014 年之后的油价下跌后，一些国家被迫放弃了这些安排）。

对许多新兴经济体来说，是决定让本币自由浮动还是接受钉住汇率制不可行，并不是在政策之间的自由选择——它代表着一种默认，即外汇储备永远不可能大到足以抵御"弹药"充足的对手的汇率攻击。这显然不是沙特阿拉伯的情况。在截至 2014 年的 10 年里，沙特出口收入强劲，再加上一系列预算盈余，这意味着——即使在经历了数年的低油价之后——沙特的外汇储备目前处于里亚尔暂时不会受投机攻击的水平。

六、替代钉住汇率制：挪威和智利

挪威和智利的一个主要特点是，大宗商品对两国的重要性远低于石油对沙特阿拉伯的重要性。挪威是一个多元化的经济体，石油收入仅占政府收入的 25%，而智利铜的可比数字则不到 30%。目前，沙特阿拉伯采用这些国家的做法并不可行，但前述一直在讨论沙特版的财政操作，因此有必要对这些国家的汇率制度进行简短讨论。

挪威是一个石油出口国，不采用钉住汇率制，与之类似的是智利，后者的出口收入主要来自铜。挪威的汇率是自由浮动，政府不买卖外汇，汇率完全由市场力量决定。这种机制之外的其他汇率安排均涉及中央银行在外汇市场上买卖，无论是偶尔为之（称为"肮脏浮动"或"有管理浮动"），还是频繁干预以使汇率接近钉住制。智利是"有管理浮动"的例子。

这些国家之所以可以在不依赖钉住汇率的情况下管理（经济），是因为它们通过一项财政规则，将汇率和预算政策整合在了一起。一般来说，财政规则为国家预算中的支出设定了一个数字目标。在这一背景下，它意味着根据约定的商品价格假设，确定了可以从商品收益中转移至政府预算的金额。当价格高企时，超额收入会进入外汇基金；当价格较低时，将通过消耗基金来确保维持向政府转移的比率。除了政府预算中有可预测的收入来源这一好处，这种安排的优点还在于，它将大宗商品价格与汇率分离开来。换句话说，无论商品价格如何，总是有固定数量的美元被转换成本币。这意味着，浮动汇率将仅仅由影响国际收支的其他力量决定——主要是投资和贸易流动（不包括受财政规则约束的关键大宗商品出口）。

挪威的石油收入被纳入主权财富基金，政府对其使用受到限制。不过，政府可以使用基金预期回报的4%（在2017年初曾提议降至3%），且被允许在多年内持续遵循这一原则。挪威的货币是克朗，汇率自由浮动，其央行可以自由调整利率以满足经济需求。在截至2014年的20年间，国际油价经历多次涨跌，挪威克朗的利率与美元利率长时间内的差异很大，挪威的短期利率变化只有62%的时间与美国的利率变化同步。相比之下，沙特阿拉伯几乎100%跟随美国的利率。这清楚地提醒我们，SAMA的政策独立性多么小（见图11-8和图11-9）。

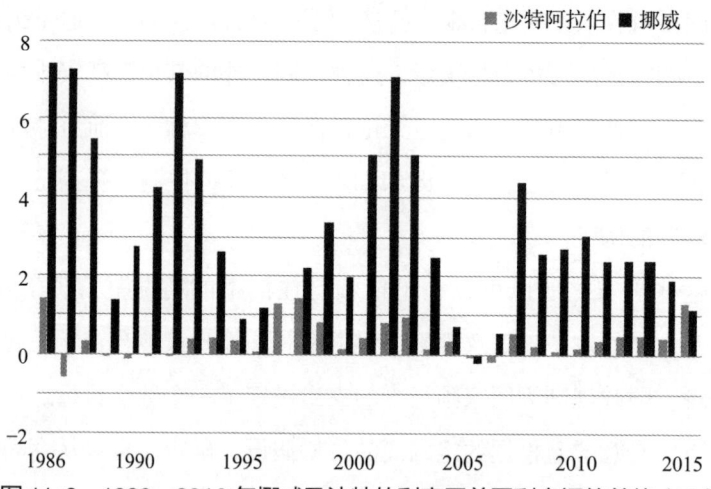

图11-8　1986—2016年挪威及沙特的利率同美国利率间的差值（%）

数据来源：SAMA, Norges Bank, US Federal Reserve。

注：挪威隔夜利率减去美国联邦基金利率；SAMA的1个月期银行同业拆借利率减去美国1个月期LIBOR。

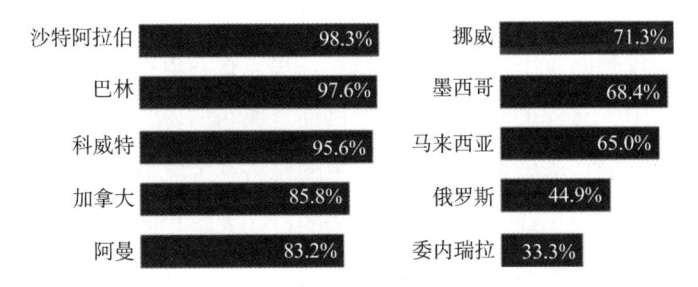

沙特阿拉伯	98.3%	挪威	71.3%
巴林	97.6%	墨西哥	68.4%
科威特	95.6%	马来西亚	65.0%
加拿大	85.8%	俄罗斯	44.9%
阿曼	83.2%	委内瑞拉	33.3%

图 11-9　1994—2015 年石油出口国的利率与美国利率之间的相关性

数据来源：World Bank，US Federal Reserve，SAMA，Norges Bank。

注：这里指的是银行间一个月利率的年均值。其他主要产油国如卡塔尔、阿联酋、哈萨克斯坦和利比亚的可比日期不详。

智利的浮动汇率制在 2008—2009 年全球金融危机中受到了严峻考验，汇率快速调整，有助于在金融冲击面前稳定经济。智利和沙特两国在财政安排上的差异值得关注。两国的政策都是逆周期的，但沙特的政策务实，基于对预算年度油价的估算；而智利的财政安排则不够灵活，预算制定围绕长期铜价。当（铜）价格较高时，超额收入进入一个意外收益基金（实际上有两个基金：一个是稳定基金，另一个是养老金储备基金）；当价格较低时，预算亏损，需要动用稳定基金。

（智利）对（长期）铜价的预测必定不正确（或者至少是不准确的，预测准确只是偶然），因为铜价也会受到大宗商品价格随机波动的影响。智利为预测长期铜价聘请了一个独立的专家委员会，可谓殚精竭虑。由于近年来铜价飙升，各种估计结果显然过于保守。智利将如何应对市场铜价持续低于长期预期的情况，仍有待观察。铜价在 2011 年见顶，2013 年智利回顾这一安排头十年的情况后得出的结论是，虽然预测提供了比其他价格稳定机制更好的方案，"但现实中，对长期铜价的估计差异很大，因为专家的预测往往会受到当时价格水平的影响"[7]。

由于智利的（出口）收入是美元，超额收入被转入以外币计价的稳定基金中，对外汇市场的影响呈良性。换句话说，智利比索不受铜价波动的影响。基于铜（出口）产生的比索现金流可以预测——与财政预算所需资金一致。这与挪威沿用的模式大致相同。部分由于这一运作方式，比索在外汇市场上自由浮动。

智利的中央银行几乎可以完全专注于国内状况，并以通货膨胀率为目标，无须消耗外汇储备来维持汇率水平。如果比索面临下行压力，它可以贬值。关键是，浮动比索还促使国内借款人采取财务审慎的态度。他们更愿意借入比索，因为借美元存在汇率风险。当他们借入美元时，就需要考虑对冲其汇率风险。相比而言，沙特的钉住汇率制下，借款人受到SAMA的保护，SAMA自己承担所有汇率风险。

七、摆脱钉住的第一步？

中国的哲人老子说过："千里之行，始于足下。"我们应该从过程而不是目的的角度来重新讨论汇率。如果我们承认钉住汇率制不会永远持续下去，且认为最好在其声誉尚未受损的情况下采取行动，那么SAMA应该迈出的第一步是什么？在这个阶段，有必要回顾四个关键因素。

首先，迄今为止，多元化战略的不尽如人意使沙特陷入了脆弱的境地。沙特无法确定油价何时会恢复。显然，在外汇储备处于较高的强势地位时，掌握更多的汇率灵活性是明智的选择。

其次，钉住汇率在市场上毋庸置疑，商业银行认为美元和里亚尔可以互换，因此导致国内市场经常出现流动性过剩的情况。

再次，虽然钉住汇率制鼓励外国直接投资，但这也意味着国内银行和企业已经习惯于其假设，即汇率永远不变，因此在货币对冲方面的专业知识有限。

最后，钉住美元使得沙特的货币政策很难对通胀或通缩产生太大影响。随着金融体系的深化——以及信贷与非石油 GDP 之比正在稳步上升——利率将发挥更大的作用，尤其是作为一种手段，在国内需求驱动的通胀出现时，利率将起到抑制通胀的作用；在政府削减支出导致通缩时，利率将起到刺激价格的作用。目前，除了使用抵押贷款的抵押率和现金准备金率（CRR）等工具外，央行没有其他有效应对这一问题的手段。

在这种情况下，值得考虑：是否有一种方式（鉴于挪威和智利的路径目前不太实际），使 SAMA 在保持钉住汇率好处的同时，能够在一定程度上控制输入性通货膨胀？这样做会有什么问题？以新加坡的安排为例，可以做如下说明。

关于新加坡的资料翔实，尽管其经济模式与沙特阿拉伯非常不同，但仍可做参考。新加坡是一个自然资源匮乏的城市国家，离岸银行业资产规模庞大，远超过国内银行体系。尽管如此，从货币政策的角度来看，两国还是有一些明显的相似之处。与沙特王国一样，新加坡严重依赖进口，因此通胀与汇率水平密切相关；和 SAMA 一样，新加坡金融管理局（MAS）可以通过干预货币市场直接控制汇率。

新加坡金融管理局货币政策的最终目标是保持新加坡元的购买力，但与 SAMA 一样，它没有明确的通货膨胀数字目标，汇率是中间目标。这与SAMA在其章程中规定的目标相似，即稳定货币的内部和外部价值。但在SAMA采用钉住汇率制时，新加坡金融管理局采用了名为"篮子、区间和爬行"（BBC）的系统。这与科威特运作的系统类似。新加坡元跟踪该国主要贸易伙伴一篮子货币的表现，并允许其在一个未公开的区间内交易。这使得新加坡金融管理局能够在一定程度上对汇率管理采取建设性的模糊态度。尽管不是钉住汇率，但新加坡金融管理局以缓慢而可预测的方式引导汇率相对于篮子货币变动——这就是所谓的"爬行"。结果是，新加坡金融管理局可以控制汇率，而市场无法预测其行动，从而避免了SAMA在20世纪70年代以固定区间钉住特别提款权时遇到的问题，当时商业银行预测了SAMA的行动且赌赢了。

篮子、区间和爬行安排让新加坡金融管理局在对付汇率投机者方面更加得心应手，因为它可以改变每天向商业银行出售美元的汇率，如果投机者做空新加坡元，它可以支撑新加坡元；如果投机者押注新加坡元升值，它可以保持其汇率稳定。除了抑制汇率投机外，篮子、区间和爬行安排还可用于在进口[*]价格较低时推动新加坡元走贬，从而鼓励进口替代。当进口[**]价格上涨（可能是通胀的先兆）时，央行可以调整汇率，让本币升值，从而减少输入性通胀。

随着时间的推移，篮子、区间和爬行安排将使其国内利率锚定美元利率变得更加困难。汇率方面的情况类似——在坚定的钉住汇率制下，SAMA只需要偶尔干预，但新加坡金融管理局会持续监测汇率，并可以在汇率突破波动区间之前进行干预。

---

[*] 原文为出口，疑为作者笔误。——译者注
[**] 原文为出口，疑为作者笔误。——译者注

总之，沙特阿拉伯的政策制定者应该探索替代汇率制度，以适应该国在经济多元化方面取得的进展。在这方面，新加坡金融管理局的安排是值得研究的示例之一。实际上，告别信誉良好的钉住汇率制从来都不是一件容易的事。

第十二章

SAMA 与国际货币体系

一、大苦湖

1945年2月，阿卜杜勒-阿齐兹·沙特国王与富兰克林·罗斯福总统在埃及的大苦湖进行了四小时的会谈——这是伊本·沙特第一次离开自己的国家。当美国军舰"墨菲"号从吉达驶往会谈地点时，国王坐在镀金的王座上，面朝驱逐舰的船头。他每天朝着船上罗盘指示的麦加的方向祈祷五次，晚上在甲板上度过。他看了人生中第一部电影，那是一部关于海军的纪录片，喝着靠近弹药舱危险位置的炭炉煮出来的咖啡。在用餐时间，国王的厨师屠宰并烤制了带上船的一只绵羊。经过两个晚上的航行后，国王登上了总统的军舰，这艘军舰将罗斯福总统直接从雅尔塔的盟国首脑会议带来。在接下来的几个小时里，国王和总统进行了交谈。结果是达成了一项非正式协议，根据该协议，沙特王国允许美国自由开采其油田，以换取美国的安全保障。[1]

罗斯福需要这个。美国的油田因二战而被严重消耗，美国总统能够预见美国及其盟友将来会需要阿美石油公司在沙特阿拉伯东部发现的石油，因此他希望与国王建立友好关系。英国也有此意。在搭乘英国军舰返回途中，伊本·沙特在开罗与温斯顿·丘吉尔会面。国王认为英国皇家海军的食物难以下咽，军官也很无趣。至于丘吉尔，伊本·沙特抱怨说，这位首相曾吹嘘自己喝酒，还冲着自己（伊本·沙特国王）的脸吐雪茄烟。

大苦湖会谈是美国明确超越英国控制海湾石油的时刻。在随后的几十年里，沙特阿拉伯在世界经济舞台上占据的重要地位，远远超出伊本·沙特坐在"墨菲"号舰首王座上时所能想象到的。在费萨尔国王统治时的 1974 年油价上涨之后，沙特石油出口收入将为国际货币体系提供流动性，因为它们被回流入石油美元。SAMA 将向国际货币基金组织提供历史上最大规模的贷款，并在新千年的石油牛市中成为资本市场的重要融资提供者。

今天，沙特阿拉伯在国际货币体系中扮演着至关重要的角色，该体系可以追溯到罗斯福与伊本·沙特会晤前一年签署的布雷顿森林协定。但未来会如何？这个王国将如何应对国际货币市场的挑战？想象一下，沙特阿拉伯接受中国以人民币支付石油款项并在中国进行投资；或者，沙特阿拉伯用欧元或海湾共同货币来定价石油？在这个背景下，值得考察国际货币体系的发展趋势，以及沙特王国在该体系的新框架内可能处于何种位置。

二、美元的双重角色

外汇市场是世界上最大的市场。根据统计，它每天的交易额相当于 5.3 万亿美元，是全球经济日产出的 20 多倍。但一个货币体系远不只是大量金融交易的总和。它必须促进有序交易，对各种失衡进行调整，并提供流动性以平稳度过突发性的短期冲击。应该有一种计价单位/货币或中心货币，可以为交易的商品（尤其是大宗商品）定价。最后，它必须促进资本市场的发展。

图 12-1 显示了美元的重要性，无论是作为交易货币，还是作为世界各国央行储备的价值储存手段。有趣的是，相比于交易货币的角色，美元作为价值储存手段的角色更突出。

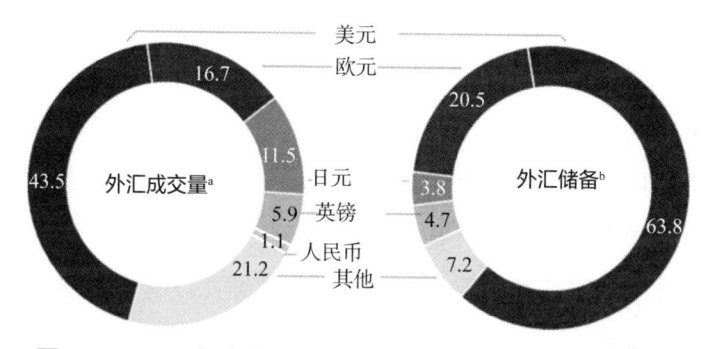

外汇成交量a：美元 43.5，欧元 16.7，日元 11.5，英镑 5.9，人民币 1.1，其他 21.2

外汇储备b：美元 63.8，欧元 20.5，日元 3.8，英镑 4.7，其他 7.2

图 12-1　2015 年全球外汇市场和官方外汇储备货币构成（%）

数据来源：BIS。

注：（1）由于外汇市场数据涉及两种货币，BIS 将数据总和列为 200%，为了与 COFER 数据进行比较，已经缩减至 100%；（2）外汇储备的配置份额仅占总额的 58.2%，因为许多中央银行（包括 SAMA）未提供货币细节；（3）合计总数可能由于四舍五入而不完全相等。

a　外汇市场货币构成，%，2013 年。

b　官方外汇储备的货币构成（COFER）。International Financial Statistics (IFS),%,2015 年第二季度。

美元所扮演的各种角色是密切相关的。例如，如果全球不平衡的调整过程伤及流动性，世界价格将下跌，从而产生一系列新问题。与此同时，对于沙特来说，全球投资至关重要，沙特使用其外汇储备来支持逆周期的财政政策，以稳定经济。此外，计价货币——目前是美元——必须支持在一个美国之外的投资机会巨大的世界里快速增长的跨境资产流动。

任何货币体系都需要有一种机制，使得各国能够调整以应对持续的贸易失衡。如果出现外币相对本币的需求持续大幅增加的情况，必须做出某种调整。在没有其他机制可调的情况下，"某种调整"指的就是汇率了。外币购买者会推高其价格，购买同等数量的外币需要更多本币。这个系统的主要优势就是"简单"——就像夏令时一样，拨弄一下指针就完成了。

问题出现了，因为顺差国随后也需要调整工资和价格，从而导致通货膨胀。尽管中央银行可以通过"冲销"外汇资产的积累来防止通货膨胀，但当没有更多的产能时，通货膨胀仍然会发生。这种情况导致盈余经济体将所有的调整负担转嫁给了赤字经济体，正如近年来在欧元区所见，南部国家的通货紧缩并没有被北部顺差国的通胀所抵消。

支撑国际货币体系的布雷顿森林体系（其在20世纪70年代初崩溃），试图通过结合很多固定汇率制度的优点、规避以往固定汇率制度的缺陷来解决这个问题。将美元与黄金挂钩、其他货币与美元挂钩，由此解决了中心货币的发行问题。但凯恩斯关于迫使顺差经济体也进行调整的想法没有被接受。

尽管布雷顿森林体系制定的规则顺畅运行了多年，但从未解决如何促进私人资本流动的问题——事实上，那些规则试图阻止私人资本流动。由于20世纪70年代和80年代初的两次石油繁荣，大量美元流入SAMA，布雷顿森林体系根本无法应对SAMA所持庞大美元的回流。其间，在美元贬值、美元脱钩黄金、各币种自由浮动之后，布雷顿森林体系已然崩溃。

布雷顿森林体系的经验说明了货币三难或"不可能三角"的概念，即决策者只能"从以下三个优先事项中选择两个"的宏观经济论断：固定汇率、资本自由流动和货币政策独立。为实现第一项和第三项，布雷顿森林体系放弃了第二项。相比之下，在国际金本位时代，资本自由流动是被明确接受的（实际上是必要的），而货币政策独立则被抛弃。沙特阿拉伯"钉住美元"就是这一安排的翻版。在当今的国际货币体系中，资本自由流动和货币政策独立是核心，固定汇率制已被放弃。但布雷顿森林体系留下了一个遗产，即美元的中心角色。

全球市场需要一个标准的计量单位，或者计价单位，用以报价和比较价格。计价单位货币——如今是美元——是最重要的货币，各经济体中央银行更愿意将其储备的大部分以美元形式持有。计价货币的地位极其宝贵，因为它意味着其他国家必须接受"美国的兑现承诺为货币体系中最可信承诺"这一事实。为了预防全面通缩，世界需要不断增长的美元供应，以跟上全球贸易的年度增长。但如果美元供应增长较慢，或实际上完全不增长，那么单位世界产出的可用美元将减少：一句话，就是通货紧缩。由此可见，美元作为计价货币和储值工具之间存在矛盾。如果需要更多美元以维持稳定的价格来支持全球贸易，那么美元可能会因为数量过多而无法发挥其价值储存的作用。如果全球化所需的美元数量，导致美元的增长速度超过美国经济的增长速度，最终将损害美元的价值，因为美元的地位是由其兑换成美国商品和服务的能力所支撑的。

美元的缓慢贬值是其全球角色的结果，但像 SAMA 这样的机构也的确在通过分散投资欧元、日元和人民币等其他货币，努力保持其资产的实际价值，同时仍持有足够多的美元来支付以美元计价的商品进口。

三、资本流动和石油美元回流：1974—1988

1974年，国际货币体系和 SAMA 在该体系中的角色均发生了深刻变化。两个新的参与者群体——石油出口国和发展中经济体——登上了舞台，且资本流动越来越重要，前者在资金上支持后者。在布雷顿森林协定后的几十年里，发达经济体的繁荣是由廉价石油支撑的。**西方石油公司以布雷顿森林体系中的计价货币——美元——为石油定价**，而美元正因美国的通货膨胀逐渐贬值。1969年，一桶石油的价格相当于10美元（按2010年价格计算），而1952年为16美元。但到1974年1月，由于 OPEC 的一致行动，油价飙升至63美元/桶（按2010年价格计算）。

油价上涨意味着，与其他石油出口国一样，沙特本国经济无法消化石油出口的大部分新增收入。**这部分盈余要么捐赠，要么存起来，石油美元由此诞生**。在费萨尔国王治下，沙特的盈余流向了三个地方：一部分作为对外援助捐赠出去；一部分配置到国际金融机构，如国际货币基金组织；剩下的（截至当时是最大的一部分）则投资于美元资产（见图12-2）。由于当时全球资本市场相对原始，这实际上意味着这些资金被存入商业银行，导致商业银行对中等收入国家的贷款大幅增加。

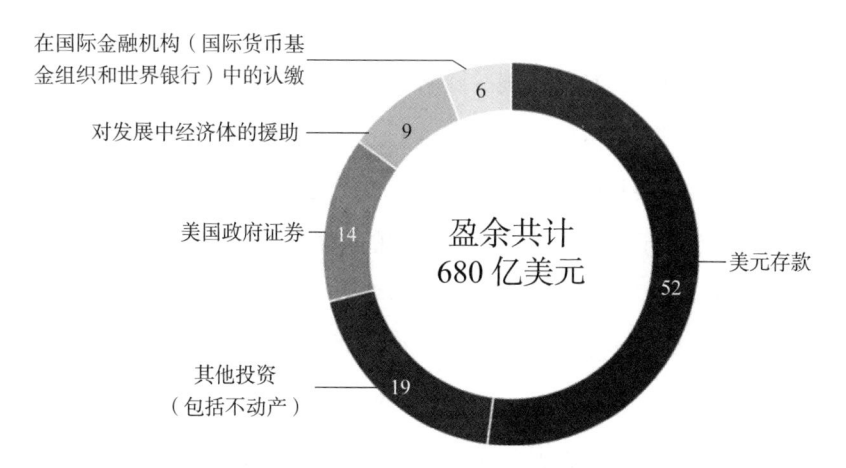

图 12-2 1974 年石油出口国的经常账户盈余分布情况（%）

数据来源：ADB 1981。

主要的借款者是发展中经济体。工业经济体正挣扎于因 1974 年（石油）价格冲击而加剧的衰退中，而油价并非此次经济衰退的根本原因。另外，工业经济体的企业无意增加债务。

第一轮石油美元回流给国际资金流动带来了巨大变化，人们最初担心国际金融体系无法应对，但实际上并没有造成大的混乱。到 1979 年，OPEC 的石油盈余几乎消耗殆尽，因为石油出口国开展了大规模的投资计划，如沙特阿拉伯规模庞大的五年规划。

1979 年爆发的伊朗伊斯兰革命（沙特国王哈立德当时在位），引发石油现货市场价格飙升。此前，油价已经从 1974 年的高点回落到每桶 42 美元（按 2010 年美元计算），这一回则不只是翻番，更是涨到了 106 美元。[2] 石油美元贷款因此再次快速增加。但这一次，新贷款被用于展期无法偿还的历史债务，并支付金额更高的石油进口账单。此间另一个关键变化是美国货币政策的转向。在经历 20 世纪 70 年代中期的通货膨胀之后，到1980年，美联储同其他发达经济体一起，采取了抑制通货膨胀的措施。随着美元利率上升，发展中经济体商业贷款的实际利率由负转正，而美国的进口需求则因经济陷入衰退而下降。沙特阿拉伯利用高利率的机会投资于更长期的债券以及其他权益资产。但这对于那些以浮动利率借款的发展中国家来说则是沉重的负担。他们陷入了两难困境：一方面需要支付更多美元债务，另一方面则因出口减少而获得的美元越来越少。

到1982年法赫德国王即位时，油价早已经下跌，石油美元繁荣时代结束。OPEC成员国变成净借款人。跨国银行的资金来源大幅减少，不能再继续展期既有贷款，同年，墨西哥成为一系列拉丁美洲国家中首个违约国家。

SAMA一直是国际货币基金组织（IMF）的坚定支持者。沙特阿拉伯于1957年成为IMF第8条款国，该条款对一国货币可兑换、经济数据的编制和透明度以及外汇储备操作对IMF开放等方面提出了要求。不久之后，沙特阿拉伯邀请IMF派遣工作组来帮助其重整财政。正是在这次访问中，工作组组长、巴基斯坦籍的安瓦尔·阿里被邀请出任SAMA的总裁。在第一次石油繁荣时期，沙特阿拉伯对IMF贷款近30亿美元。随后提供的诸多贷款使沙特阿拉伯成为IMF多项贷款工具中最大的出资国。沙特阿拉伯还捐赠了其在1978年从IMF出售黄金储备中获得的收入份额。[3]但沙特阿拉伯最重要的贡献是在20世纪80年代初，当时IMF的资源相对于全球贸易规模已严重不足。如果要增加借款方的融资机会，IMF需要找到一个慷慨的贷款国。问题的解决主要得益于沙特阿拉伯提供了总额近130亿美元的贷款，这是IMF截至当时所获最大贷款。沙特阿拉伯获得了IMF执行董事会的常任（永久）席位。作为 IMF 的主要出资国之一，沙特阿拉伯之前只被授予临时席位。有了这个新的常任席位，其仍然是投票权与美元出资之比最低的成员国，但这（常任执行董事席位）对国际金融体系和沙特阿拉伯而言都是重大进展。此举使国际资本市场认可了沙特阿拉伯的角色。

四、债券市场主导的体系：1989—2016

20 世纪 70 年代，SAMA 主要向商业银行提供贷款，后者再将这些贷款提供给借款人。换句话说，这是一种中介体系，商业银行充当中间人的角色。但自 1989 年以后，国际货币体系发生了变化：去中介化、银行市场份额被蚕食。SAMA 外汇资产仍以银行存款为主，但中央银行越来越多地通过购买借款国的国债直接向其提供贷款。自此，货币体系的历史变成了债券市场繁荣与衰退跌宕起伏。

1994 年墨西哥再次违约，引发了一种新型的主权债务危机。这是一系列资本账户危机的发端，因为这些债券形式出现的贷款，往往是由新型的短期投机性资金流动维系的。银行债务问题可以通过双边或多边方式解决，而债券市场债务则涉及无数私人参与者。因此，压力——或对压力的担忧——迅速导致通过资本账户给国际收支造成重大压力。

从 20 世纪 90 年代开始，外国投资者可以相对容易地通过抛售新兴市场经济体的债券来减少对后者的风险敞口。因此，与前几十年的货币危机相比，20 世纪 90 年代的资本账户危机发展更快、更难控制。墨西哥的违约预示着关键的断裂点——货币危机和债务违约浪潮。[4]只有了解了对这些危机的反应，才能理解国际货币体系目前的格局。从东亚开始，主权债务国在1998年以后决心用不同的方式管理对外账户，保持其汇率低估，并积累了大量外汇储备。

长期以来，沙特阿拉伯等石油出口国一直持有大量外汇储备，这些储备都是非自愿积累的。但新型的外汇积累则是主动的，并伴随着主权财富基金的扩张，其目标是长期回报最大化。这样做的一个后果是，被低估的亚洲货币使这些经济体出口产品变得便宜。发达经济体的通货膨胀率因此维持低水平，加息压力很小。新的财富基金开始持有更多类别的资产——正如沙特阿拉伯多年来一直在做的那样。反过来，这又刺激了资本市场为这些财富基金提供其他投资：发达市场低评级债、新兴市场债、证券化产品、私人和基础设施资本产品，以及股票等权益产品。

国际货币体系的一个衡量标准是如何判断外汇储备的"充足性"。资本账户危机表明，储备现在必须覆盖资本账户上的资金流动。潜在资金流出的规模，可以通过流动性相对较高的货币供应来表示，比如理论上可以离开该经济体的现金和银行存款。面对这种资金外流，中央银行稳定汇率的能力是通过其外汇储备存量与广义货币的比例关系来衡量的。1952年，阿瑟·杨格在SAMA创立文件中指出，流通中的货币必须以外国资产（当时是黄金和白银）作为支持，这是这一理念的早期版本。

图12-3显示了部分外汇储备大国（包括石油出口国）的储备规模与广义货币供应量（折算成美元）的比率。如果广义货币的储备覆盖率达到50%是理想水平，那么这些国家中的大多数在达到沙特阿

拉伯的舒适水平之前，还需要积累更多的储备。

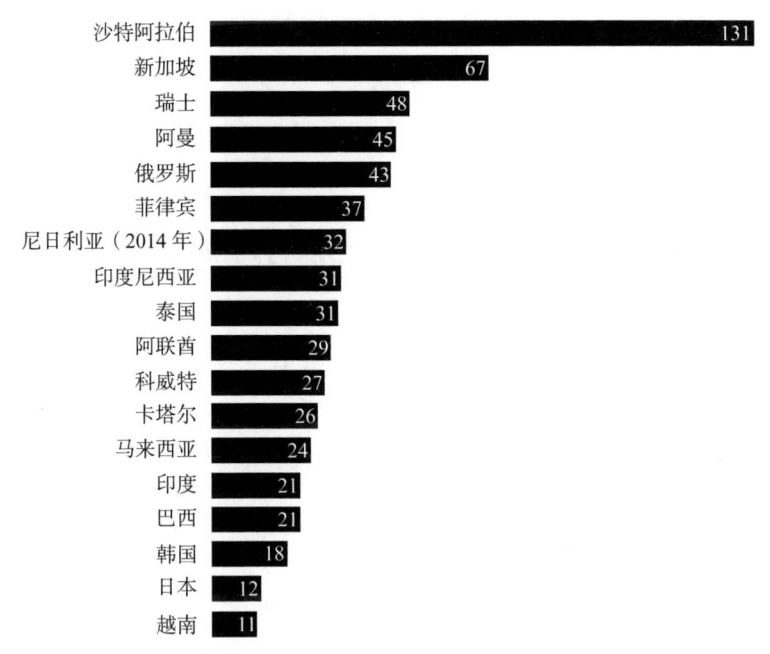

国家	比率
沙特阿拉伯	131
新加坡	67
瑞士	48
阿曼	45
俄罗斯	43
菲律宾	37
尼日利亚（2014年）	32
印度尼西亚	31
泰国	31
阿联酋	29
科威特	27
卡塔尔	26
马来西亚	24
印度	21
巴西	21
韩国	18
日本	12
越南	11

图12-3　2015年部分国家外汇储备占广义货币供应量的比率（%）

数据来源：World Bank。

海湾石油出口国作为全球储蓄提供者的作用在很大程度上被忽视了，因为人们都在关注东亚——尤其是中国——的储备积累。2002年以后油价回升，海湾国家重新成为关注焦点。2005年阿卜杜拉国王掌权时，沙特阿拉伯的盈余与中国差不多。这次用于石油收益回流的方式有所不同，这反映出SAMA和其他机构更加自信和成熟，以及可供选择的投资产品更加丰富。例如，在2007—2009年全球金融危机期间，海湾地区的利益相关方收购了西方银行的股份，其中最著名的是收购了英国巴克莱银行30%的股份，而后者的竞争对手则被迫国有化以避免破产。危机后的几年里，世界主要央行将利率维持在接近零的水平，全球资本流动变得越来越不稳定，因为投资者在寻找超额收益。这些战略性的股权投资，是对投资于股市、债市上的资本短期收益的一个有效平衡。

五、国际货币体系可能的未来与沙特阿拉伯的角色

如果将"不可能三角"作为国际货币体系的分类框架，其发展过程显然不是线性的。前几代人认为理所当然的安排，时下被不同的安排所取代，接着重新被接纳（见图12-4）。

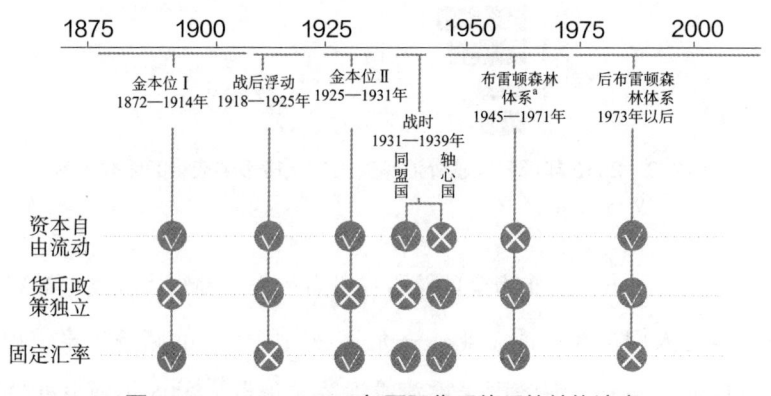

图 12-4　1875—2016 年国际货币体系的结构演变

资料来源：本书作者绘制。

a 实际上，基于布雷顿森林协定确立的体系直到1958年欧洲支付联盟终止时才形成。参见 Eichengreen, 2006。

今天的国际货币体系已经放弃了固定汇率，以实现资本自由流动和货币政策独立。[5]可以想象未来的发展进程可能有所不同，尤其是在欧元区。塞浦路斯在 2013 年银行业危机期间接受了临时资本管制，

以救助银行的形式进行货币扩张，为其他陷入困境的欧元区成员国开了先例。可以想见，未来肯定会有更多的固定汇率和资本管制。

推动这一趋势的另一股力量来自中国。中国在二十年内成功地使人口摆脱贫困，实现了经济高增长，提高了就业率和生活水平，为其他发展中国家树立了榜样。中国的资本管制——目前正在谨慎解除——曾在其外汇政策中扮演着重要的角色，这给了一些发展水平较低的国家启示：需要通过国家干预来管理资本流动。

为了了解国际货币体系可能发生的变化对沙特阿拉伯的影响，需要关注石油收入和 SAMA 的投资。2015 年，当萨勒曼国王接替兄长即位时，亚洲作为沙特的收入来源变得越来越重要。2005 年，亚洲石油消费仅占沙特原油出口的 50% 多。十年后，这一比例上升到 60% 以上；相比之下，北美国家（主要是美国）只占沙特石油出口的约 16%；西欧的情况差不多，西欧历史上是沙特石油的消费大户。随着美国页岩能源将其转变为能源出口国，西欧不断提高能源效率以及中国经济继续蓬勃发展，这一趋势有望继续（见图 12-5）。

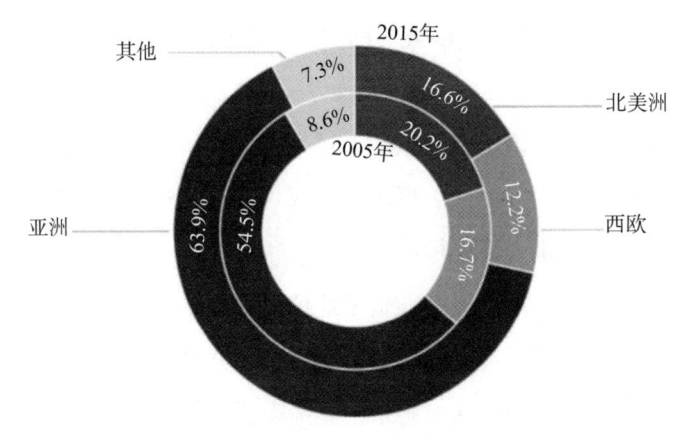

图 12-5　2005 年和 2015 年沙特原油出口区域分布

数据来源：SAMA Annual Reports。

对于沙特阿拉伯来说，快速增长的亚洲经济应该意味着油价前景乐观。新兴工业经济体将产生新需求。对于整个世界来说，这种情景将有利于持续低通胀、低利率，以及相比近年更快的增长。尽管这些经济前景令人鼓舞，但如果亚洲更普遍地采用资本管制，SAMA 将处于不利境地，因为它需要投资自由。更重要的是，如果因为"石油价格轮盘赌"导致它不得不清算外国资产，它必须能够自由出售其投资。

但是，不应因中国的资本管制而排除考虑用人民币为石油定价的潜在优势。单纯从出口数据来看，用亚洲货币支付部分石油款项似乎是合理的。如今，SAMA 的投资范围也已从美元市场转移到世界各地，既投资于新兴市场，也投资于发达市场；既投资于亚洲经济体发行的本币债券，也投资于美国国债。

关于货币体系是否可以使用多种计价货币存在一些讨论。美元的发行国享有特权——全球贸易对美元需求异常庞大，美国因此享受低利率。根据"网络效应"的观点，只能有一种计价货币，因为其作用是简化全球交易——所有的目的都是将全球交易表达为一个共同的（计量）单位。但根据"多极"的观点，可以存在（而且过去确实存在）多个计价货币。关于"网络效应"（比如前述商品报价）是否会自然导致唯一的计价货币，国际上还存在一些争论。智能手机和互联网也许能使统一（以美元）报价模式成为历史，现在可以通过电子方式立即将报价转化为通用标准。[6]

人民币能否获得计价基准货币地位？中国希望人民币成为一种为全球广泛接受的国际货币，用于全球支付，并希望各国央行持有更多的人民币储备。其中的支付愿景已经随人民币加入特别提款权货币篮子而取得了很好的进展。人民币作为价值储存手段的角色取决于中国资本市场的发展。如果计价货币多极理论是正确的，那么人民币非常有望实现这一目标。历史上不同计价货币（如荷兰盾、英镑、美元）的历史也证明了这一点，这表明一种货币在国际上的接受程度，取决于其在贸易中的重要性。中国是全球最大的商品出口国。

即使中国将少量投资分散到国外资产，也会给世界带去大量人民币。当中国家庭和企业开始实现财富多元化时，人民币就会供应到世界各地。这种情况与人民币走向自由浮动的过程一致，因为在浮动体制下，持有储备的意义不大——美国几乎不持有任何储备。

通过石油定价，沙特阿拉伯有可能在计价货币的各种变化中发挥重要角色。只要沙特继续主要以美元定价，任何脱离美元的变化（尤其是转向人民币）都不太可能发生。但如果在一个人民币与美元同为计价基准货币的世界中，石油定价可能会分化，主要的结果将是中国和沙特阿拉伯之间经济关系的进一步加深。中国的出口品已经在沙特国内找到了一个成熟的市场。随着中国经济开始出现经常账户赤字，同时私营部门多元化其储蓄，沙特对中国的投资将会增长。

欧元区的国内生产总值大于美国。* 如果欧元加入人民币和美元的行列，成为第三种计价基准货币，沙特当然有可能转而以欧元销售石油——至少在欧元区可以。但沙特只有 13% 的石油销往欧洲，而超过 60% 的石油是销往亚洲，很难找到沙特阿拉伯用欧元定价石油的理由。

最后要考虑的可能的未来是显而易见的：继续今天的局面，美元仍是计价基准货币，沙特的出口收入继续以美元计价。认为这种可能

---

* 截至作者写作本书时，即 2017 年。——译者注

性不大的人指出，美国在20世纪80年代从净债权国变成了净债务国。鉴于美国的债务，世界其他国家可能会拒绝增加美元资产。但这种可能性似乎微乎其微。现在，国际货币体系远超过一个贸易清算机制范畴。美元作为价值储存手段的作用，与其作为贸易交易计价货币的作用一样，甚至更加重要。美国资本市场为外国投资者提供了一系列资产，其流动性之强是其他国家无法比拟的。

2017年，唐纳德·特朗普当选为美国总统是一个信号，表明华盛顿最终可能不再容忍因为美元的计价基准货币角色而带来的大规模外部赤字。但只要资本管制像今天一样在国际货币体系中属于非主流，SAMA就可以将石油美元兑换成其他货币，并在全球自由投资，其核心投资市场将继续是美国。

SAMA不希望看到国际货币体系发生重大变化，因为该体系对其有利。中央银行不应鼓励任何改变，因为破坏体系可能会带来风险。从1914年到1945年，计价基准货币从英镑转变为美元伴随着国际秩序的巨大混乱，这并非巧合。但是，一个反映基本现实的渐进式变化则另当别论。随着美国相对地位缓慢下降、中国崛起，人民币可能成为另一种计价基准货币。我们认为，中国越大限度地放宽资本管制，沙特阿拉伯就越能迅速增加对中国快速增长经济的投资。此外，技术变革也可能使计价基准货币的重要性大不如前。

还有一个最后的场景要考虑，即沙特阿拉伯及其海湾邻国以海湾货币定价其石油。这带来一些有趣的影响。因为沙特阿拉伯将收到海湾货币，买家首先需要获得这些货币，途径有两个：一个是在向全球出口时接受海湾货币付款，另一个是海湾国家在国外的投资。海湾经济体将会发现对于共同货币有巨大需求，因为其贸易伙伴将竞相购买，这反过来将降低借款成本。这将吸引一个渴望在非石油领域进行多元化的地区，而一个有利的资本成本将极大地推动这一进程。

六、顺势而为

2010年，二十国集团领导人在多伦多举行会议时，要求一组专家分析如何改革国际货币体系。SAMA前总裁萨亚里是被征求意见的专家之一，专家咨询成果就是次年的《王宫倡议》。该倡议主要呼吁IMF制定国家宏观经济政策规范，并对违反规范的国家实施某种制裁——这基本上是凯恩斯在布雷顿森林会议上观点的翻版。SAMA对该倡议的看法很有意思。它认为，仅仅批评现有体系过于简单。在过去的40年里，全球GDP实际增长了四倍多，世界贸易也持续增长。这看起来并不像是失败。具体来说，SAMA对IMF制定正确的汇率水平并设定各国遵循的外部平衡标准的所有建议均持怀疑态度。由于沙特阿拉伯的对外收支因油价的变化无常而时盈时亏，因此SAMA认为，由IMF来告诉沙特阿拉伯王国何为对外收支平衡是不恰当的。

《王宫倡议》试图设定一个进程，即更大程度地使用特别提款权，进而减少对美元的依赖。长期支持IMF的SAMA同意这一点，不过前提是需要在一个自然演进的背景下，建立一个由全球最大经济体的货币（欧元、日元和人民币加入美元行列）构成的多极储备系统。但也只有在其他货币放宽管制并深化其资本市场以与美国匹配时，SAMA才能支持这一演进。

在沙特阿拉伯参与国际货币体系的历史上，SAMA一直是团队合作者，为主要国际机构提供支持。20 世纪 80 年代初，它贷款帮助 IMF 向发展中国家提供额外融资，就是最显著的例证。其支持性角色符合沙特王国作为保守大国的定位，沙特王国从和平与稳定中获益，并有兴趣维护和平与稳定。在国内，SAMA 一直倾向于与市场合作，而不是采取指令性措施——例如，50 多年来，它从未使用正式的资本管制措施来限制赴外投资。这种以市场为导向的理念也反映在中央银行对国际货币体系的看法上。变革应产生于市场力量，而不是作为政治议程的一部分被强制推行。

但现有安排是否能够演进以适应中国——这个沙特石油最活跃的买家？历史证明，国际货币体系的变革无连续性可言，也谈不上演进。到目前为止，中国的目标一直是融入世界金融秩序，而不是颠覆它。如果这种情况持续下去，SAMA 将不会被迫寻找新的解决方案。对于人民币，SAMA 的态度是，它是众多货币中一个很好的多元化选项。换句话说，SAMA 将顺势而为。

第十三章

沙特的银行体系

一、SAMA 的权威及其局限

沙特金融体系与其他发展中国家的类似，包括私营部门和公共部门。私营部门包括商业银行、保险和金融公司以及投资银行。公共部门包括两种类型的机构。第一类是拥有自主权的政府机构（也称为准政府基金），如公共投资基金（PIF），它们是国内外资产的投资者。[1] 第二类是提供信贷的机构，如房地产发展基金（REDF）[2]，在过去，当私营部门发展较少时，它们扮演着更重要的角色。随着私营部门崭露头角，金融体系变得更加复杂，SAMA 承担了超出其职责和专业知识范围的任务。负责监管投资银行的资本市场管理局（CMA）减轻了 SAMA 的部分工作，但其他任务仍由中央银行承担。

保险是一个复杂领域的典型例子，它应该超出 SAMA 的职权范围。虽然保险条例早在 2004 年就颁布了，但《合作保险条例》被暂停执行 4 年，直到 2008 年。今天，保险业务仍然是讨论的主题，因为一些较小的公司缺乏资源，无力有效服务客户。保险需要由一个独立的机构进行专门的监管，而不是由 SAMA 负责。本章内容只涉及

由 SAMA 监管的商业银行。³

央行不时成为被指责的对象。沙特公众的看法是，SAMA 大多时候站在银行一边。例如，在 2006 年股市崩盘之前，SAMA 曾因未能采取足够多的措施防止泡沫出现，也没有在股市崩盘时出手救市以保护个人投资者而受到严厉批评。在 SAMA 的历史上，曾有从事高风险活动并亏损的高净值个人和公司找上门，希望央行为他们纾困。这是一个长期存在的问题，但 SAMA 显然不能推翻银行和客户之间的合同义务。其作为监管者和监督者的角色，意味着央行是金融体系的守护者，职责是维持金融稳定。这可能意味着限制银行的活动，比如限制保证金贷款，警告银行不要过度扩张信贷等。但在迫使银行改善面向公众的服务范围，或改善与客户打交道的方式方面，SAMA 无能为力。

沙特银行系统在油价不可预测的大幅波动中经受住了考验。尽管个别银行不时出现问题，比如 20 世纪 80 年代，沙特开罗银行在贵金属投机后出现了技术性破产，但整个体系从来没有出现过如发达经济体在过去几年中所经历的系统性银行危机。这一韧性得益于其国内银行的强大财务状况、银行监管法的审慎以及强有力的监督。

二、沙特银行体系的演进

总体而言，沙特金融部门的发展分为两个阶段：1990 年以前和 1990 年以后。表 13-1 说明了银行体系的演变。第一阶段是建立 SAMA 和商业银行、发展现代银行体系。SAMA 成立于 1952 年，

1966年出台了《银行控制法》，但沙特银行的最快发展时期发生在接下来的十年里，当时该国的经济因石油繁荣而发生了转变，金融资产快速增长。早在1964年，利雅得银行就出现了问题，不得不接受SAMA的救助，而公共部门至今仍持有该银行的战略股份。20世纪70年代，随着外国银行的分支机构被转变为沙特人控股的股份制银行，沙特银行业开始逐渐"沙特化"。沙特商业银行的所有权也发生了其他变化，例如沙特联合商业银行（USCB）由三家外国银行的当地分行合并而成，随后又收购了财务状况不佳的沙特开罗银行。SAMA通过允许银行新增资本、开设更多分支机构，使沙特化具有吸引力。

表13-1 沙特银行体系的演变（1950—2020）

1950—1960	• SAMA成立 • 沙特里亚尔钉住美元
1960—1970	• 因技术性破产，将Al-Watany银行并入利雅得银行 • 通过《银行控制法》
1970—1980	• 完成外国银行分行向沙特资本参与的股份制银行的转型 • 转型后的银行资产快速增长 • 将伊朗Melli银行、巴基斯坦国家银行和Banque de Liban et d'outremer的分支机构并入沙特联合商业银行，后者接管了沙特开罗银行
1980—1990	• 因油价暴跌和经济停滞，不良贷款增加 • 既有银行增加资本 • IT升级并推广ATM机
1990—2000	• 通过赤字融资的逆周期财政政策 • 银行持有政府债快速增加 • 银行重组并增资（USCB并入SAMBA）
2000—2010	• 投资银行业务自商业银行分离，独立经营 • 增加外国银行牌照 • 实施《巴塞尔协议Ⅱ》

(续表)

2000—2010	• 2006 年股市崩盘 • 建立沙特信用局 • 国内企业违约（萨阿德-AHAB）打击银行盈利
2010—2020	• 实施借贷成本透明度要求 • 鼓励向小企业贷款 • 发行 SAMA 票据以便系统流动性管理 • 实施《巴塞尔协议Ⅲ》 • 国家商业银行公开上市 • 存款保险基金 • 2020 愿景 • 重启赤字融资

资料来源：本书作者绘制。

20 世纪 80 年代中期是沙特银行业的艰难时期，当时不良贷款数量上升。银行与客户因不良贷款和未付利息而争吵不断。商业银行发现很难通过伊斯兰教法强制执行追索要求。1987 年，为协助解决此类麻烦，中央银行成立了一个解决银行与客户之间问题的银行纠纷解决委员会。新"沙特化"银行在业务上投入了更多资金，升级银行技术、安装自动柜员机，以便客户可以在一天中的任何时间进行业务交易。

1990 年以后，随着银行为弥补政府预算赤字而参与帮助融资，它们与政府的财政事务更加紧密地交织在一起，其结果是银行持有的政府债券迅速增加。重组和增资事宜仍在继续，特别是合并后的沙特联合商业银行与沙特美国银行（SAMBA，花旗银行此前的业务）合并。最终，在新千年，持续了近 20 年的艰难时期让位于繁荣，银行业再次发生变化。符合伊斯兰教法的银行业务在西方银行模式基础上获得了发展，而投资银行业务则与商业银行业务脱钩，由此产生的新机构由资本市场管理局而不是央行监管。最后，为了鼓励竞争，更多的外国银行获得了牌照。

在快速的结构变化期间，SAMA维持了一贯的严格监管政策。它要求所有银行遵守《巴塞尔协议Ⅱ》的规定。2004年，沙特信用局开始在成员银行之间共享不良信贷信息。虽然经济背景是积极的，但几次危机暂时打击了信心：2006年发生股市崩盘，几年后又发生了萨阿德-AHAB违约事件。

接下来高油价的几年比较平静，但近年来出现了快速的变化。沙特政府先是偿还了债务，然后在2015年由于低油价导致预算赤字而再度借债。政府从国内市场借债的一个结果是，系统流动性和货币条件一度趋紧。因为商业银行被要求维持规定的流动性比率，它们使用浑身解数竞争存款，进而改善贷存比。SAMA密切关注系统流动性状况，并采取行动（例如通过回购操作和存款注入资金）以确保货币市场不出现混乱。

中央银行承担起保护消费者的责任，并提高借贷成本的透明度要求，坚持银行须提供包括复利计算和费用在内的更全面的资金成本信息。2015年成立存款保险基金，资金来源是对符合条件的银行存款收取0.05%的费用，保险覆盖的存款额高至相当于5.3万美元。《巴塞尔协议Ⅲ》正在实施中，金融机构正被说服向中小企业部门提供更多贷款，希望能创造更多的就业机会。住房抵押贷款正在快速增长，SAMA正密切关注，以确保借款人谨慎行事，不时采取行动调整条件，例如2014年引入的70%的抵押率在两年后放宽至85%，从而保持抵押贷款对更多消费者开放。

三、今天的银行业体系

沙特的银行一直表现良好——杠杆率适度、资本充足、流动性充足、充分拨备且盈利能力突出。自 2007 年以来，银行业的资本和储备已经翻了一番，收益率较高，各个方面均超过《巴塞尔协议Ⅲ》的最低要求。

沙特阿拉伯有 24 家银行，其中 12 家是本地银行，另外 12 家是外国银行机构在该国的分支。不过银行业仍由几家大型银行主导，包括沙特美国银行、国家商业银行和拉杰赫银行。拉杰赫银行是主要的零售银行。这三家银行占据了近一半的市场份额。近年来，银行资产的增长率高于整体和非石油部门国内生产总值的增长率，这是金融深化的强有力证据（见图 13-1）。

银行贷款余额占国内生产总值的比例约为 57%，低于大多数新兴经济体，但与其他 GCC 经济体接近（科威特除外），这反映了该国庞大的石油部门不需要太多借款。在非石油部门，该比例则较高，达到 79%；在 GCC 成员国中，非石油部门银行贷款占部门 GDP 的比例正在上升（见图 13-2）。

沙特的银行仍然比较保守，主要是因为其核心业务——向国内市场放贷——回报丰厚。银行在开拓盈利的业务方面效率很高，成本收益远胜发达市场同行。利润的大头是私营部门贷款的利息，各家银行对衍生品仍然非常谨慎，只有大约 14% 的银行资产投资于海外。尽管向私营部门提供贷款推动了这些银行的增长，但其扩张仍与油价和政府支出密切相关，因为许多贷款发放给了依赖公共合同的公司。

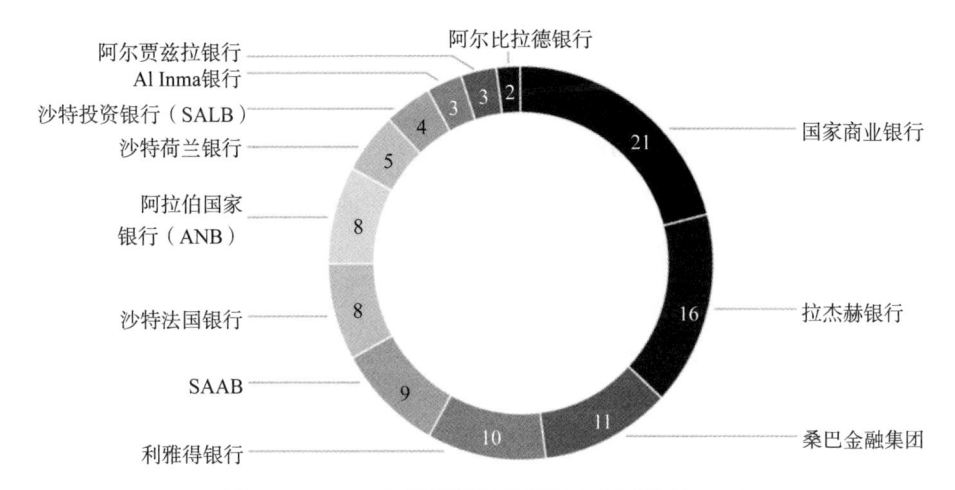

图 13-1　2016 年沙特银行业的资产市场份额（%）

数据来源：本书作者绘制。

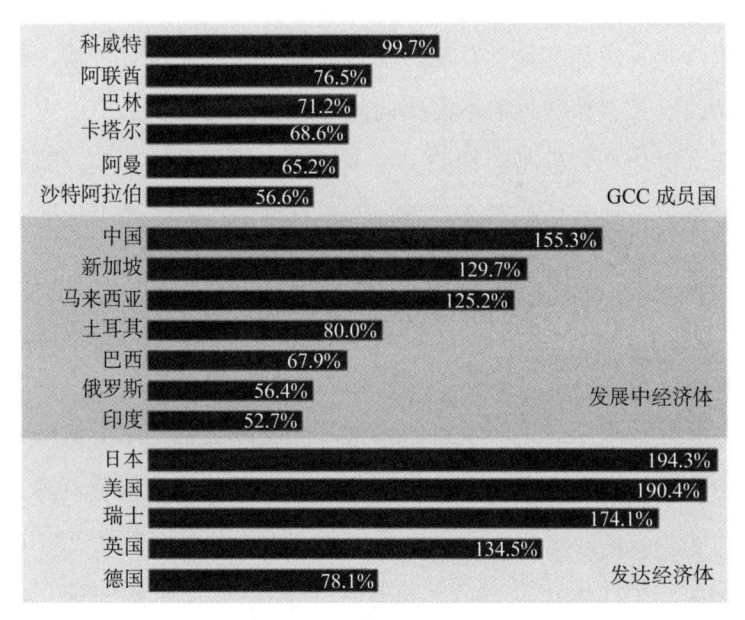

图 13-2　2015 年部分国家银行贷款余额 /GDP

数据来源：World Bank（所有数据均截至 2015 年）。

主要面向沙特公务员贷款的零售银行业发展势头同样不错。截至2014年，消费贷款增长迅速，因为银行受益于公共部门员工工资自动还款的保障，2014年之后增速有所放缓。为了防止消费者过度借贷，中央银行规定了银行不能违反的偿债收入比。[4] 在新的《抵押贷款法》的支持下，房地产贷款同样增长迅速，但其在整体贷款中所占比例仍相对较小，未来几年的增长潜力相当大。长期贷款[5]在金融体系中越来越重要，从2010年占总额的25%增长到2015年的32%。[6]

沙特银行的主要资金来源仍然是储户的短期银行存款，其中相当大部分不支付利息。几乎所有这些存款存期都不足一年，这导致贷款/存款间的期限不匹配日益加剧。时下还可以应对，但政府需要鼓励银行开发定期和储蓄存款、支付利息，并开发符合伊斯兰教法的产品，以吸引那些目前不需要向其支付利息的存款人提供更长期的资金。房地产贷款是长期的，许多消费者贷款是5年期，随着这些贷款在银行体系中的重要性增加，银行将不得不寻找更长期的资金来源。

2015年中期，银行体系的流动性开始收紧，SAMA不得不采取措施来应对。流动性收紧的主要原因，是政府开始自国内银行借款来弥补预算赤字。这对银行向私营部门发放贷款产生了影响。2014年，银行的贷款规模增长了14%，而2015年增速放缓至10%。随着流动性的收紧，银行的资金成本和SAIBOR都有所上升。2016年初，SAMA开始注入流动性，并将贷存比从85%放宽至90%。图13-3显示了银行体系的稳健性。

资本充足率

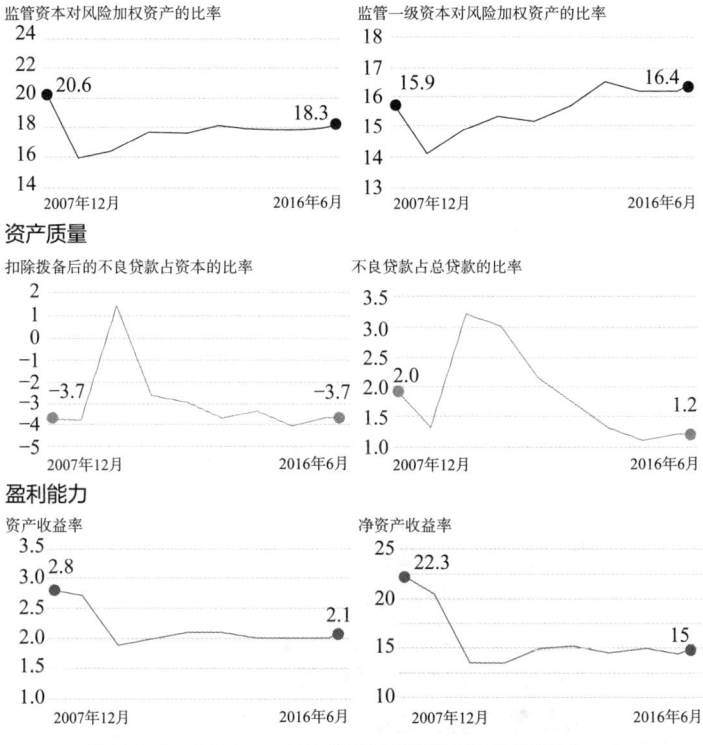

监管资本对风险加权资产的比率：2007年12月 20.6 → 2016年6月 18.3

监管一级资本对风险加权资产的比率：2007年12月 15.9 → 2016年6月 16.4

资产质量

扣除拨备后的不良贷款占资本的比率：2007年12月 −3.7 → 2016年6月 −3.7

不良贷款占总贷款的比率：2007年12月 2.0 → 2016年6月 1.2

盈利能力

资产收益率：2007年12月 2.8 → 2016年6月 2.1

净资产收益率：2007年12月 22.3 → 2016年6月 15

图 13-3　2007—2016 年银行系统稳健性指标（%）

数据来源：Irish Stock Exchange (Saudi Arabia global medium-term note program 2016); SAMA Global Financial Stability Report 2015; IMF Financial Stability Assessment Reports。

注：一级资本：普通股＋储备（股东资金）；不良贷款：利息和本金的支付已经逾期 90 天或更长时间。

拨备：为抵消贷款或其他应收账款潜在损失而准备的资金 [（期限为 90 天的不良贷款，拨备额占不良贷款余额的 25%，180 天的为 50%，360 天的为 100%。此外，对正常贷款有 1% 的一般性拨备。国际财务报告准则的拨备计算与 SAMA 的计算不同）]。

除了盈利能力强，根据指标衡量，银行的资本充足率也很高，随着贷款增长放缓，它们似乎有望继续保持这一水平。其杠杆率为 12%，远高于《巴塞尔协议Ⅲ》规定的最低 3%，《巴塞尔协议Ⅲ》将杠杆率定义为资本和储备覆盖的总资产的百分比。《巴塞尔协议Ⅲ》

规定下的资本充足率是杠杆率更复杂的变体,它考察了银行自身资源对银行借贷的支持程度。[7] 一些新兴经济体,如俄罗斯、印度和中国在 2015 年低于最低水平。如图 13-4 所示,沙特银行的股本基础更为雄厚,资本充足率达到 16%(SAMA 自己计算的结果略高一些)。银行被要求以高质量流动资产(HQLA)的形式持有至少 20% 的存款负债,这些高质量流动资产包括 30 天内到期的政府债券、SAMA 票据和货币市场工具。截至 2016 年底,这些银行完全有能力达到或超过这一比率。

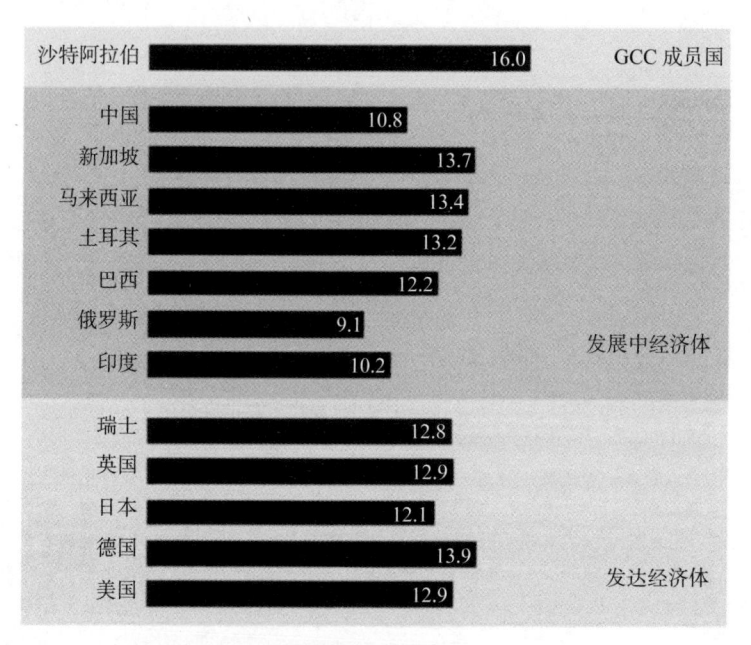

国家	资本充足率(%)	分类
沙特阿拉伯	16.0	GCC 成员国
中国	10.8	发展中经济体
新加坡	13.7	发展中经济体
马来西亚	13.4	发展中经济体
土耳其	13.2	发展中经济体
巴西	12.2	发展中经济体
俄罗斯	9.1	发展中经济体
印度	10.2	发展中经济体
瑞士	12.8	发达经济体
英国	12.9	发达经济体
日本	12.1	发达经济体
德国	13.9	发达经济体
美国	12.9	发达经济体

图 13-4 2015 年部分国家银行的资本充足率(%)

数据来源:IMF, Financial Stability Indicators。

注:一级资本对风险加权资产的比率。除沙特阿拉伯外,没有 GCC 其他成员国 2015 年的数据。

沙特银行未来面临的风险水平似乎不高，其业务主要集中在沙特国内。这些银行的收入增长严重依赖净利息收入，其次是手续费和佣金。私营或公共部门信贷规模的不断上升，资金成本与贷款利率之间的利差，以及较低的不良贷款水平，都是银行保持健康状态的关键。在全球金融危机期间，由于萨阿德-AHAB违约事件，不良贷款增加到贷款总额的3%左右。2010年初达到4%的峰值后，在2016年中降至1.2%，但稳定和盈利的表象可能具有欺骗性。油价波动对政府支出的影响，意味着经济的变化会迅速且不可预测。

四、沙特银行业的未来

在2008年金融危机之后，全球银行业变化持续。面对一连串有关资本、流动性和杠杆的新监管要求，过度杠杆化的跨国银行正忙于重塑其资产负债表。因此，大银行正在从全球一些地区撤出。一些银行的问题就是另一些银行的机会，这些变化为更小、更灵活的当地银行提供了成为地区领导者的机会。沙特阿拉伯的总体赢家，将是那些最善于控制成本和投资新技术的银行。

2014年11月，沙特股市见证了中东有史以来规模最大的一次私有化——沙特公共投资基金出售了"王冠上的明珠"之一——国家商业银行25%的股份。这一消息早在当年年初宣布时就在利雅得引起轰动，此前6年里尚没有银行上市。国家商业银行是沙特阿拉伯首批获得牌照的银行之一，成立时间仅比SAMA晚一年，但在此之前它已经放贷多年，其历史表明沙特银行的命运随油价波动而起伏。20世纪八九十年代，包括国家商业银行在内的几家银行蒙受损失，因为其在油价高企的繁荣时期向企业发放的贷款，在油价下跌导致经济陷入衰退时无法收回。SAMA通过向银行提供"软存款"（低于市场利率的存款，即所谓的"场外利率"），帮助银行改善资产负债表和利润表。20世纪80年代末，国家商业银行有多年未公布账目。1999年，该银行再次陷入困境，政府收购了多数股权，使其恢复健康经营状态。如今，国家商业银行利润丰厚，按资产计算是沙特最大的银行。此次售股获得超额认购，为政府筹集了超过60亿美元的资金，政府所持股份随之降至55%，市场反应被普通投资者解读为对该国银行状况投了信任票。

国家商业银行的成功上市凸显了沙特银行业的光明未来。沙特银行主要有三个优势。第一，银行的资产负债表杠杆率适中，使其有足够空间与该地区的经济一起增长。第二，银行处于一个未被充分开发的市场。沙特阿拉伯的银行服务仍有很长的路要走，才能为大多数公民提供北美客户那些常规产品。沙特银行扩大了对小企业的贷款。在发达经济体中，这种类型的贷款占银行贷款总规模的四分之一以上，但对于GCC成员国的银行来说，这一比例仅为2%。支持小企业是提高沙特年轻人就业水平的便利途径，这一目标得到政府的Kafala计划支持，该计划为银行向小企业提供贷款的部分提供担保。

沙特银行拥有的第三个优势是，它们得益于相当大比例的无息存款。但这些资金都是短期的：到2015年底，总存款的61%是随时可提取的活期，如果把政府存款排除，这一比例甚至更高。资产与负债之间的不匹配是银行业的特点，沙特银行业也不例外。但随着银行为维持市场份额而大举争抢存款，这个问题可能会加剧。已经出现的一个特别危险的迹象是，政府债券正在同银行系统争夺储户资金。对银行来说，解决办法是使资金来源多样化，发展共同基金，投资于政府债券，而不是让企业和高净值个人直接购买债券。在这个领域，SAMA 可以鼓励银行开始销售长期储蓄产品，并发展地方债市场。

这些都是资金方面的挑战。但是，除了它们仍身处一个由公共支出驱动的经济中这一风险外，银行面临的最大挑战是贷款过于集中。银行业需要将贷款分散，减少对高波动行业的敞口，而不是集中于几个大的借款人。不过，这意味着它们需要改进对借款人信用状况的评估。风险集中在过去一直是一个大问题，当时银行对外借款主要由少数家族企业集团、当地企业集团和准政府实体主导。一个有代表性的案例是银行对 2009 年违约的萨阿德-AHAB 集团的敞口。从 2016 年初开始，SAMA 实施了更严格的最大敞口限制。银行允许对单一借款人（包括业务集团内的所有实体）的最大敞口从占（银行）一级资本的 25% 降至 15%。这将适用于所有新贷款，银行被要求在 2019 年之前的 3 年内按此要求规范贷款发放。

中央银行正通过汇集利益相关方和专家的思想来明确王国银行业的未来，以确保银行家能够跟上国际最佳实践。在"2020 愿景"的大目标下，SAMA 已经确定了沙特银行需要改进的一些领域。例如，投资技术对于在不产生庞大分支网络成本的情况下吸引更多客户至关重要。其他新兴市场已经借助移动互联网技术实现手机银行登录和电子转账操作。提供更广泛的金融产品也提供了新的机会。

总体而言，银行需要在服务和定价方面更具竞争力。沙特银行业是在垄断竞争的条件下运营的，客户对其产品的价格、条款和条件几乎一无所知。2013 年，SAMA 承担起保护消费者的责任，并利用其权力促进客户关系的透明度。它的要求在《消费者保护原则》中有所规定，银行必须向所有新老客户展示该原则。例如，这些措施包括严格规定银行如何宣传其产品、保护客户个人数据，以及批准和解释收费的程序。

最后，金融部门需要推动员工的沙特化，以改善就业机会。很久以前，SAMA促进了银行所有权转移到当地人手中，但40年后，仍然有非沙特人担任高级职位。

五、银行监管的基本原则

沙特阿拉伯的银行监管长期遵守《巴塞尔协议》制定的标准，这些标准旨在通过建立一套国际通用标准体系来促进国际金融稳定，以避免2008—2009年规模的危机重演。其中一个主要关注点是杠杆率，因为危机期间许多银行的杠杆率很高。由于自身的业务特点，银行必然要比非金融公司多借入资金。

如今，跨国银行受到高度监管，因为其杠杆率很高。《巴塞尔协议Ⅲ》规定的最低杠杆率为3%，这意味着银行的风险加权资产不得超过其资本的33.3倍。即使沙特阿拉伯银行业的杠杆率要低得多，为12%（资本的8.3倍），也比非金融企业要高出一个数量级。一些人认为，限制杠杆会抑制放贷，因为对于银行来说，股本比债务成本更高，限制杠杆必然会增加成本，然后必将转嫁给借款人。然而，SAMA以保守的方式管理国内银行的经验，使其对高杠杆率的必要性持怀疑态度。

中央银行全面参与《巴塞尔协议Ⅲ》的工作计划，在2015年的一致性评估测试中，沙特阿拉伯在包括操作风险、影子银行和交易对手风险在内的诸多领域被列为合规或基本合规。SAMA 还遵循该工作计划，在国内银行体系内确定了 6 家具有系统重要性的金融机构，即所谓的国内系统重要性银行（D-SIB）。国内系统重要性银行将被要求持有更多的资本和流动性，这与其风险状况更为相称。在确定哪些银行应被视为国内系统重要性银行以及应如何管理它们时，SAMA 选择了规模、相互关联性和复杂性等作为参考因素。多大才算大？没有一家金融公司应该被认为是"大到不能倒"，但大银行可能比小银行更有弹性。规模和复杂性之间的最佳平衡是什么？如果仅按规模对银行进行排名是不够的，那么其商业模式的复杂性如何影响判断？符合伊斯兰教法的银行真的比传统银行更安全吗？更严格的监管、基于风险的存款保险费以及更多的监管资本，能否消除大型金融机构破产的可能性？

要实现稳定和韧性需要综合考虑多种因素。困难之处在于，一方面要促进金融体系的健康变革，另一方面要认识到，过去被央行行长们称赞为积极因素的许多发展——比如衍生品使用的爆炸式增长——后来被证明是危险的错误。

六、宏观审慎政策

危机爆发前，各国央行认为金融体系是自我监管的，因为金融机构从自身利益出发会避免不良和贪婪行为。人们认为，央行的作用仅限于维持价格稳定和提供"轻触式"监管。SAMA 对此一直持怀疑态度。它自己的监管经验表明，商业银行会避免不良行为的假设是错误的，但与主流理念一致的是，它相信对每家银行的严格监管，将带来一个稳定的金融体系。这场危机证明了这种方法的不足，并表明微观审慎政策（着眼于每家银行）必须与宏观审慎政策（着眼于整个系统）相匹配。多年来，尽管SAMA一直在践行宏观审慎政策，但这一概念是在2008年之后才开始被普遍认可的。宏观审慎政策的目标，是通过使用特定的政策工具将重点放在整个金融体系上，从而限制系统性风险。

要很好地理解这个概念，可以拿漏水的船类比。为各自逃命，每个乘客都从船下沉的一端跑到另一端，这是个人的合理选择。但如果所有的乘客都这样做，那么船就会倾覆，把他们全部抛进海里。个人利益汇聚往往不等于集体利益。必须有人阻止（所有）乘客冲向船的某一端。如果系统中的所有银行都有完全相同的风险管理策略，对每个银行来说都是最优的，那么如果它们都以同样的方式行事，对整个系统来说就不是最优的。例如，在美国，随着危机的加深，银行遵循自己的风险模型——在许多情况下非常相似——抛售低流动性资产，拒绝向其他银行放贷，这只会使事情变得更糟。从宏观审慎的角度来看，银行拥有不同的风险模型更合理，即便有些风险模型不如其他风险模型。同样的观点也适用于银行扩张业务的计划。如果它们都涌向同一个放贷领域，就存在信贷泡沫的危险，比如房地产市场。这些都是各国央行刚刚开始着手解决的复杂问题。

正如在单一经济体内部微观审慎政策和宏观审慎政策之间存在矛盾一样，某个国家的宏观审慎政策与全球金融体系的利益之间也会存在矛盾。例如，发展中经济体可能会发现，让"热钱"更难进入，会使其金融体系受益；但对于整个体系而言，如果非正式外汇管制的增加阻碍了资本的自由流动，那就没有什么好处。

宏观审慎政策的实施仍处于起步阶段，各国央行必须为其金融体系选择最合适的措施。对于 SAMA 来说，挑战在于吸纳发达经济体发展出来的理念并应用到沙特阿拉伯。正如萨阿德-AHAB 事件显示出来的，一个特殊问题是，许多企业为私人所有，公开信息很少，银行无从评估其信誉。有一种倾向是依赖个人担保和声誉，而不是全面的财务审计。但在某种程度上，SAMA 的实践经验对此有些帮助，因为钉住汇率制意味着货币政策的有效性受限，因此其长期依赖于向商业银行提供非正式和正式的指导来引导信贷投向。

微观审慎政策和宏观审慎政策之间存在一些重叠。例如，更大的资本缓冲意味着银行耗尽资本的风险较低，从整个系统的角度，这将防止一个银行的问题传导给另一个银行。SAMA 目前的宏观审慎工具箱，包括它应用于单个银行的措施（见表 13-2）。

表 13-2　SAMA 的宏观审慎工具箱

工具	监管要求
资本充足率	《巴塞尔协议》要求的最低 10.5%（包括资本留存缓冲）
拨备	总体：贷款总额的 1% 具体：不低于不良贷款的 100%
杠杆率	存款不高于资本和储备的 15 倍
现金储备率	活期存款的 7% 定期/储蓄存款的 4%
抵押率（LTV）	抵押贷款不高于不动产残值的 85%
偿债收入率（DTI）	月还款额不高于就业工资的 33%、退休金的 25%
法定流动性储备	流动资产不低于存款性负债的 20%

(续表)

工具	监管要求
《巴塞尔协议Ⅲ》流动性覆盖率	到2019年达到100%（已经实现）
《巴塞尔协议Ⅲ》净稳定资金比率	到2019年达到100%（已经实现）
债务人敞口	单一债务人敞口不高于银行资本的25%（到2019年降至15%以下）
对外债权敞口	向境外放贷前需获得SAMA许可（数量管理）

数据来源：本书作者绘制。

注：《巴塞尔协议Ⅲ》的指标——流动性覆盖率（LCR）和净稳定资金比率（NSFR）旨在改善银行的流动性，降低破产风险。根据LCR，高质量的流动资产必须超过未来30天预计的净现金流出。同样，NSFR在较长时期内促进了银行的韧性。银行的资源必须超过其长期承诺。

SAMA既有自己的宏观审慎措施，也有标准措施。它利用资本充足率、拨备和准备金要求的变化进行逆周期调整。银行支付现金股息需要经SAMA批准，以防止向股东支付过多准备金，从而维持强大的资本缓冲。SAMA还制定了一系列预警指标，以识别可能指导使用逆周期资本缓冲的触发因素。下面列出了若干比率。

抵押率。自2014年11月以来，SAMA一直在使用可调整的抵押率，以防止杠杆推动的王国内房地产投机。

偿债收入率。同样，这些条款也适用于个人借款人，以这种形式可追溯到2005年。2014年，SAMA对单个银行的消费贷款总额设定了上限。

动态逆周期贷款损失拨备。动态拨备是指银行应该在利润增长时增加准备金，以便在面临经济衰退时提取准备金。在萨阿德-AHAB事件之后，沙特银行对不良贷款的拨备总额降至100%以下。SAMA坚持他们应该增加拨备，到2016年，拨备已远高于不良贷款。

真正的宏观审慎措施是超越个别银行转向整个经济范畴的规则，

各国央行正在讨论几个想法，包括限制信贷/GDP之比、控制资产价格通胀和临时外汇管制。这在沙特阿拉伯应用起来并不容易。对于依赖石油的经济体来说，信贷占GDP的比例并不像在更多元化的经济体中那样重要，因为石油经济体的总体GDP往往更不稳定。对沙特阿拉伯来说，一个更好的选择是将信贷目标对准非石油GDP。但即使采用这种方法也存在问题，因为非石油经济仍然受油价影响。目前的国际货币体系正越来越接受为平缓资本流动而采取的临时外汇管制，但这与SAMA自20世纪50年代在外汇管制方面的糟糕经历后一直培育的自由市场理念背道而驰。

作为其宏观审慎工作的一部分，SAMA在2015年发布了第一份金融稳定报告，该报告分析了金融体系的现状，并列出需要开展的工作，比如识别国内系统重要性银行以及监测房地产信贷风险是否因抵押率而减缓。沙特阿拉伯几乎不存在影子银行业，但SAMA特别密切关注新的房地产信贷公司的贷款以及小型企业的新兴业务——小微金融贷款。

几乎与此同时，SAMA进行了第一次年度系列压力测试，其中包括一项旨在观察银行如何应对全球利率上升的测试。事实上，商业银行的盈利能力非常强，部分原因在于其拥有无息存款，这意味着当利率上升时，银行的贷款利润率实际会上升。银行也能抵御油价下跌。如果其存款出现挤兑，它们至少还能维持一个工作周。除了这些自上而下的测试外，SAMA还要求每家银行每年进行两次内部压力测试并报告结果。

SAMA同时扮演着金融监管机构和中央银行的角色。在其他司法管辖区，这些角色是分开的。定期会有建议提出，央行的一些职能应由新机构来管理。如上所述，一些工作，例如监管保险公司，可能不属于 SAMA 的职责范围，但央行的经验是，它可以把每一项工作做得更好，因为它在做另一项工作（监管）时已经给了证明。职能分离可能会引发问题——英国北岩银行（Northern Rock）破产就是一个典型的例子，金融监管机构完全忽视了该银行通过银行间货币市场为低流动性抵押贷款融资这种模式所带来的市场风险。

拆分监管有三个主要理由。首先，一个独立的监管机构将拥有更专业的技能。这一点在拥有高技能水平的成熟经济体有其道理，但在像沙特阿拉伯这样的新兴经济体，技能非常宝贵，而且更有可能在央行这样的既有机构中获得，而不是在一个必须从头开始的新监管机构中。

其次，中央银行和监管机构之间的正式分离，并有足够的制衡，将确保每个组织都做好自身的工作，而不会有重叠的风险。但 SAMA 的经验是，这种重叠至关重要，尤其是因为最后贷款人的职能是维护金融稳定的最后一步。有几次，在监管部门发现问题后，SAMA 能够迅速采取行动，向银行提供廉价存款以支持它们。

支持职责拆分的最后一个理由是，它有助于对银行采取多样化的方法促进健康的创新和竞争。在实践中，监管机构和央行往往最终推诿、回避失败责任，这在单一机构内不太可能发生。分开独立的机构也将有不同的目标和优先事项，需要加强协调，而在单一机构内分享见解和信息要容易得多。例如，当 SAMA 承担监管遵守伊斯兰教法的银行的任务时，它继续采用其简化问题的传统方法，遵守伊斯兰教法的银行也要接受与传统银行一样的监管和监督测试。

七、符合伊斯兰教法的金融

伊斯兰金融在沙特阿拉伯极为重要，12家当地银行中有4家只从事这类业务：拉杰赫是规模最大的，其他三家分别是阿尔贾兹拉银行、阿尔比拉德银行和Al Inma银行。很难估计符合伊斯兰教法的业务的总体市场份额。这四家银行占所有银行资产的24%，但如果包括传统银行的伊斯兰分支机构，符合伊斯兰教法的银行资产可能超过50%。在SAMA看来，该领域是对传统金融服务的补充，而不是取代。符合伊斯兰教法的银行是一个以伊斯兰教法原则（相关的伊斯兰教法规则被称为Fiqh al-Muamalat）为基础，并以伊斯兰经济学为指导的体系。禁止支付和收取利息，但允许分享利润、分担损失。该领域如今发展迅速，沙特银行业提供了许多不同类型的符合伊斯兰教法的产品，每种产品都必须得到银行自己的伊斯兰教法委员会的批准。大多数交易要么是面向零售客户和小企业（如Murabaha），要么是面向大公司（如Sukuk）。以下产品——包括标准银行服务和投资产品——是其中一部分。

成本加成销售（如Murabaha）或延期付款销售（如Bai Muajjal）。银行从供应商那里购买资产，然后以更高的价格卖给客户。客户被告知成本价格，并同意以延期付款的方式支付较高的价格。常用的包括贸易融资、车辆融资和定期融资。Murabaha是SAMA向符合伊斯兰教法的银行发行的，作为SAMA票据的替代品。当2015年债务融资恢复时，在三方安排中，一种符合伊斯兰教法的传统政府债券替代品与一种资产（通常是铜等工业商品）配合使用。

合伙或合资企业（如Musharakah）。在这种安排下，银行和客户共同投入一项商业活动中。项目结束时，他们根据事先约定的比例分享利润或承担亏损。

利润共享（如 Mudarabah）。在这种安排下，银行投资客户提供的资金，并在利润分享的基础上运作，但客户自己承担所有的资本风险。

订单销售或未来交付的信托销售（如 Istisna/Bai Salam）。通常用于基础设施或住房项目。银行同意按照客户的要求生产资产，并在项目完成时以约定的价格卖给客户。项目的工作通常由充当银行代理的建筑公司来执行。客户对银行的支付可能是分阶段进行的。当项目完工时，如果没有按照客户的规格要求建造，客户有权拒收。

无息贷款或善意贷款（如 Qardh/Qardh al Hasan）。银行向客户提供短期资金。客户归还资金时外加一笔服务费。

投资代理（如 Wakala Fi Isthithmar）。银行将客户的资金投资以产生一个目标回报，并收取一定的费用。如果实际回报低于目标回报，银行将退还资金并补偿客户。如果实际回报更高，银行将保留超额部分。

利润分享投资账户（Profit-Sharing Investment Account，PSIA）。这些与传统存款的不同之处在于，它们更像非自主管理的财富管理账户，且被符合伊斯兰教法的银行视为其管理的表外资金。在沙特阿拉伯，共同基金被广泛使用。由于伊斯兰银行资金的 60% 来自 PSIA，这些账户的管理方式对伊斯兰银行的稳健性和资本要求有重大影响。

符合伊斯兰教法的金融给中央银行带来了挑战，尤其是在流动性风险方面。在统一的监管体系内，伊斯兰银行与传统银行没有被区别对待。但是，由于符合伊斯兰法的产品是基于各自的伊斯兰教法委员会对伊斯兰教法的解释，且因学者们在解释上存在分歧，导致这些产品种类繁多且缺乏标准化。这使得对其进行监管变得更加困难——例如，确保银行保持充足的拨备以防止损失。

伊斯兰产品的碎片化以及结构性问题，意味着其流动性不如传统工具。这是一个值得关注的问题，因为如果出现银行危机，银行从其符合伊斯兰教法的产品筹集资金将比从传统产品更加困难。利润分享投资账户是一个巨大的未知因素，因为它们没有保证的回报，与传统银行存款提供利息不同。因此，在危机中，伊斯兰存款人可能会急于提取他们的资金，以免遭受损失。相反的观点则认为，因为回报不固定，存款人将不得不与银行共担损失（一种内部自救形式）。

最后，缺乏伊斯兰对冲工具，使银行难以对冲其符合伊斯兰教法的敞口的风险。目前，没有健全的基础设施——尤其是没有流动性的货币市场——让遵守伊斯兰教法的银行能够管理自己的风险。符合伊斯兰教法规定的高质量流动资产供不应求。随着世界各地的银行都在努力达到严格的《巴塞尔协议Ⅲ》监管标准，伊斯兰银行面临着一个不确定的来源，这可能会让它们付出高昂的代价。为了解决这个问题，遵守伊斯兰教法的银行需要超越其传统角色，发展资产和风险管理能力。

八、建立银行破产制度

银行面临着一个传统挑战和一个新挑战。传统的一方将继续深度依赖于政府支出，因为后者直接支撑着其他经济领域。沙特阿拉伯的经济具有极高的周期性。由于油价下跌、政府支出和债务发行的限制以及企业活动的减缓，银行业正处于一个更加严峻的运营环境中。如果油价持续低位徘徊，银行不良贷款将不可避免地上升，利润也将下降。

新挑战来自传统银行数十年来依赖的无息存款。在客户寻求回报的背景下，这部分存款不太可能增长，甚至可能会萎缩，尤其是当符合伊斯兰教法的产品能够提供这种回报时。在这种环境下，能够在技术开发上保持灵活、找到新方法将借款人和储户连接起来的银行将更有繁荣机会。

单一监管机构模式对沙特阿拉伯很有好处，而且不可能发生重大变化。（有些监管）活动将继续剥离，保险业是一个备选领域。SAMA 正着眼于改善其监管的方法，包括修改设定 SAIBOR 的方式，停止使用结构性衍生产品（可用于汇率投机）。该体系的一个明显缺陷是，SAMA 缺乏一个处理银行倒闭的正式系统。过去 SAMA 处理银行问题是一事一议，但现在正在研究立法草案，以加强银行的清算和恢复机制。立法将集中在银行之间的债权/债务净额、债务重组和解决银行间冲突的透明方法（这是对 SAMA 处理萨阿德-AHAB 事件的批评）等方面。

借用足球比赛来比喻，总体来说，SAMA 坚信应在制定银行游戏规则并严格执行方面发挥作用，但它并不会下场去重新组织球队。如果商业银行真正基于规模经济和协同效应提出合并需求，SAMA 将给予共情、理解。但 SAMA 对沙特的银行业并没有宏伟计划，因为它相信市场力量运作得最好。

第十四章

SAMA 及未来

一、现代化和重组

SAMA 的第七任总裁法赫德·穆巴拉克运用其在金融市场上历练的管理技能推动 SAMA 现代化。他实施了一个快速的变革计划，特别是在三个方面：人力资源、薪酬和组织结构。

传统上，中央银行的升职加薪依资历确定。穆巴拉克引入私营部门绩效激励的做法。他建立了新的薪酬和晋升制度，废除了加班费和其他特殊津贴，突出奖金同绩效挂钩。SAMA 现在与金融危机之前已经大不相同，其在人力资源方面的投入巨大。这方面的证据是，中央银行的运营成本和支出在 2011—2015 年间增加了约 75%（从 3.15 亿美元增加到 5.5 亿美元）。在管理外汇储备这一关键领域，穆巴拉克任命前总裁哈马德·萨亚里的侄子艾曼·萨亚里负责，并让他担任投资副总裁职务。投资部门成为一个副总裁级别的新部门，新的薪酬安排使得招聘和留住人才更加容易。

招聘理念发生了很大变化——穆巴拉克从私营部门引进了外部人员，以合同制的方式充实关键职位。他打破了性别障碍，雇用沙特女性，到 2016 年底，央行大约有 130 名女职员。穆巴拉克坚持要找到合适的人选，这使得他在哈米迪离职后花了一年时间才物色到央行二号人物的人选。最终，利雅得银行高级管理人员阿卜杜勒阿齐兹·富赖赫于 2014 年被任命为 SAMA 专职副总裁。后者是杰出的会计专家，对沙特金融业面临的战略挑战有着局内人的看法。

除了引进新鲜血液，穆巴拉克还以其他方式与私营部门合作。他的一些观点是在抗击通货膨胀期间任职于顾问委员会时形成的，就比如他当时就看到 SAMA 需要对外部世界进一步开放。他认为，仅仅学习其他国家的经验是不够的，央行还有责任解释自己在做什么。因此，银行研究所更名为金融学会（IOF），并纳入保险等其他学科。该组织在利雅得举办研讨会，吸引了来自国际货币基金组织、学术界和金融界的外部人士参加。

在 SAMA 升级资源的同时，中央银行继续承担新责任，特别是扩大了在金融服务业中保护消费者的监管角色。这意味着 SAMA 必须与使用银行和其他金融机构服务的数百万人接触，向后者解释其权利并处理他们的投诉。一场重大的组织变革已准备就绪。

2013 年，穆巴拉克利用外部顾问对 SAMA 业务职能进行了全方位分析，进而对央行的结构进行了扁平化调整。他决定围绕三个职能来进行组织设计：治理、程序和支持。

治理　涉及 SAMA 在制定策略、解决危机、与国际机构合作以及设定运营效率标准方面的政策引导作用。

程序　涵盖了传统的中央银行功能，确保货币和金融稳定，并为政府其他部门提供服务。实现货币稳定包括制定和执行货币政策，以及管理外汇储备和汇率。金融稳定方面涉及对金融部门的许可和监管，而为政府其他部门提供服务的任务包括债务管理、为其他机构提供投资服务并评估它们所接受的银行服务。

支持　包括新的工作任务，如保护消费者以及对金融部门的员工进行教育和培训，并与公众分享信息。这表明中央银行不仅关注传统的货币和金融稳定职能，还在积极履行其在消费者保护、教育培训和信息共享方面的责任，以提高整个金融系统的透明度和效率。

全球金融危机已清楚地表明，SAMA 需要评估其在风险管理、商业银行治理和宏观审慎监管等领域的活动并做出改进。2013 年搭建的去中心化结构设有五位副总裁，分别负责投资、监管、银行业务、研究和国际事务以及行政管理。新增的部门包括消费者保护、风险与合规部，以及投资业绩与风险控制部（见图 14-1）。

2014 年 SAMA 的第 50 份年度报告，突出展示了自安瓦尔·阿里任上第一份报告以来央行职责的扩展。成立之初，SAMA 的职责是充当政府的银行，稳定里亚尔的国内外价值。它在早期即转向了纸币体系，引入了有限的银行监管，并实施了一种简单的货币政策。如今，它负责监管金融和保险业、外汇交易商，管理包括沙特信用局在内的信用信息公司，就公共债务管理[1]提供建议，并负责保护金融消费者。

SAMA 在国内与 CMA 和 Tadawul 合作，而在国外，它与包括国际货币基金组织和国际清算银行在内的一系列国际机构合作。从阿里的第一份仅 22 页的简单报告开始，如今的年度报告和经过重新设计、内容丰富的 SAMA 网站已经成为了解该国财经信息的最佳信源。

图 14-1　2016 年 SAMA 的组织结构

资料来源：本书作者绘制。

未来几年，沙特王国经济和金融体系结构将面临重大变革，这是 SAMA 运营的大背景。2016 年 5 月，政府启动了一项旨在最终结束王国对石油收入依赖的倡议。"2030 愿景"包括出售阿美石油公司的部分股份。所得收益将流向公共投资基金，该基金资产规模达数万亿美元之巨，可能会成为世界上最大的主权财富基金之一。另外，对燃料和水的补贴将逐步取消。沙特政府计划将非石油收入自2015年的430亿美元提高到2030年的2 670亿美元，目标是到那时成为世界上最大的15个经济体之一。"2030愿景"将在多大程度上需要SAMA改变其传统角色，还有待观察。

"2030愿景"的背景是沙特阿拉伯目前面临三大财政挑战：石油销售转向亚洲的影响；人口大幅增长的影响，这将不可避免地给国家预算带来进一步的压力；如何控制政府开支。

二、向亚洲倾斜

在未来几年，（沙特）"向亚洲倾斜"不可避免，因为该地区消耗了沙特阿拉伯的大部分石油。这个挑战很可能可以轻松应对。重要的是，亚洲很可能每年都会需要更多石油。关注作为主要石油出口国的不利方面并不难。王国的经济极度依赖石油价格，而石油价格受到众多冲击的影响，最近的一个是美国作为页岩油供应商进入市场所造成的供应冲击。所有这些都对石油价格造成压力。需求冲击包括由发达经济体金融危机引发的全球经济衰退，这些会拉低石油价格。最后还有中东地区的地缘政治，通常会推高价格。

但是，即使油价不可预测，从容而安全地拥有大量可供出售的石油，看起来仍然是一个"令人艳羡的烦恼"。从2000年到2015年，世界能源消费量增长了40%，对石油的需求几乎每年都在增长。尽管石油在整体能源消费中的份额已经下降，为可再生能源和煤炭的大幅增长腾出了空间，但自金融危机以来，实际需求的年增长率约为1%。这要归因于新兴市场的需求增长（见图14-2）。

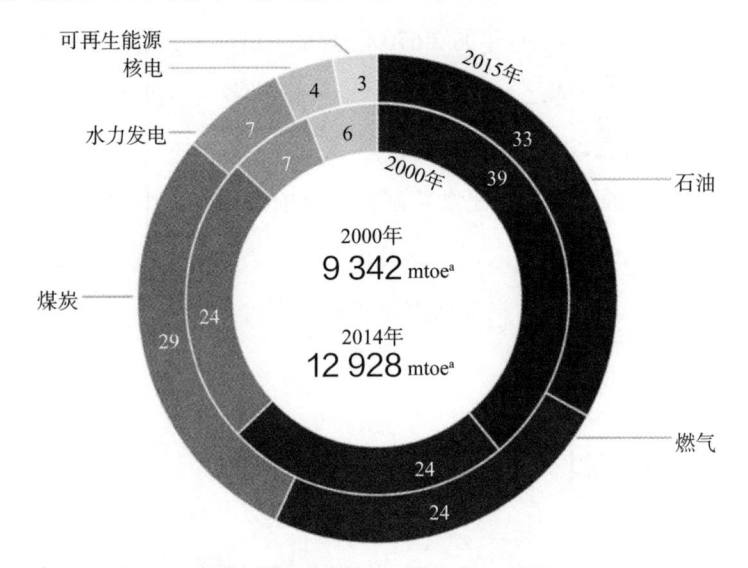

图 14-2　2015 年与 2000 年按燃料类型划分的世界能源消费（%）
数据来源：BP Statistical Review 2016。
a 百万吨能源当量。

尽管西欧和北美在 20 世纪 60 年代共计消耗了世界石油产量的 65%，但到 2015 年，它们的份额已经缩减到不到 40%（见图 14-3）。中国的消费份额占到 13%，仅次于美国。

对亚洲的出口已经占到了沙特阿拉伯石油销售的 60% 以上，这个数字还在以每年约 1% 的速度增长。（沙特）面临的挑战是如何通过逐步转变方向来应对这一变化，从相对衰落的西方大国，尤其是美国，转向亚洲，尤其是中国。对于 SAMA 来说，这将涉及增加对新兴市场的投资关注，并管理国际货币体系的变化，特别是人民币的地位。虽然美元的核心地位仍然很好地服务于沙特的利益，但投资回报始终是驱动 SAMA 方向的主要因素，而中国似乎更有可能提供比欧洲和北美洲更高（尽管不稳定）的回报。

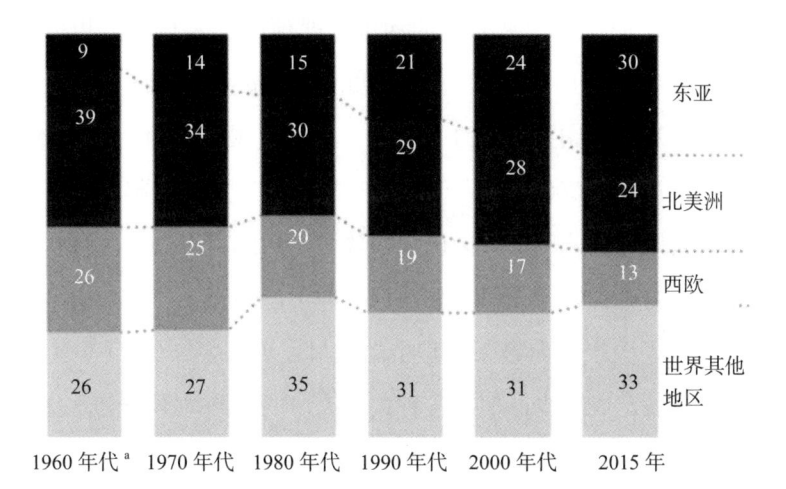

	1960年代[a]	1970年代	1980年代	1990年代	2000年代	2015年
东亚	9	14	15	21	24	30
北美洲	39	34	30	29	28	24
西欧	26	25	20	19	17	13
世界其他地区	26	27	35	31	31	33

图 14-3　1965—2015 年全球各区域石油消费（%）

数据来源：BP Statistical Review 2016。
注："世界其他地区"包括日本。
a 这里是指 1965 年至 1969 年。

三、人口挑战

关于油价未来的担忧很可能被夸大了，正确的反应可能是调整方向，而不是危机管理。然而，王国的人口增长问题不可避免。沙特居民从石油收入中受益匪浅。经过通货膨胀调整，人均国内生产总值（包括外国居民）从 1970 年大约 4 600 美元上升到今天（2016 年）的约 21 000 美元，[2] 这近乎 4 倍的增长，是在沙特人口增长 3 倍的情况下实现的（从 500 万增加到大约 2 000 万）。没有其他大国（即人口至少有 2 000 万的国家）能够接近沙特阿拉伯在人口和人均产出方面同时增长的成绩。但是，这样的增长还能持续多久呢？

沙特阿拉伯"盈亏平衡"的油价（即预算收入与支出相抵的价格）水平的抬升是由人口增长所推动的。2016 年，沙特本国人口估计为 2 010 万，外国居民有 1 170 万。SAMA 最近估计，到 2050 年本国人口将达到 4 000 万。一代人的时间里人口翻倍听起来像是世界末日，但人口增长速度实际上已大幅放缓。1950 年伊本·沙特在位时，沙特女性人均生育 7 个孩子，如今这一数字已降至 3 个。如果沙特按其他中等收入国家走向繁荣过程中的人口发展路径，到 21 世纪中叶，人口最终将稳定或减少。但是各种关于人口的预测均不确定，总之需要等待时间给出答案。[3]

为了让年增长超过 2% 的人口保持稳定的生活水准，该国将不得不大量增产石油以便出口，或者是油价每年必须相应地上涨 2%。要让国民的生活水平超过时下，油价上涨的幅度得远超 2%。[4]这是一场豪赌，因为沙特阿拉伯无法控制油价。如果石油进口大国的人口增长出乎意料地放缓，或者能源效率提高和可再生能源的使用增加，情况将会更加黯淡。这就是"2030 愿景"背后的逻辑。沙特必须减少经济对石油出口的依赖。

一个值得关注的问题是石油被转用于沙特国内市场，且被严重浪费。正如应对该问题的一个显而易见的手段是继续提高当地能源价格一样，人口问题的一个解决方案是取代外籍工人。但这两个措施都不易实施。多元化项目得到"确保廉价能源承诺"的加持。几十年来，这个国家一直在努力摆脱对外国劳动力的依赖。众所周知，外国人将其收入汇回母国，消耗着 SAMA 的外汇储备；他们不投资当地经济却占据着工作岗位，经营着企业，而这两者理论上都可以由沙特青年男女从事。如果"2030愿景"的目标之一——劳动力的沙特化能够实现，那么将马上从根本上改善预算。

"2030愿景"提出了一种美国式绿卡计划，目的是吸引更高质量的外籍工人，他们会将资金投到沙特阿拉伯，而不是汇回母国。目前鼓励沙特化的尝试被称为"Nitaqat"（意为"范围"）。私人公司被划分为优质、绿色、黄色和红色四个层级。这个计划的目的是通过使公司很难招聘新的外籍工人（除非他们也增加了工作人员中沙特人的比例），从而鼓励公司提升其层级。问题是沙特人通常不能或不愿从事其认为低贱或服务性质的工作。但是，随着时间的推移，Nitaqat和绿卡计划应该会产生一些效果。

四、沙特阿拉伯应设立财政规则吗？

过去，沙特阿拉伯应对不可预测的油价（"石油价格轮盘赌"）并非通过严格的公共支出约束，而是采取灵活的预算方式。每年年初公布预算时，大家都知道如果石油收入出现大幅变化，预算也会被调整。但油价的变化往往要滞后一年甚至更长时间才能反映在公共支出上，2014年之后就是如此。

沙特阿拉伯的财政策略是逆周期的，即政府在好年景会有盈余、坏年景会有赤字，但同时也有一种消解力量，因为好年景往往超支，其程度要超过坏年景削减的程度。特别是在新千年的最初几年，持续多年的好年景期间有一种倾向，即增加政府支出的速度过快，而不是积累储备。事后看来，巨大的预算盈余本应该更大，那样的话SAMA的储备增长得会更快。

沙特阿拉伯今天面临的困难是，为了满足不断增长的人口的需求，油价必须持续上涨。换句话说，"盈亏平衡"的价格水平必须提高，但油价不可能会随着该国的需求而上涨。如果油价不涨，那SAMA的储备将被提取以满足进口需求，而这些储备不会永续。一个不争的事实是，除非油价升至新高，否则沙特普通民众的生活方式将不得不在不久的将来发生改变，从而减少外汇外流——或者通过改变汇率机制（这会输入通胀，从而降低生活水平），或者直接通过财政紧缩，抑或两者兼而有之。如果解决办法之一是用本地劳动力（尤其是女性）取代外籍劳动力的话（她们中的许多人并没有从事过经济活动，有可能在职场找到令人满意的职业），那对沙特人的生活质量来说并不一定是坏事。如果经济能够提高生产率并使出口多元化，那就更是锦上添花了。增加国内收入的意图（特别是征收销售税）是好的，也是必要的。但在过去的十年里，非石油收入和政府支出之间的差距急剧增大，如图14-4所示，而提高国内税收将对生活水平产生不利影响。[5]

财政紧缩对于降低"90%解决方案"的影响至关重要。在"90%解决方案"中，国内税收覆盖不了的支出以外汇的方式流出境外。专门提高燃料价格将产生两个积极影响：一是增加政府收入，二是减少消费会促进石油出口。2015年12月，沙特国内上调了加油站的油价。但其燃料仍然很便宜，而且浪费严重。根据英国石油公司的年度能源评估，沙特阿拉伯的石油消费量与整个非洲大陆相当。即便考虑到下游石化产业消耗了大量能源，这仍然是一个很高的数字。

图 14-4　1969—2015 年政府开支与收入来源对比

数据来源：SAMA Annual Statistics。

这就是讨论是否应用财政规则来限制政府支出灵活性的背景。具体的考虑是，在油价坚挺时减少支出，更多的资金将进入外汇储备，以支持油价疲软时的支出。智利和挪威等大宗商品出口国制定了一项财政规则，这是一种将当前支出与大宗商品价格波动脱钩的机制。由于大宗商品和市场回报的随机性，两国采用的预测大宗商品价格或投资收益率的工具并不可靠。IMF 向沙特阿拉伯提出了第三种方法，即与其试图预测未来的油价或外国投资回报率，不如简单地限制支出相对于前一年的增减幅度。对于极为重要的石油收入，IMF 建议沙特财政部使用基于历史数据的移动平均线，而不是像目前那样对油价和出口量进行年度预测。对于油价，用过去五年的平均值；出口量使用过去三年的平均值。随机漫步效应在这里得以适用，因为使用历史油价作为预测指标有缺陷，而出口量则要稳定得多。

鉴于商品和投资回报"无时间依赖"的原则，大宗商品出口国设定财政规则就很容易被指责。问题是，有规则是否比根本没有规则要好。总体而言，有一个财政规则更好，因为其在计划中促进了确定性——即使它并不总是有效。其优点在于财政规则强化了财政部在与支出部门谈判时的地位，因为它通过将当年支出与前一年度的支出密切相关，提供了一个基准。此外，结合中期支出框架，可以系统开展资本项目。削减开支多会从控制长期项目着手来保持当前支出，如公务员工资和社会福利。实施财政规则可能伴随着削减支出，这将更长时间地保持 SAMA 的外汇储备，减轻对钉住汇率的压力。

这是对财政规则的简单分析。实际上总会有例外的情况，特别是在经济下行压力巨大时——会有强大的压力阻止削减支出。现实中，规则总是需要一定的灵活性。但是，有一个将未来支出与过去联系起来的规则（即便有可能偏向），总比继续目前的情况要好。目前的情况是，主要由于人口因素，每年都有提高支出的要求。

五、务实、稳定和持续

这里适合给本书做一个简短总结。沙特阿拉伯王国的前身是由伊本·沙特在 1902 年建立的，他是阿拉伯半岛一千多年来出现的伟大人物。萨勒曼是他的儿子，也是第七位国王。所有的权力转移都在王室内部顺利进行，下一代也已经准备好接班。

沙特阿拉伯以其文化的凝聚力而著称。王室在国内获得支持，主要基于对君主制的尊重以及对伊斯兰教的信仰，因为王室保护着圣地。这个国家非常幸运地被赋予了丰富的矿产资源，石油收入的红利通过经济发展计划和社会福利被广泛分配。在关键职位上的忠诚和能力受到重视和奖励。政府内部对由石油带来的挑战及其福祉有着深刻的理解，并且他们已经开始着手解决这些问题。

SAMA 是王国内最具权力的机构之一，其历史可以追溯到 60 多年前。其权威是通过国王颁布的王室法令而确立的，国王同时也是大臣会议的负责人。中央银行的关键任务是稳定本国货币的内外价值并维护金融稳定。SAMA 在如何采取行动上拥有广泛的自由裁量权。管理 SAMA 的法律可以更改，但很少这样做。

从很多方面来看，将沙特阿拉伯视为一个巨大的私有企业（该企业面临着对其主要产品需求不可预测的问题），并将其与其他企业的运营方式进行比较，相对于将其与其他大宗商品出口国（尤其是发展中国家）混为一谈更有对比价值。后面这些国家往往有着痛苦的殖民经历、意识形态混乱、饱受政变和内战困扰，在最好的情况下，也是政策多变、不可预测。沙特阿拉伯的口号是所有商人都会赞同——务实、稳定和持续。在艾哈迈德·霍利菲担任总裁期间，SAMA 一如既往地践行这一理念，避开一系列让周边国家陷入混乱的危机。它将把这些品质用于应对未来的挑战，无论是货币制度的改变、支持经济多元化和减少对石油的依赖，还是其他未知的挑战。

附录

深入了解 SAMA

8位总裁的远见塑造了现在的SAMA。由于我们（本书的两位作者）同第三任总裁安瓦尔·阿里（他在SAMA成立后仅6年就上任）[1]以来的每位总裁各有过私人接触，所以我们认为，列出每位总裁的工作成就、我们对他们主要成就的看法，尤其是他们个人的一些特点，将会很有趣。

安瓦尔·阿里（在任时间1958—1974年）一生四海为家，他出生在殖民时期的印度，最初加入英国国籍，后加入巴基斯坦国籍，再后来移居美国。他应国际货币基金组织的临时安排赴吉达，并迅速爱上了沙特这个国家。他富有成果地重建SAMA并倡导其独立性。早在1962年，他就在SAMA的首份年度报告中解释了非石油经济如何通过乘数效应依赖石油收入的机制。阿里建立了至今仍然运作的金融监管体系。他工作勤奋，唯一的休闲活动是玩桥牌，这需要强大的心算和计算赔率的能力。阿里于1974年在任内去世，他的导师、国王费萨尔于次年去世。阿里靠其秘书将阿拉伯语文件翻译成英语，SAMA副总裁投资部至今仍使用英语和阿拉伯语作为工作语言。

当阿里在访问华盛顿特区因心脏病发作去世时，美国驻沙特大使馆为美国国务卿基辛格发送了一份感人的悼词：

"［安瓦尔·阿里］长期任职有两个重要因素：他与国王费萨尔密切的个人关系，以及他在沙特金融资源大幅增长时期，平衡来自沙特王室的压力并满足现代化王国的社会和其他服务需求的能力。他是世界级的金融家，在他去世时，沙特的盈余正以前所未有的速度增长，他对于配置沙特盈余资金的方法极为保守……总体来说，整个西方世界，尤其是美国，都对安瓦尔·阿里心怀深深的感激，因为他拒绝因政治或其他原因，而在没有充分考虑对其他国家货币影响的情况下，将沙特阿拉伯的金融资源从一个市场转移到另一个市场。"[2]

安瓦尔·阿里的继任者阿卜杜勒阿齐兹·库雷希（任职于1974—1983年），他是第一个担任这一最高职位的沙特人。他出生在东部省的阿赫萨，在美国获得工商管理学位，父亲在财政部工作。在到中央银行之前，他担任过许多政府职务（包括国务大臣），以善于解决问题而闻名。他管理沙特铁路系统和达曼港，后来被任命为公务员局的主席。就个人而言，他是一个熟练的人事管理者，对待员工友善。

库雷希面临着许多亟待解决的问题。他在任期内经历了两次石油危机，并见证了外汇储备的巨幅增长。他在几周内实施了阿里的计划，引进了一支西方顾问团队，并推进了直接购买美国国债的计划，随后又与日本和西德达成了类似交易。他还开始在全球范围内投资股票。关键是在1981年，他在战后利率处于高位时延长了债券投资的期限，并且开始在美元（资产）之外进行多元化投资。这些都是大胆而有创造性的决策，为随后的十年带来了巨大利润。

他的工作不仅是应对危机，他还致力于赋权给沙特民众来管理本国经济。他大力推进了"沙特化"政策，将商业银行的管理权移交给本地投资者。他在 SAMA 搬迁至利雅得之前就在新址附近建造了一个住宅区，这体现了他在人力资源管理方面的先见之明：核心员工不仅是同事关系，还将是好邻居、亲戚朋友。今天的 SAMA 文化在很大程度上归功于他。库雷希于 1983 年卸任，加入了他的家族企业库雷希兄弟公司。

哈马德·萨亚里（任职于 1983—2009 年）来自距离利雅得大约 50 英里的杜尔马，是 SAMA 迄今为止任职时间最长的总裁，其任期跨越了法赫德和阿卜杜拉两位国王。他举止优雅、行事谨慎、善于倾听，喜欢在幕后施加影响。他对所有事情都有自己的看法，但说话不多，而且毫不装腔作势，简单直接。每当人们看到他手中摆动着老花镜时，就会想起这位第五任总裁曾经是一名教师。

萨亚里在美国马里兰大学获得经济学硕士学位。在专攻金融学和经济学之前，他取得过一个伊斯兰教法学位。他后来从教职工作转到了服务于投资公共资金的准政府组织工作。库雷希于 1983 年辞任后，萨亚里从副总裁升任为最高职务，先是担任代理总裁，直到 1985 年 9 月被任命为 SAMA 总裁。在 20 世纪 80 年代，石油价格狂跌，政府出现财政赤字、外汇储备快速下降。萨亚里坚定地将里亚尔钉住美元——这个钉住已经持续了 30 年——并且巧妙地处理了资产减少的问题。

萨亚里任上必须处理的最大危机，无疑是 1990 年伊拉克入侵科威特（期间的金融动荡）。这是第五任总裁能力的证明，他对这场地区性灾难的迅速而有效的反应，使 SAMA 在国际上取得了杰出成就，也赢得了声誉。在引领利雅得自最初的恐慌中恢复信心后，萨亚里通过组织海湾地区的其他央行行长来维持科威特第纳尔的汇率，并提供所需要的流动性，从而将 SAMA 变成了科威特中央银行（当时在流亡中）事实上的替代机构。这次战争过后是 20 世纪 90 年代漫长的煎熬，萨亚里要应付外汇资产的下跌和政府债务的快速增长。他毫不动摇地坚守债券市场应该自愿参与的原则，坚持认为 SAMA 不应强迫银行购买债券。

当油价最终开始回升时，一系列新的、更复杂的问题出现在萨亚里面前——这些问题源于沙特阿拉伯越来越多地参与全球金融体系。2001 年针对美国的"9·11"恐怖袭击，2006 年的股市崩盘、通货膨胀和全球金融危机的发端，都发生在其任期内。他也是 SAMA 第一个努力应对批评性舆论这一相对较新现象的负责人。萨亚里试图通过限制消费贷款来控制股市泡沫，但市场崩溃触发了责任推诿。由于石油和食品价格上涨，他发现自己也面临着类似的通货膨胀问题，但他坚决反对民众要求升值里亚尔，对此进行了一场长期的防御战，保住了钉住汇率制。

在繁荣时期管理事务相对容易，但是在艰难的经济环境下，决策者的能力就真正受到了考验。萨亚里迎难而上，经受住了这个考验。到任期结束时，他在危机管理方面的娴熟技能，以及在低调改善沙特阿拉伯金融基础设施方面的务实态度，使他成为在国际上备受尊敬的专业人士。他在 2008 年被《银行家》杂志评选为年度中央银行家。

萨亚里的继任者穆罕默德·贾赛尔（任职于 2009—2011 年），守时、举止威严、行事果断。由于他走得很快，他的员工很难跟上他的步伐。贾赛尔在讨论中言辞犀利，尽管他喜欢主导辩论，但当别人提出一个好观点时，他还是很高兴。他虽然态度严肃，却能在必要时释放极富感染力的魅力，赢得与他密切合作的同事们的忠诚和完全信任。

贾赛尔来自沙特王国中部、位于利雅得以北200英里远的沙漠绿洲布里达。他和继任者穆巴拉克是第一批从小看着石油财富如何把自己的国家转变为一个现代国家的货币局总裁。贾赛尔的早期职业经历丰富。在美国完成学士和硕士课程后，他在沙特财政部工作（1981—1983年），然后去美国攻读经济学博士学位（1983—1986年）。在利雅得的财政部只工作了两年，他又回到了华盛顿特区，最后做到国际货币基金组织的执行董事。40岁时，他最终回归，成为SAMA副总裁（1995—2009年）。贾赛尔早前的成就还包括参与天然气倡议（1997—1998年），以及在沙特加入世界贸易组织时担任沙特谈判小组成员。

在全球金融危机中，贾赛尔上任不到四个月，就不得不处理该国历史上最大的企业危机——萨阿德-AHAB集团违约事件。他迅速采取行动控制事态，确保银行没有其他问题贷款。到2010年，银行信贷增长已经恢复，没有一家沙特银行倒闭。贾赛尔还努力推进海湾货币联盟，但他可能很清楚，政治因素会使实现海湾共同货币变得困难。

在关于世界金融体系面临的问题的辩论中，贾赛尔做出了重大贡献。他直言不讳，不惮争议，也不怕向媒体解释沙特经济的真正运作方式。他极力为沙特阿拉伯的宏观经济政策框架辩护，有力论证了逆周期对经济增长的好处，以及教科书式汇率管理方法的成本（简而言之，为什么要用不确定性替代确定性）。贾赛尔和萨亚里在 SAMA 共事期间关系很好，这为央行在各种政策和操作问题上的决策提供了可信度。贾赛尔赞成在适当的情况下保持透明度，同意向国际货币基金组织提供 SAMA 外汇储备的各项数据，因为这些数字被计入配额分配。2010 年，贾赛尔荣获北美阿拉伯银行家协会（ABANA）成就奖。2011 年底，在任职一千天并带领沙特银行系统度过 70 年来最严重的金融危机之后，他被提升为沙特经济计划大臣。

下一任总裁法赫德·穆巴拉克（任职于 2011—2016 年）*的背景与众不同。与六位前任不同，他既不是经济学家，也不是公务员，他来自东部省，在美国获得工商管理博士学位，在沙特金融界快速创富并声名鹊起。他在创立了自己的投资公司后，将其卖给摩根士丹利（沙特）公司，担任后者的董事长和董事总经理。他后来出任 Tadawul 主席，并在顾问委员会服务了六年。

穆巴拉克的任命反映了政府希望将私营部门的纪律和文化注入公共部门，他着力指导和培训 SAMA 的员工。受吉姆·柯林斯（Jim Collins）同名著作《从优秀到卓越》的影响，穆巴拉克经常说，他的目标是让 SAMA 从优秀到卓越。这位第七任总裁的风格是鼓励员工在央行内部相互交流，而不是埋首于茧房。他的目标包括实现良好的时间管理和提高员工凝聚力。为了沟通方便和快捷，穆巴拉克鼓励使用电子邮件，而不是墨守成规进行书面审批，他强调内部会议和多方参与。在他上任之后，SAMA 对其机制和信息系统都进行了重新设计，全面优化投资程序和流程。穆巴拉克工作努力，工作

---

* 穆巴拉克于 2021 年 1 月—2023 年 1 月再次担任行长。——译者注

时间很长，很少有时间像一些老前辈那样放松。他喜欢通过徒步来放松。

我们完成本著作时，艾哈迈德·霍利菲是第八任总裁。*2016 年 5 月，他在政府的高层人事变动中接替了穆巴拉克的位置（这一轮变动中还任命了贾赛尔为内阁总秘书处顾问）。

与前任不同，霍利菲是一位资深的中央银行家，自 1995 年以来，在 SAMA 担任了多个职位。他是利雅得本地人，1987 年从沙特国王大学获得法学学位，之后加入石油和自然资源部担任法律顾问，后又赴美学习，于 1993 年获得经济学硕士学位，两年后加入 SAMA 担任经济学家。他继续从事学术研究工作，并在 2000 年获得了经济学和工商管理博士学位。到 2002 年，他在 SAMA 获得了一个部门主管职位，并在 2010 年被任命为研究和国际事务主管。次年，霍利菲被派到国际货币基金组织担任执行董事，2013 年回到 SAMA 后出任副总裁。

霍利菲在伊斯兰金融服务委员会的技术委员会任职至 2015 年，因此他熟悉符合伊斯兰法的金融事务。他还是沙特阿拉伯投资总局（SAGIA）的董事会成员。在他的领导下，研究部门开始发表学术论文，课题内容包括汇率政策、通货膨胀预测、经济中的产出缺口、沙特股票市场以及经济多元化面临的挑战等。他的工作重点是保持汇率稳定，并确保 SAMA 全面支持"2030 愿景"的理念。

---

* 霍利菲于 2021 年初离职。现任沙特央行行长（如本书文前注释所称，沙特如今已经对外将 SAMA 称为中央银行，因此此处翻译为行长）为 2023 年 1 月上任的艾曼·萨亚里。——译者注

2016年SAMA董事会名单

主席、总裁	艾哈迈德·霍利菲
副主席、副总裁	阿卜杜勒阿齐兹·富赖赫
其他	哈马德·萨亚里
	阿卜杜勒阿齐兹·阿塞勒
	哈立德·朱法利

注：在1952年SAMA成立之初，沙特财政大臣任董事会主席，财政部副大臣任副主席。1957年12月，为了强调SAMA的自主性，对章程进行了修订，由SAMA的总裁和副总裁分别担任董事会的主席和副主席。与此同时，董事会被赋予适当的权力以确保其管理的健全性。

2016年底SAMA高级管理层名单

总裁	艾哈迈德·霍利菲	（2016年5月任命）
专职副总裁	阿卜杜勒阿齐兹·富赖赫	（2014年7月任命）
投资副总裁	艾曼·萨亚里	（2013年5月任命）
银行业务副总裁	哈希姆·黑卡尔	（2013年5月任命）
行政副总裁	法赫德·多萨里	（2016年5月任命）
研究和国际事务副总裁	法赫德·沙特里	（2016年7月任命）
监管副总裁	艾哈迈德·谢赫	（2016年11月任命）

前任总裁	
法赫德·穆巴拉克	（任职于2011—2016年）
穆罕默德·贾赛尔	（任职于2009—2011年）
哈马德·萨亚里	（任职于1983—2009年）
阿卜杜勒阿齐兹·库雷希	（任职于1974—1983年）
安瓦尔·阿里	（任职于1958—1974年）
拉尔夫·斯坦迪什	（任职于1954—1958年）
乔治·布洛尔斯	（任职于1952—1954年）

前任副总裁	
职位空缺，2013—2014 年	
阿卜杜勒拉赫曼·哈米迪	（任职于 2009—2013 年）
穆罕默德·贾赛尔	（任职于 1995—2009 年）
易卜拉欣·阿萨夫	（任职于 1995 年 7 月—1995 年 10 月）
艾哈迈德·马利克	（任职于 1988—1995 年）
职位空缺，1983—1988 年	
哈马德·萨亚里	（任职于 1980—1983 年）
哈立德·古赛比	（任职于 1972—1980 年）
朱奈德·巴朱奈德	（任职于 1963—1972 年）
阿贝德·谢赫	（任职于 1958—1963 年）
马脱克·哈萨奈因	（任职于 1954—1958 年）
拉尔夫·斯坦迪什	（任职于 1954 年 9 月—1954 年 11 月）
拉赛姆·哈利迪	（任职于 1952—1954 年）

术语表

主动投资管理（Active Investment Management）

利用专业人才或计算机技术的投资方式，旨在扣除费用后取得高于投资基准的回报。

升值（Appreciation）

一种货币因市场需求而逐渐升值，而不是由官方干预导致汇率上升。

套利（Arbitrage）

利用同一产品（或其替代品）在同一时间、不同市场上存在的价格差异进行交易而赚取差价来获利的过程。

巴塞尔协议标准（Basel Standards）

在国际清算银行主持下运作的巴塞尔银行监管委员会，就改善金融机构的监管、监督和风险管理提出的银行监管建议。按照顺序，它们分别被称为巴塞尔协议Ⅰ、巴塞尔协议Ⅱ和巴塞尔协议Ⅲ。

基点（Basis Point）

1%的1%，即100个基点=1%。

熊市（Bear Market）

市场下跌或预期市场价格下跌的悲观时期。

基准收益率（Benchmark Return）

在投资管理中，通常会将主动和被动基金经理的业绩，与同期一系列证券指数收益相比，以确定他们是跑赢还是跑输。这个百分比就是基准收益率。

买入价（Bid Rate）

报价方准备购买外汇或存款的价格。

黑市（Black Market）

通常是非法的、没有获得许可的资产或外汇市场。黑市价格通常会高于官方价格，但在按官方价格供应有限的情况下，在黑市上可自由获得。

债券（Bond）

发行人对持有人或持票人负有支付责任的证券。债券通常是一种可流通票据，具有固定利率和一年以上的固定到期日。

布雷顿森林会议（Bretton Woods Conference）

1944年在美国新罕布什尔州布雷顿森林举行的国际会议。与会者同意国际货币体系的特征，这一体系一直持续到1971年，通常被称为"布雷顿森林体系"，是一个固定汇率制度，伴随一定的资本管制。

经纪人（Broker）

经纪人将买卖双方撮合在一起，从中收取一定费用。经纪人本身不是持有头寸的主体，他们只是作为代理人安排其他各方之间的交易。

银行安全存款账户（BSDA）

一种目前已不复存在的不可转让工具，由SAMA发给商业银行，吸收过剩流动性，现已被中央银行票据所替代。

预算赤字（Budget Deficit）

政府预算在同一时间阶段内支出超过收入的情况，也被称为财政赤字。

预算盈余（Budget Surplus）

政府预算在同一时间内支出少于收入的情况，也被称为财政盈余。

牛市（Bull Market）

市场上涨或预期市场价格上涨的乐观时期。

资本管制（Capital Controls）

政府或中央银行对外汇交易的规定，以避免本币供应过度膨胀或外汇储备枯竭。当一国面临大规模不受欢迎的资本流入或流出时，通常会实施此类控制，也被称为外汇管制。

中央银行（Central Bank）

代表一国政府的银行，有权发行该国货币，其职责可能包括管理该国的货币供应、短期利率水平和信贷规模。还可以管理国家外汇储备的水平，并寻求控制本币的对外汇率。

中央银行票据（Central Bank Bill）

一种由中央银行以本币标价向金融系统中的银行发行的可转让票据，通常到期日不到一年。目的是在发行时吸收多余的流动性，并通过改变发行量或允许银行临时回售票据来调整流动性。沙特的中央银行票据为 SAMA 票据。

中央银行互换（Central Bank Swap）

相关经济体中央银行之间使用外汇互换的做法，在不产生净汇兑头寸的情况下，向本国国内货币市场注入流动性，或从市场回收流动性。

竞争性贬值（Competitive Devaluation）

超过预估平衡汇率的贬值，目的是在出口市场上获得价格优势。

担保债务凭证（CDO）

一种结构化的金融产品，将产生现金流的资产集中在一起，并将这些资产重新打包成风险不同的份额，然后出售给投资者。组合 CDO 增加了衍生品。

信用评级（Credit Rating）

从投资者未能按时全额收到利息和本金的角度，来衡量一种金融工具或借款实体的风险等级。主要的评级机构是标准普尔、穆迪和惠誉。标准普尔的 AAA 级是对债券或货币的最高评级，信用质量随着字母表顺序下降。

信用风险（Credit Risk）

在贷款操作中，借款人无意或无力按时偿还本金或支付利息的可能性。

钉住汇率（Currency Peg）

中央银行保持本币对另一货币（如美元）汇价稳定的情形。典型的安排是中央银行承诺以本币购买或出售无限量的美元。

当前票息（Current Coupon）

（1）在定息证券中，指接近同类证券当前到期收益率水平的票面利率。拥有当前票息的普通债券价格接近面值（100）。

（2）在浮动利率证券中，指当前利息期间的利率。

当前收益率（Current Yield）

证券的票息与其市场价格之比，以百分比表示（票息/价格 × 100%）。

还本付息（Debt Service）

借款人在债务存续期内必须支付本息总额。偿债率是将一数字与其他数字比较（如，对于主权借款人以外币计价的债务，则与其出口额比较；对于主权借款人以其本币计价的债务，则与其 GDP 比较）。

货币贬值（Depreciation）

因供求趋势而导致汇价的逐渐下降，而不是由官方干预造成的币值下跌。

发达市场（Developed Market）

发达国家，投资回报低于新兴市场，但风险较低。美国和英国是发达市场。

美元化（Dollarization）

因为一国的经济参与者不愿承担本币贬值的风险，该货币供应由本币和外币（通常是美元）混合构成的过程。在极端情况下，流通领域仅使用美元。

时间依赖（Duration Dependence）

正向时间依赖是指随着时间的推移，某一事件发生的可能性增加；负向时间依赖则是事件发生的可能性随着时间的推移而减少；无时间依赖是事件发生的可能性与时间的推移无关。参见"随机漫步"（Random Walk）。

久期中性转换/互换（Duration-Neutral Switch or Swap）

久期衡量债券价格因其到期收益率变动而变化的幅度。久期中性转换是指买方卖出一个特定到期收益率的债券，并购买一个信用风险相同但到期收益率更高的债券，从而提高到期收益。

新兴市场（Emerging Market）

一个发展中国家，该市场投资预期回报比在发达市场高，但风险更大。沙特阿拉伯是一个新兴市场。

欧洲美元（Eurodollars）

非美国居民投资于（美国）外部货币市场的美元。欧洲美元结算通过美国的银行账户进行，构成了美国货币供应的一部分。欧洲美元不受与国内美元相同的监管。

外聘经理人（External Managers）

外聘资金管理人是中央银行等机构将其资产（如股票和债券）的管理外包给的第三方。

权益投资（Equity Investment）

一般指个人和公司在股票市场上购买和持有股票，以期股票升值后获得股息和资本利得收入。权益在美国称为股票（Stock），在英国称为股份（Share）。

远期外汇交易（Forward Foreign Exchange Transaction）

一种以预先确定的汇率进行的晚于即期汇率的结算（即结算日期晚于最近的结算日期）。该汇率是即期汇率加上基于两种货币之间利差的掉期率计算得出的。

政府发展债券（GDB）

由沙特阿拉伯政府以本币发行的一种付息债券。

对冲（Hedging）

通过持有一种资产来抵消持有另一种资产的风险的安排。例如，一位持有日本债券的美国投资者，同时通过远期外汇交易卖出日元买入美元，就是在对冲日元的汇率风险。

内部经理人（Internal Manager）

由 SAMA 等机构直接雇来管理其股票和债券等资产的职员。

投资基准（Investment Benchmark）

用来衡量主动管理的证券组合或投资经理绩效的标准。用于此目的的通常是大盘和细分领域的股票及债券指数。如果一个组合的表现低于基准，意味着在这一时期的回报欠佳；如果表现优于基准，则意味着其回报跑赢基准。

杠杆（Leverage）

利用金融工具或借入资本（如保证金）来增加投资的潜在回报。在商业术语中，杠杆是指用于增加公司资产的债务额。债务明显多于股本的公司被视为高杠杆公司。与其他企业相比，银行的杠杆率通常非常高。

流动性（Liquidity）

在一个多币种投资组合中，给定外币的流动性需要从外汇流动性和工具流动性两个方面来考虑。外汇流动性取决于一种货币与另一种主要货币互相兑换的难易程度。工具流动性取决于以该货币计价的可转让票据，在不明显影响该票据市场利率的情况下进行买卖的难易程度。外汇流动性和工具流动性这两种类型决定了投资组合中特定货币的整体流动性。在本币情况下，流动性通常指的是工具流动性。2008年全球金融危机的显著特点是跨市场的流动性枯竭。

贷存比（Loan to Deposit Ratio，LDR）

贷存比是衡量银行资产负债表上的贷款额（资产）与存款额（负债）比例的一个指标。LDR 低于 100% 表明贷款额小于存款额。SAMA 使用这一监管工具的依据是，LDR 越低，银行的运营风险就越小。

伦敦同业拆出利息率（London Interbank Offered Rate，LIBOR）

这一利率常常被用作定价欧洲美元贷款的基础。贷款方和借款方同意在LIBOR之上加上一个加价点，LIBOR加上这个加价点构成了该贷款的实际利率。典型的LIBOR期限包括一个月和六个月。*

多头（Long）

"做多"是一个市场术语，指的是预期价格会上涨而买入某种证券或货币。一个例子是在预期货币升值时买入该货币。

货币市场工具（Money Market Instrument）

最受欢迎的货币市场工具包括国库券（或本币等值物）、商业票据、银行承兑汇票和存单。

报价（Offer Rate）

报价方准备出售某种货币或提供贷款的价格。参见伦敦同业拆出利息率（LIBOR）。

离岸银行机构（Offshore Banking Unit，OBU）

位于发行其经营业务所用货币的中央银行管辖范围之外的金融机构（通常是银行）。离岸市场是指该管辖范围之外的市场。

公开市场操作（Open Market Operation）

中央银行在其国内货币市场进行的操作，旨在减少或增加货币供应量，并希望以此改变流动性状况。例如，购买政府债券将增加货币供应量并改善流动性，因为中央银行用现金支付这些金融工具。相反，

---

* 2021年之后，LIBOR各币种报价陆续终止。——译者注

出售政府债券将减少货币供应量并减少市场流动性。回购协议是典型的货币市场操作。

最优货币区（Optimal Currency Area）

一个全域使用单一货币的区域，单一货币有利于提高该区域的经济效率。

被动投资管理（Passive Investment Management）

在不借助专业人员或计算机技术的情况下，持有一篮子证券以紧密跟踪基准回报。

项目融资（Project Finance）

基于无追索权或有限追索权的金融安排，为长期基础设施、工业项目和公共服务提供融资，其中用于融资项目的债务和股本通过项目产生的现金流来偿还。收费公路是以这种方式融资的典型项目。

购买力平价（Purchase Power Parity，PPP）理论

一个认为汇率长期内会调整以反映两种货币相对通胀率的理论。当各国消费的商品和服务差异很大时，估算 PPP 可能会比较困难。

随机漫步（Random Walk）

观察到许多资产（如石油）价格并没有遵循可辨识的模式或趋势。也可以参考"时间依赖"。

回购协议（Repurchase Agreement）

俗称回购（Repo）。一种资产（如政府债券）的卖方同意在特定日期将其买回的合同。交易商经常使用这种安排来提高短期流动性，为自己的头寸融资。央行利用回购来增加金融体系的流动性。

存款准备金（Reserve Requirement）

一个经济体的商业银行被要求存入中央银行一定数额的资金（通

常是存款的一定百分比）。最初，这些要求是为了保护银行的偿付能力。如今，各经济体央行，尤其是新兴市场的央行，调整存款准备金率主要是作为一种影响货币供应和银行体系流动性（即其放贷能力）的工具。

逆回购协议（Reverse Repurchase Agreement）

也被称为逆回购。资产的买方同意在某一特定日期将资产卖回的合同。央行利用逆回购从金融体系中收回流动性。

沙特里亚尔

沙特阿拉伯的货币。

沙特阿拉伯同业拆出利息率（Saudi Arabia Interbank Offered Rate，SAIBOR）

相当于美元 LIBOR 的里亚尔同业拆借利率。

符合伊斯兰教法（Shariah-Compliant）

指被认为不违反伊斯兰教法规则（主要是禁止支付或收取利息）的金融工具。通常被称为伊斯兰金融工具。

空头（Short）

"做空"是市场术语，指卖出投资者不持有的证券或货币，通常承诺在未来某个时间交割。例如，预期货币贬值而卖空该货币。

空头回补（Short Covering）

投资者买入之前卖空的证券或该货币，以便将其交割，从而平掉空头头寸。

软存款（Soft Deposit）

指央行以优惠条件（通常是低于市场利率的利率）向本地银行存放资金，以帮助银行度过困难时期。

主权风险（Sovereign Risk）

指一个国家的政府可能干预债务偿还的风险。当借款人愿意以本币偿还贷款，但由于外汇短缺或出于政治原因，政府可能不允许其向外国银行偿还贷款时，就会发生这种情况。主权政府本身可能不愿偿还以外币借入的贷款。在极端情况下，可能会出现主权债务违约。

特别提款权（Special Drawing Right）

国际货币基金组织于1970年创立的一种综合信托储备资产（只是一种信贷权利），作为既有储备资产的补充。特别提款权由一篮子固定数额的主要贸易货币构成。特别提款权未能在中央银行等官方机构之外取得进展。截至2016年底，SDR篮子中的货币包括美元、欧元、日元、英镑和人民币。

伊斯兰债券（Sukuk）

符合伊斯兰教法的债券工具。

互换额度（Swap Line）

参见中央银行互换（Central Bank Swap）。

美国国债（Treasury Bond）

通常指美国财政部直接发行的、作为美国政府直接债务的债券，称为美国国债或简称为国债。期限短于一年且不支付票息的工具称为国库券。

收益率曲线（Yield Curve）

收益率曲线是用图形表示不同到期日的金融工具（如美国国债）的到期收益率的方式。横轴代表到期时间。当较长期限的收益率高于较短期限的收益率时（大多数情况下都是如此），这样的曲线被称为正向、向上倾斜的或正常的曲线。相反类型的曲线被称为负向、向下倾斜的或倒挂的收益率曲线。当所有到期日的到期收益率相同时，这称为平坦的收益率曲线。

到期收益率（Yield to Maturity, YTM）

证券持有至到期时，按购买价格计算的收益率。这是票面利率、再投资利率和溢价计提或摊销的函数。关键的假设是所有票息都以相同的 YTM 进行再投资（即这种计算不切实际）。

零息票据（Zero Coupon Instruments）

通常称为零息券，是一种在一级市场以低于到期本金金额的价格发行的证券，不附加任何票息，并且不支付收入，因此回报完全由资本增值构成，没有再投资风险。国库券和中央银行票据就是零息券的例子，通常最长期限为一年。

注释

第一章

1. "石油央行"（central bank of oil）一词最初是20世纪90年代初由SAMA时任副总裁穆罕默德·贾赛尔（Muhammad Al-Jasser）使用的，用来描述沙特在稳定世界石油产出中的作用。我们借用了这个词，用来代指沙特中央银行，以此向这位前任副总裁表示感谢。
2. 在2013年油价下跌之前，来自石油的收入超过了GDP的三分之一，并且没有借款。
3. 参见本书作者艾哈迈德·巴纳菲，Saudi Arabian Financial Markets（Riyadh: Ayyoubi Printers, 1993），71—75。
4. 34年来，SAMA一直使用货物和服务进出口的国际收支数据（不包括阿美石油公司和公共部门的其他实体，这意味着不包括石油和石油产品出口，因此它测算的是非石油经济的进出口）来编制此表。为了反映服务和金融交易的其他支付情况，以及个人和私营公司的支付情况，表格中补充了SAMA出售给银行的外汇金额。由于没有伊拉克入侵科威特之后1992—1994年的数据，因此该系列有缺项。在整个1982—2015年间，两个系列之间的差额为540亿美元，即每年10亿至20亿美元。通俗地说，这两个数字几乎完全相同。图1-1中的数值已经按美国消费者价格通胀指数调整为2010年的美元显示，但以名义美元表示则差别不大（R^2升至约0.93）。
5. 第五章将就此进行详细说明。
6. 关于石油价格的随机性问题将在第六章详细展开。
7. 《古兰经》（第2章第275节）明确写道："真主准许买卖，而禁止利息。"
8. 这里我们使用了美国的通货膨胀数据，因为直到最近，沙特的通货膨胀数据都不可靠。
9. 关于外汇储备以及存款和投资之间的分解的年度数据，以及关于准政府组织的外资资产，都来自SAMA年度报告中的综合资产负债表。2000年以来外汇储备的月度数据在Monthly Statistics Bulletin Table 7a中，参见http://www.sama.gov.sa/en-US/Pages/

default.aspx（2016 年 10 月 25 日访问）。

第二章

1. 参见 Alexei Vassiliev, The History of Saudi Arabia（London: Saqi Books, 1998）。这本书为读者提供了一个非西方（俄罗斯）视角来看待沙特阿拉伯的全面历史。苏联是第一个在 1926 年承认汉志和内志王国（沙特阿拉伯王国的前身）的外国大国，比美国早七年。共产主义国家的穆斯林数量意味着了解沙特阿拉伯以及在新的沙漠统治者下朝圣（朝觐）会发生什么对莫斯科非常重要。1938 年，阿卜杜勒–阿齐兹断绝了与苏联的外交关系，直到苏联解体后，这一关系才得以重新建立。

2. 参见 Mohammed Almana, *Arabia Unified: A Portrait of Ibn Saud* (London: Hutchinson Benham, 1980), 226。这是一本关于当时年代的优秀回忆录，是作者在晚年撰写的。作者来自祖拜尔（今伊拉克境内），与阿卜杜拉·苏莱曼一样，在孟买接受教育，他的父亲在印度军队负责阿拉伯马匹事项。从 1926 年到 1935 年，他作为沙特国王的英语翻译官，一直是亲密的随行人员，他的回忆录为我们提供了内部视角，帮助了解阿卜杜勒–阿齐兹的性格、统治方式和财务问题。

3. Truman Library oral history project 1974, Arthur Young interview, http://www.trumanlibrary.org/oralhist/young.htm（2016 年 10 月 21 日访问）。

4. Truman Library oral history project 1974. 在阿瑟·杨格后来的书面记录中，会面的顺序有所不同。

第三章

1. A. Mcleod, Bimetallism in Saudi Arabia（手稿，可能完成于 1958 年，存于利雅得 SAMA 资料库）是关于双金属本位制失败和引入纸币的宝贵（但未公开发表的）资料。麦克劳德（Mcleod）是阿瑟·杨格团队的一员，后来担任 SAMA 研究部的首任主管。因此，他亲历了整个曲折的历史事件。

2. SAMA Annual Report 1380 AH (1961) p. 2 and 1381–82 AH (1962) p. 6, http://www.sama.gov.sa/en-US/EconomicReports/Pages/AnnualReport.aspx（2016 年 10 月 21 日访问）。多年来，这些年度报告提供了关于经济发展的唯一英文评论，它们仍然是最权威的来源。

3. 最初称为荷兰贸易公司。其他银行包括：1947 年的 Banque de L'Indochine（后称 Saudi French Bank），Arab Bank of Jordan（1949 年），1950 年的 The National Bank of Pakistan（后称 Al-Jazira），British Bank of the Middle East［后称沙英银行（SABB）］。

4. 其他新银行主要包括：Saudi Cairo Bank（1954），Lebanon and Overseas Bank（1955），First National City Bank（后称 Citibank，1955），Riyad Bank（1957）和 the National Bank（1958）。

5. 自 1950 年阿卜杜勒–阿齐兹要进行国有化以来，利润一直与政府平分。但由于是美国管理层及其会计师决定如何发布利润额，沙特人永远不能确定他们是否获得了公平的份额。

第四章

1. Vassiliev, *History of Saudi Arabia*, 413.
2. Federal Reserve Board, "Flow of Funds Accounts of the US 1965–1974," Tables L210 and L211 give bank holdings of Treasuries, https://www.federalreserve. gov/releases/z1/current/annuals/a1965-1974.pdf。无论如何，这些银行都需要一些美国国债来满足监管标准。外国持有的美国国债比1970年大幅增加，但在1974年只有580亿美元。
3. Wikileaks, "Kissinger cables." Declassified cable: Kissinger to Jeddah Embassy December 3 1974, https://wikileaks.org/plusd/cables/ 1974STATE265655_b.html（2016年10月23日访问）。基辛格最终让吉达的外交官们了解到阿里去世前三个月在华盛顿特区的一次对话的内容。
4. Wikileaks. Declassified cable from Jeddah Embassy to State Department December 8 1974, https://wikileaks.org/plusd/cables/1974JIDDA07206_ b.html（2016年10月23日访问）。
5. 在此之前，阿里利用一群定期飞往吉达的资深国际银行家为他提供建议。
6. 巴林家族的一员，克罗默勋爵埃韦林·巴林（Evelyn Baring）曾是该家族银行的董事总经理。在20世纪60年代担任英格兰银行行长期间，他无疑会遇到安瓦尔·阿里。他还在1974年担任英国驻美国大使，这并非巧合。
7. David Mulford, Packing for India (Washington DC: Potomac Books, 2014), 110页。也就是说，清单上的金额超过200亿美元。这些钱大部分是活期存款，没有利息。但银行并没有告诉SAMA这一点。
8. 40年过去了，酒店仍在营业。现在，它已经连接了互联网，淘汰了老式的电传机。
9. 这段历史为阴谋论者提供了丰富的素材。参见：David Spiro,The Hidden Hand of American Hegemony: Petrodollar Recycling and International Markets (Ithaca: Cornell University Press, 1999)，该书的价值体现在作者不再将美国在国际舞台上的主导行为视为纯粹的剥削。这只是解决问题最为实际的方式。而来自后一代的学者瑞秋·布朗森，在Thicker Than Oil: America's Uneasy Partnership with Saudi Arabia（Oxford: Oxford University Press, 2006）中的直接的叙述则清晰明了。

第五章

1. Lawrence Freeman and Efraim Karsh, *The Gulf Conflict 1990–1991: Diplomacy and War in the New World Order* (London: Faber & Faber, 1994): 42–63. 这是一部很好地记录海夫吉之战和科威特战争的近现代著作。
2. 2016年，财政部内部设立了一个债务管理办公室。

3. 从技术上讲，是追缴以前的税。
4. Banafe, *Saudi Arabian Financial Markets*, 187–201. 这是从金融角度对科威特事件最全面的记录。

第六章

1. Paul Cashin, John McDermott and Alasdair Scott. "Booms and Slumps in World Commodity Prices," International Monetary Fund Working Papers G99/8 (1999):11. 他们的这个结论，是在研究了 1957—1999 年的 42 年间 36 个商品价格序列后得出的。这篇重要论文发现，大多数商品市场的历史数据序列都存在随机漫步现象（无时间依赖）。随机漫步也适用于其他金融市场，如股票和债券市场，这些市场迄今为止无法进行系统预测。新近的研究没有严重破坏关于石油价格的随机漫步结论。参见：Ron Alquist, Lutz Kilian and Robert Vigfusson. 2011. "Forecasting the Price of Oil," Federal Reserve System International Finance Discussion Papers Number 1022。
2. Commodity Futures Trading Commission, "Interim Report on Crude Oil–July 22, 2008." Interagency Task Force on Commodities Markets, http:// www.cftc.gov/idc/groups/public/@newsroom/documents/file/itfinter imreportoncrudeoil0708.pdf（2016 年 10 月 24 日访问）。工作小组似乎没有进一步提供最终报告。
3. 主要的两个组织是公共养老金机构（Public Pension Agency, PPA）和社会保险总局（General Organization for Social Insurance, GOSI）。
4. MeasuringWorth.com, 股市数据库，http://www.measuringworth.com/DJIA_SP_NASDAQ/（2016 年 10 月 25 日访问）。包括红利再投资在内的准确数据不易获得。在实践中，SAMA 在发达股票市场的经理人往往表现不如指数。
5. Federal Reserve Bank of St. Louis, Economic Research, FRED database, https://research.stlouisfed.org/fred2/series/BAMLCC0A2AATRIV/（2016 年 10 月 24 日访问）。这提供了美银美林美国 AA 级企业债总回报指数的信贷市场回报，反映了 SAMA 在美国的外部基金经理可能会进行投资的某类债券的大致回报。
6. International Monetary Fund, "Financial Sector Assessment Program (FSAP) 2006," http://www.imf.org/external/index.htm（2016 年 10 月 24 日访问）。这个计划涉及 IMF 的官员到访利雅得数周，并与 SAMA 讨论他们认为银行体系当前存在的问题。IMF 通常会延迟一年左右发布这些报告。第一份报告于 2006 年 6 月发布，但工作是在 2004 年 11 月完成的，包括了来自 1999 年和 2003 年的银行数据。
7. 1999 年，资本回报率为 9%，而在 2003 年达到了 23%。
8. 外币贷款和存款在 2003 年分别占总额的 18%，较 1999 年的存款占 20% 和贷款占 29% 有所下降。

9. 根据 IMF 定期的金融稳定评估计划（Financial Stability Assessment Program，FSAP）的估算，2004 年的外债估计为 180 亿美元，其中一部分债务是准政府机构欠款。

第七章

1. 国际货币基金组织的报告提供了这一时期的背景信息。金融稳定评估计划（FSAP）报告继续提供 SAMA 年度报告未涵盖的主题，以及对所讨论政策问题的见解；自 2001 年起，IMF 与沙特阿拉伯进行的第四条评估报告不断改进，对经济的监督更加全面。
2. 沙拉委员会（Majlis-ash-Shura）或顾问委员会于 2000 年恢复并得到加强。它向国王提出建议，并可传唤政府官员接受质询。
3. 参见 Howard Davies, *The Financial Crisis-Who Is to Blame?* (London: Polity Press, 2010)，这是一部佳作，研究了可能导致全球金融危机的原因，作者是一位监管从业者，在危机爆发前曾负责英国金融服务管理局[*]，危机过程曾有涉及。
4. 最高经济委员会由国王主持，负责国内政策。它于 2015 年被经济与发展事务委员会（CEDA）取代。
5. World Bank, "Global Financial Inclusion Database," World Bank, http://www.worldbank.org/en/pro-grams/globalfindex（2016 年 10 月 25 日访问）。这项调查评估了在任何国家、不同社会群体开设银行账户的难易度。这些数据应该谨慎使用，但由于没有更权威的数据可用，因此其新近数据已被采用。作为对比，同一数据库记录显示，94% 的美国成年人拥有银行账户。
6. MeasuringWorth.com, Stock markets database, http://www.measuring worth.com/DJIA_SP_NASDAQ/（2016 年 10 月 25 日访问）。Federal Reserve Bank of St. Louis, Economic Research, FRED database, https:// research.stlouisfed.org/fred2/series BAMLCC0A2AATRIV/（2016 年 10 月 24 日访问）。
7. SAMA 的《统计月报》（表 7(a)）提供了外汇储备的月度数据。关于存款和投资的年度数据，以及准政府组织的信息，来自 SAMA 年度报告中的合并资产负债表。http://www. sama.gov.sa/en-US/Pages/default.aspx（2016 年 10 月 26 日访问）。
8. 它于 2013 年升格为副总裁级的投资局（Investment Deputyship），由新任副总裁领导。
9. 如果没有爱尔兰的承诺，SAMA 准备在第二天撤回所有在爱尔兰的银行的存款。
10. 到 2017 年年中还没有实施。

第八章

1. 引自 Ahmed Alkholifey 和 Ali Alreshan, "GCC monetary union", *International Financial Cor-*

---

[*] 该机构第一任主席于 2003 年离职。——译者注

poration Bulletin 32（2010 年）。这篇文章清晰阐述了历史事件的顺序。艾哈迈德·霍利菲博士曾担任 SAMA 研究和国际事务部门的负责人，并于 2016 年成为 SAMA 的总裁。

2. 引自 Amy Verdun, "The institutional design of the EMU: A democratic deficit?" *Journal of Public Policy* 18:2 (1998)。

第九章

1. 这是当时政治家的典型言论，也为数月后成立圣地亚哥集团提供了背景。
2. 主权财富基金国际工作组，"公认原则和做法"。IWG, http://www.iwg-swf.org/ pubs/eng/santiagopri-nciples.pdf（2016 年 10 月 26 日访问）。
3. 1975—1988 年被借调到 SAMA 的 WB 成员名字应该留下记录。美国一方（最初是怀特·维尔德，后来是美林，因为美林收购了前者）团队领导是戴维·马尔福德，后来由斯蒂夫·威尔伯丁接替。其他团队成员包括 David Reid Scott、Tom Berger、Sam Forester、Bob Smith、Brian McKinley、David McCutcheon、David Hubert、Tom Latta、Bill Franks 和 Greg Ambrosio。巴林兄弟公司的团队最初由伦纳德·英格拉姆领导，后来由杰里米·费尔布罗瑟和比尔·布莱克接替。其他团队成员包括 Tony Hawes、Jonny Minter、Michael Baring、Robert Rice、Ian Cooper、Leslie Myers、Richard Comben 和 Rory Macleod。当 WB 的合同在 1988 年到期时，SAMA 留下了比尔·布莱克并直接聘用他，直到 1997 年。
4. 艾哈迈德·阿卜杜勒-拉蒂夫在 20 世纪 70 年代负责该部门，随后在 20 世纪 80 年代初由艾哈迈德·马利克继任。1985 年由穆罕默德·奥马尔·哈提卜继任，1992 年由穆罕默德·舒姆拉尼继任，2004 年由 Khalid Al-Sweilem 继任。自 2012 年以来，该部门由艾曼·萨亚里领导。艾曼是 SAMA 投资、风险、货币政策、金融稳定和高级管理委员会的成员。他获得了法赫德国王大学的会计学士学位、乔治·华盛顿大学的金融与投资 MBA 学位以及特许金融分析师认证（CFA）。他于 1999 年加入 SAMA，2003—2007 年在华盛顿特区的国际金融公司工作。2007 年，他回到 SAMA，先是担任投资部门负责人的顾问，后来担任投资总监，随后成为投资部副总裁。
5. SAA（Strategic Asset Allocation），即"战略资产配置"，是指根据风险承受能力、投资时间跨度和投资目标而设定的目标配置（在投资组合明显偏离初始配置时进行定期再平衡）。它是根据均值-方差优化模型导出的，考虑了资产价格相关性、波动性、预期回报、最大回撤以及一定程度的定性判断。TAA（Tactical Asset Allocation），即"战术资产配置"，是指短期战术交易策略，以利用市场异常或机会。
6. Fahad Alhumaidah, "Asset-Liability Management for Reserves under Liquidity Constraints: The Case of Saudi Arabia," *Procedia Economics and Finance* vol 29 (2015)。这是一个对流动性和不可预测的资金流出问题进行实证研究的好例子。Alhumaidah 博士是 SAMA 投资部门的顾问。

第十一章

1. 基于 2016 年 7 月的数据计算比较：每升柴油的价格为 1.75 美元，每千瓦·时锂离子电池的价格为 500 美元，每升汽油的能量密度为 36 兆焦耳，能量单位之间的转换率为 0.277 778 千瓦·时/兆焦耳。

2. 这考虑了与 GDP 增长通常相关的因素，如人口、教育水平、资本存量和总体生产率的增长率。基于实际石油价格、人口、人力资本指数（主要由 25 岁时的教育程度组成）、实际资本存量和全要素生产率指数，对沙特的实际 GDP 线性回归均采用对数差分。R^2= 0.640，N=41。分析基于多伦多大学 Penn World Tables 第 8 版的数据。

3. 在伊拉克入侵科威特以及全球金融危机最严重时也出现过短暂恐慌。

4. 对外汇市场的非冲销式干预是指央行试图不抵消其行动对国内货币市场的影响。在冲销式干预中，央行在现货市场上出售外汇（在本币面临贬值压力时提升本币汇价），然后购买国内资产（如央行票据），试图抵消（或"冲销"）最初干预对资产负债表的影响。最初的干预是通过中央银行从商业银行购买本币来回收国内流动性，而货币操作则是通过中央银行购买票据并将本币计入银行账户，从而注入流动性。SAMA 的干预主要是在远期市场，因此没有进行冲销。

5. Muhammad Al-Jasser and Ahmed Banafe, "Monetary Policy Transmission in Saudi Arabia," BIS Papers 35 (2008):1.

6. 回到了阿瑟·杨格 1952 年的方案。

7. Mario Marcel. "The structural balance rule in Chile: Ten years, ten lessons," *IADB Discussion Paper* 289 (2013): 44.

第十二章

1. Thomas Lippmann, "The Day FDR met Saudi Arabia's Ibn Saud," in The Link vol 38/2 (2005), http://www.ameu.org/getattachment/51ee4866-95c1-4603-b0dd-e16d2d49fcbc/The-Day-FDR-Met-Saudi-Arabia-Ibn-Saud.aspx（2016 年 11 月 6 日访问）。Lippmann 是《华盛顿邮报》中东分社社长。

2. 作者使用国际货币基金组织国际金融统计（IFS）的美元油价计算 2010 年实际油价，并使用美国劳工统计局数据中的美国消费物价指数进行平减。

3. 这一年里亚尔被纳入特别提款权的 16 种货币篮子，该篮子用至 1981 年。

4. 东亚是在 1997—1998 年，接着是俄罗斯（1998）、巴西（2000）、土耳其（2001）和阿根廷（2002）。

5. 截至 2016 年，自 1999 年以来 19 个国家加入欧元区是一个典型反例。理论上资本可以自由流动，但货币政策的独立性却被牺牲了，这与金本位制下的情况如出一辙。

6. Barry Eichengreen, *Exorbitant Privilege: The Rise and Fall of the Dollar and the Future of*

the Interna-tional Monetary System (Oxford: Oxford University Press, 2010).这是关于多极世界是否意味着多个计价基准货币的讨论。Eichengreen 认为,在第一次世界大战前,曾存在三种中心货币,未来可能会有三种（美元、欧元、人民币）。

第十三章

1. 此外还有公共养老金机构（PPA）、社会保险总局（GOSI）和沙特发展基金（SDF）。
2. 其他还包括沙特工业发展基金（SIDF）、沙特信贷储蓄银行（SCSB）和农业发展基金（ADF）。
3. 同样由 SAMA 监管的金融公司这一快速增长的领域,其资产规模仅占银行总资产的 1%。
4. 2014 年的规定要求,每月最高扣款额不得超过工资的三分之一,贷款必须在 5 年内还清。
5. 在沙特阿拉伯银行界,"长期"通常指 3 年或更长时间。
6. 期限不到一年的短期贷款仍然占到了银行贷款的 50%。
7. 最狭义的定义是将银行的一级资本（包括股东权益和公开储备,这是最高质量的资本）与其资产进行比较,这些资产根据可能损失的风险程度进行加权。二级资本包括其他形式的储备和某些类型的债务。《巴塞尔协议Ⅲ》要求一级和二级资本的综合资本充足率至少为 10.5%（包括在压力时期 2.5% 的资本留存缓冲）。

第十四章

1. 财政部的债务管理办公室与 SAMA 紧密合作。
2. 按 2010 年美元测算。
3. Hussein Abusaaq, "Population Aging in Saudi Arabia," SAMA Working Paper WP/15/2 (2015): 7.
4. 假设在未来几年内多元化不会带来很大变化。
5. 真正重要的比例不是非石油收入占总体收入的比重,而是国内税、费与支出的比重（即从非石油收入中扣除投资收益,而近年来投资收益急剧上升）。以这种狭义方式定义的国内收入占 2016 年支出的 15%,沙特的金融改革可谓任重道远。

附录

1. 最早的两任总裁分别是乔治·布洛尔斯（任职于 1952—1954 年）和拉尔夫·斯坦迪什（任职于 1954—1958 年）。
2. From Jeddah Embassy to Secretary of State: SAMA after Anwar Ali, November 13, 1974. Canonical ID: 1974jidda06631_b。取自 www.Wikileaks.org。

参考文献

第一章

Banafe, A.,1993.*Saudi Arabian Financial Markets*. Riyadh: Ayyoubi Printers. Federal Reserve. Economic Database (FRED), https://research.stlouisfed.org（2016 年 10 月 20 日访问）。

Federal Reserve Board. "Financial Accounts of the United States Z.1," Federal Reserve Statistical Release, https://www.federalreserve.gov/releases/z1/（2016 年 10 月 20 日访问）。

International Monetary Fund. 2016. International Financial Statistics, 2016. Washington DC: IMF.

SAMA. Annual Reports, http://www.sama.gov.sa/en-US/EconomicReports/Pages/AnnualReport.aspx（2016 年 11 月 19 日访问）。

第二章

Almana, M., 1982. *Arabia Unified: A Portrait of Ibn Saud*. London: Hutchinson Benham.

Aramco. "Aramco World," volumes 19/2, 19/6, 20/2: http://www.aramco world.com/en-US/Home（2016 年 10 月 21 日访问）。

The Modern Religion. "Prophet Mohammed farewell sermon." The Modern Religion: http://www.themodernreligion.com/prophet/prophet_lastser mon.htm（2016 年 10 月 21 日访问）。

SAMA. Section on the development of the Saudi currency, https://www.sama. gov.sa（2016 年 10 月 21 日访问）。

Harry S. Truman Library and Museum, "Oral History Interview with Arthur N. Young," Harry S. Truman Library and Museum, http://www.trumanli brary.org/oralhist/young.htm（2016 年 10 月 21 日访问）。

Vassiliev, A. 1998. *The History of Saudi Arabia*. London: Saqi Books.

Young, A. 1983. *Saudi Arabia: The Making of a Financial Giant*. New York: New York University Press.

第三章

SAMA. Annual Reports, http://www.sama.gov.sa/en-US/EconomicReports/ Pages/AnnualReport. aspx（2016 年 10 月 20 日访问）。

Mcleod, A. 1958. *Bimetallism in Saudi Arabia*. Unpublished. Riyadh: SAMA Library.

Vassiliev, A. 1998. *The History of Saudi Arabia*. London: Saqi Books.

Vassiliev, A. 2012. *King Faisal of Saudi Arabia: Personality, Faith and Times*. London: Saqi Books.

第四章

Bronson, R. 2006. *Thicker Than Oil: America's Uneasy Partnership with Saudi Arabia*. Oxford: Oxford University Press.

Federal Reserve Bank of St. Louis. Economic Research. FRED database, https:// research. stlouisfed.org（2016 年 10 月 20 日访问）。

Federal Reserve Board. "Flow of Funds Accounts of the US 1965–74." Federal Reserve Board, https://www.federalreserve.gov/releases/z1/current/annuals/a1965- 1974.pdf（2016 年 10 月 23 日访问）。

International Monetary Fund. 1976 and 1982. Annual Reports. Washington DC: IMF.

Mulford, D. 2014. *Packing for India*. Washington DC: Potomac Books.

SAMA. Annual Reports, http://www.sama.gov.sa/en-US/EconomicReports/ Pages/AnnualReport. aspx（2016 年 10 月 20 日访问）。

Seleh, F. 1995. The role of financial intermediaries in Saudi Arabia's development, with particular reference to the National Commercial Bank. Unpublished PhD. thesis, University of Durham: http://etheses.dur.ac.uk/5122（2016 年 10 月 23 日访问）。

Spiro, D. 1999. *The Hidden Hand of American Hegemony: Petrodollar Recycling and International Markets*. Ithaca: Cornell University Press.

Vassiliev, A. 1998. *The History of Saudi Arabia*. London: Saqi Books.

Vassiliev, A. 2012. *King Faisal of Saudi Arabia: Personality, Faith and Times*. London: Saqi Books.

WikiLeaks. "Kissinger Cables," Wikileaks, https://wikileaks.org/-Leaks-.html（2016年10月23日访问）。

Declassified State Department documents used for 1974–75 are: Anwar Ali's complaints about the weak dollar in April 1974: Canonical ID:1974jidda02264_bID.

The report on SAMA's foreign reserves in September 1974: Canonical ID: 1974jidda05097_b.

Jeddah Embassy's report of the WB discussions in August 1974: Canonical ID: 1974jidda04784_b.

Kissinger's December 1974 comments: Canonical ID: 1974state265655_b.

Jeddah Embassy's considered assessment of Quraishi in December 1974: Canonical ID: 1974 jidda07206_b.

Saudization of the foreign-owned banks: Canonical ID: 1975jidda01928_b.

第五章

Banafe, A. 1993. *Saudi Arabian Financial Markets*. Riyadh: Ayyoubi Printers.

Cooper, R. 1990. "Under the Gun," *Euromoney*, September 1990, 50–75.

Federal Reserve Bank of St. Louis. Economic Research. FRED database, https://research.stlouisfed.org（2016 年 10 月 20 日访问）。

Freedman, L. and Karsh, E. 1994. *The Gulf Conflict 1990–91: Diplomacy and War in the New World Order*. London: Faber & Faber.

Heikal, M. 1992. *Illusions of Triumph: An Arab View of the Gulf War*. London: HarperCollins.

Ibrahim, Y. 1992. "Gulf War Costs to Arabs Estimated At $620 Billion," *New York Times*, September 8, 1992. World Section.

International Monetary Fund, "World Economic Outlook Database," IMF, http://www.imf.org/external/index.htm（2016 年 10 月 24 日访问）。

Muehring, K. 1984. "Inside SAMA," *Institutional Investor*, November 1984, 64–86.

SAMA. Annual Reports, http://www.sama.gov.sa/en-US/EconomicReports/ Pages/AnnualReport.aspx（2016 年 10 月 20 日访问）。

Vassiliev, A. 1998. *The History of Saudi Arabia*. London: Saqi Books.

第六章

Alquist, R., Kilian, L., and Vigfusson, R. 2011. "Forecasting the Price of Oil," *Federal Reserve System International Finance Discussion Papers* Number 1022. www.federalreserve.gov/pubs/ifdp/2011/1022/ifdp1022.pdf（2016 年 10 月 24 日访问）。

Cashin, P, McDermott, J and Scott, A. 1999. "Booms and Slumps in World Commodity Prices," *International Monetary Fund Working Papers* G99/8.

Commodity Futures Trading Commission. "Interim Report on Crude Oil" Interagency Task Force on Commodities Markets, http://www. cftc.gov/idc/groups/public/@newsroom/documents/file/itfinterimrepor toncrudeoil0708.pdf（2016 年 10 月 24 日访问）。

Federal Reserve Bank of St. Louis. Economic Research. FRED database, https://research.stlouisfed.org（2016 年 10 月 26 日访问）。

Federal Reserve Bank of St. Louis. Economic Research. FRED database, https://research.stlouisfed.org/fred2/series/BAMLCC0A2AATRIV/（2016 年 10 月 24 日访问）。

International Monetary Fund, "World Economic Outlook Database," IMF, http://www.imf.org/

external/index.htm（2016 年 10 月 24 日访问）。

International Monetary Fund. "Financial Sector Assessment Program (FSAP) 2006." IMF. http://www.imf.org/external/index.htm（2016 年 10 月 24 日访问）。

International Monetary Fund "Article IV Executive Board Consultations.' http:// www.imf.org/external/index.htm（2016 年 10 月 25 日访问）。

MeasuringWorth. Stock Markets Returns database. MeasuringWorth.com, http://www.measuringworth.com/DJIA_SP_NASDAQ/（2016 年 10 月 25 日访问）。

Ramady, M. 2010. *The Saudi Arabian Economy: Policies, Achievements and Challenges*. New York: Springer International.

SAMA. Annual Reports and Statistical Bulletins, http://www.sama.gov.sa/enUS/Pages/default.aspx （2016 年 10 月 24 日访问）。

Vassiliev, A. 1998. *The History of Saudi Arabia*. London: Saqi Books.

第七章

Al-Hamidy, A. 2010. "The Global Financial Crisis: Impact on Saudi Arabia," in *The Global Crisis and Financial Intermediation in Global Market Economies*. BIS Papers 54.

Al-Rasheed, M. 2010. *A History of Saudi Arabia*. Cambridge: Cambridge University Press.

Davies, H. 2010. *The Financial Crisis-Who Is to Blame?* London: Polity Press.

Federal Reserve Bank of St. Louis. Economic Research. FRED database, https:// research.stlouisfed.org（2016 年 10 月 20 日访问）。

Federal Reserve Bank of St. Louis. Economic Research. FRED database, https:// research.stlouisfed.org/fred2/series/BAMLCC0A2AATRIV/（2016 年 10 月 24 日访问）。

Haykel, B., Hegghammer, T., and Lacroix, S, editors. 2015. *Saudi Arabia In Transition*. Cambridge: Cambridge University Press.

International Monetary Fund, "World Economic Outlook Database," IMF, http://www.imf.org/external/index.htm（2016 年 10 月 24 日访问）。

International Monetary Fund. "Financial Sector Assessment Program (FSAP) 2006." IMF. http://www.imf.org/external/index.htm（2016 年 10 月 24 日访问）。

International Monetary Fund "Article IV Executive Board Consultations." http:// www.imf.org/external/index.htm（2016 年 10 月 25 日访问）。

MeasuringWorth. Stock Markets Returns database. MeasuringWorth.com, http://www.measuringworth.com/DJIA_SP_NASDAQ/（2016 年 10 月 25 日访问）。

Middle East Economic Survey (MEES) archive. Bodleian Social Science Library Oxford.

Ministry of Finance. "Statistic Reports." Ministry of Finance. https://www.mof. gov.sa/en/Pages/

default.aspx（2016 年 10 月 26 日访问）。

Ramady, M. 2010. *The Saudi Arabian Economy: Policies, Achievements and Challenges*. New York: Springer International.

SAMA's Annual Reports and Statistical Bulletins, http://www.sama.gov.sa/enUS/Pages/default.aspx（2016 年 10 月 25 日访问）。

World Bank. "Global Financial Inclusion Database." World Bank. http://www.worldbank.org/en/programs/globalfindex（2016 年 10 月 25 日访问）。

第八章

Alkholifey, A. and Alreshan, A. 2010. "GCC monetary union," *International Financial Corporation Bulletin* 32.

Bank for International Settlements. "Effective Exchange Rate Indices." BIS, http://www.bis.org/statistics/eer.htm?m=6%7C187（2016 年 10 月 29 日访问）。

Cohen, B. 2003. "Are monetary unions inevitable?" *International Studies Perspectives* 4.

El Kuwaiz, A. 1988, "Monetary integration in the GCC countries," in *Gulf Financial Markets*, edited by Azzam, H. Bahrain: Gulf International Bank.

Frankel, J. 2010. "The estimated trade effects of the euro: Why are they below those from historical monetary unions among smaller countries?" in *Europe and the Euro*, edited by Alesina, A., and Giavazzi, F. Washington, DC: National Bureau of Economic Research.

Gulf Monetary Council. "About GMCO." GMC. www.en.gmco.int/（2016 年 10 月 29 日访问）。

International Monetary Fund. "Exchange Arrangements and Exchange Restrictions." IMF AREAER, http://www.elibrary.imf.org/page/AREAER/www.imfareaer.org（2016 年 11 月 5 日访问）。

International Monetary Fund, "World Economic Outlook Database," IMF, http://www.imf.org/external/index.htm（2016 年 10 月 24 日访问）。

Mundell, R. 1961. "A theory of optimum currency areas," *American Economic Review* 51:4.

Sargent, T. 2012. "United States then, Europe now," *Journal of Political Economy* 120:1.

Sheridan, J. 1996. "The déjà vu of EMU: Considerations for Europe from nineteenth century America", *Journal of Economic Issues* 30:4.

Takagi, S. 2012. "Establishing monetary union in the Gulf Cooperation Council: What lessons for regional cooperation?", *ABDI Working Paper 390*.

Verdun, A. 1998. "The institutional design of the EMU: A democratic deficit?" *Journal of Public Policy* 18:2. World Bank. "World Development Indicators."

World Bank. http://data.world bank.org/（2016 年 10 月 29 日访问）。

第九章

Alhumaidah, F, 2014. "Reserve Adequacy in an Asset-Liability Framework: The Case of Saudi Arabia," *Arabia Monitor* no.30.

Alhumaidah, F, 2015. "Asset-Liability Management for Reserves under Liquidity Constraints: The Case of Saudi Arabia," *Procedia Economics and Finance* vol 29.

Ang, A., Brandt, M. and Denison D.,2015. "Review of the Active Management of the Government Pension Fund Global", Columbia University, online: https:// www0.gsb.columbia.edu/faculty/aang/papers/AngBrandtDenison.pdf（2016 年 10 月 26 日访问）。

International Monetary Fund. 2007. Global Financial Stability Report. April 2007. Washington DC: IMF.

International Monetary Fund 2015. Assessing Reserves Adequacy-Specific Proposals. Policy Paper. April 2015. Washington DC: IMF.

European Commission. "Press Release Database-Mandelson speech at OECD Conference, March 28, 2008." European Commission. http://europa.eu/rapid/press-release_SPEECH-08-155_en.htm?locale=en（2016 年 10 月 26 日访问）。

International Working Group of Sovereign Wealth Funds. "Generally Accepted Principles and Practices." IWG. http://www.iwg-swf.org/pubs/eng/santiago principles.pdf（2016 年 10 月 26 日访问）。

MeasuringWorth. Stock Markets Returns database.MeasuringWorth.com, http://www.measuringworth.com/DJIA_SP_NASDAQ/（2016 年 10 月 25 日访问）。

Norges Bank Investment Management. Information on the Norwegian fund (GPFG). NBIM. https://www.nbim.no/en/（2016 年 10 月 26 日访问）。

第十章

Arnone, M., and Iden, G. 2003. "Primary Dealers in Government Securities: Policy Issues and Selected Countries' Experience", *IMF* WP/03/45. This paper contains SAMA's answers to a questionnaire on the subject.

Mahrotra, A., Miyajima K., and Villar, A. 2012. "Development of Government Bond Markets in Emerging Market Economies and Their Implications," in *Fiscal Policy, Public Debt and Monetary Policy in Emerging Market Economies*. BIS Papers 67. Table 10.1 is adapted from this paper.

第十一章

Al-Hamidy, A. and Banafe, A. 2013. "Foreign Exchange Intervention in Saudi Arabia,'in *Market*

Volatility and Exchange Rate Intervention in EMEs: What Has Changed. BIS Papers 73.

Al-Jasser, M. and Banafe, A. 2008. "Monetary Policy Transmission in Saudi Arabia," in *Transmission Mechanisms for Emerging Market Economies*. BIS papers 35.

Alsweilem, K. 2015. "A Stable and Efficient Fiscal Framework for Saudi Arabia." Belfer Center for Science and International Affairs and Center for International Development, Harvard Kennedy School. http://belfercenter.ksg.harvard.edu/files/Saudi.pdf（2016 年 11 月 6 日访问）。

Bank for International Settlements. "Effective Exchange Rate Indices." BIS, http://www.bis.org/statistics/eer.htm?m=6%7C187（2016 年 10 月 26 日访问）。

Baunsguaard, T. et al. 2012. "Fiscal Frameworks for Resource Rich Developing Countries." IMF Staff Discussion Note 12/04, IMF: Washington, D.C., https://www.imf.org/external/pubs/ft/sdn/2012/sdn1204.pdf（2016 年 11 月 6 日访问）。

Bove, E. et al. 2015. "Fiscal Rules at a Glance." IMF Background Paper, IMF: Washington, D.C., https://www.imf.org/external/datamapper/FiscalRules/ Fiscal%20Rules%20at%20a%20Glance%20-%20Background%20Paper.pdf（2016 年 11 月 6 日访问）。

第十二章

Bank for International Settlements (2013), Triennial central bank survey: Foreign exchange turnover in April 2013, Basel: BIS.

Boughton, J. 2001. *The International Monetary Fund 1979–1989*, Washington DC: International Monetary Fund.

Bureau of Labour Statistics (US). "Consumer Prices Database." BLS. http://data.bls.gov/search/query/results?cx=013738036195919377644:6ih0hfrgl50& cof=FORID:10&ie=ISO-8859-1&q=Consumer%20Price%20Inflation（2016 年 11 月 6 日访问）。

Bussiere, M., et al. 2014. "For a few dollars more: Reserves and growth in a time of crisis," *NBER Working Paper 19791*.

Campbell, B. 1982. "Petrodollar Recycling 1973–1980: Part I: Regional Adjustments and the World Economy," *Economic Staff Paper* 8, Asian Development Bank.

Eichengreen, B. 1992. *Golden Fetters: The Gold Standard and the Great Depression 1919–1939*. Oxford: Oxford University Press.

Eichengreen, B. 1998. *Globalizing Capital: A History of the International monetary system* Princeton: Princeton University Press.

Eichengreen, B. 2006. *The European Economy Since 1945: Coordinated Capital and Beyond* Princeton: Princeton University Press.

Eichengreen, B. 2010. *Exorbitant Privilege: The Rise and Fall of the Dollar and the Future of the*

International Monetary System. Oxford: Oxford University Press.

Eichengreen, B. and Flandreau, M., "The rise and fall of the dollar (or when did the dollar replace sterling as the leading reserve currency?)", *European Review of Economic History* 13:3, (2009), pp. 377–411.

Fischer, I., "The debt-deflation theory of great depressions," *Econometrica* 1:4 (October 1933), pp. 337–357.

Goff, S. "Abu Dhabi quietly cashes out of Barclays." *Financial Times*, July 18, 2013. Companies Section. https://www.ft.com/content/aa25ecb8-efc0- 11e2-a237-00144feabdc0（2016 年 11 月 6 日访问）。

Hartland-Thunberg, P. and Ebinger, C. 1986. *Banks, Petrodollars, and Sovereign Debtors: Blood from a Stone?* Lexington: Lexington Books.

IMF. "COFER data on the currency composition of central bank reserves," IMF https://www.imf.org/en/Data（2016 年 11 月 6 日访问）。

International Monetary Fund. 2016. International Financial Statistics, 2016. Washington DC: IMF.

Lippmann, T. 2005. "The Day FDR met Saudi Arabia's Ibn Saud," in *The Link*, vol 38.2. http://www.ameu.org/getattachment/51ee4866-95c1-4603-b0dd-e16d2d49fcbc/The-Day-FDR-Met-Saudi-Arabia-Ibn-Saud.aspx（2016 年 11 月 6 日访问）。

Obstfeld, M., Shambaugh, J. and Taylor, A., "The trilemma in history: Tradeoffs among exchange rates, monetary policies, and capital mobility," *Review of Economics and Statistics* 87:3 (August 2005), pp. 423–438.

University of Louvain. 2011. "Reform of the International Monetary System: A Cooperative Approach for the twenty-first Century." Palais Royale Initiative. https://www.uclouvain.be/cps/ucl/doc/euro/documents/ Rapport_Camdessus-integral1.pdf（2016 年 11 月 6 日访问）。

Urban, S. 2009. "International Currency Experience and the Bretton Woods System: Ragnar Nurkse as architect," in *Ragnar Nurkse (1907–2007): Classical Development Economics and its Relevance for Today*, edited by Kattel, L.R., Kregel, J., and Reinert, E. London: Anthem Press.

Urban, S. 2014. "Policy options for the euro-area: Heterodoxy ahead," *Journal of Common Market Studies* 52:4, pp. 742–757.

Williamson, J. 1989. "What Washington means by policy reform" in *Latin American Readjustment: How Much has Happened*, edited by Williamson, J. Washington: Institute for International Economics, 1989.

World Bank. "Database." World Bank http://data.worldbank.org/indicator/FM. LBL.BMNY.IR.ZS（2016 年 11 月 6 日访问）。

World Bank. 1981. *World Development Report*. Washington DC: World Bank。

第十三章

Arvai, Z., Prasad, A. and Katayama, K. 2014: "Macroprudential Policy in the GCC Countries," *IMF Staff Discussion Note* SDN/14/01. https://www.imf.org/ external/pubs/ft/sdn/2014/sdn1401.pdf（2016 年 10 月 28 日访问）.

Bank for International Settlements. 2015. "Regulatory Consistency Assessment Program (RCAP). Assessment of Basel III risk-based capital regulations–Saudi Arabia." BIS. http://www.bis.org/bcbs/publ/d335.pdf（2016 年 10 月 28 日访问）.

Ernst &Young Global Limited. "World Islamic Banking Competitiveness Report 2016." EY.com. http://www.ey.com/em/en/industries/financial-services/ banking—capital-markets/ey-world-islamic-banking-competitiveness-report2016（2016 年 10 月 28 日访问）.

Irish Stock Exchange. "The Kingdom of Saudi Arabia Global Medium Term Note Program," ISE. http://www.ise.ie/debt_documents/Base%20Prospectus_ 2281860f-284e-43b0-8a2c-156ba25ee47f.PDF（2016 年 10 月 28 日访问）.

International Monetary Fund. Financial Stability Indicators and Financial Stability Assessment Reports on Saudi Arabia. IMF http://www.imf.org/（2016 年 10 月 28 日访问）.

SAMA. Annual Reports and Global Financial Stability Reports, http://www.sama.gov.sa/en-US/Pages/default.aspx（2016 年 10 月 25 日访问）.

World Bank. "Database." World Bank. http://data.worldbank.org/indicator/FS. AST.PRVT.GD.ZS

第十四章

Abusaaq, H. 2015. "Population Aging in Saudi Arabia," SAMA Working Paper WP/15/2.

Al-Darwish, A. et al, (2015): "Saudi Arabia-Tackling Emerging Economic Challenges to Sustaining Growth," *IMF Middle East and Central Asia Departmental Paper*, DP/15/1.（2016 年 10 月 29 日访问）.

BP, 2016. BP Statistical Review of World Energy, June 2016. General Authority for Statistics. "Population Estimates." GAS. http://www.stats. gov.sa/en/43（2016 年 11 月 6 日访问）.

International Monetary Fund. "Article IV Executive Board Consultations." Country Report on Saudi Arabia 15/251. IMF. https://www.imf.org/exter nal/pubs/ft/scr/2015/cr15251.pdf（2016 年 10 月 28 日访问）.

Irish Stock Exchange. "The Kingdom of Saudi Arabia Global Medium Term Note Program," ISE. http://www.ise.ie/debt_documents/Base%20Prospectus_2281860f-284e-43b0-8a2c-156ba25ee47f.PDF（2016 年 10 月 29 日访问）.

SAMA. Annual Reports and Statistics, http://www.sama.gov.sa/en-US/Pages/ default.aspx（2016 年 11 月 27 日访问）.

致谢

我们感谢以下来自利雅得、牛津和纽约的人员提供的帮助：SAMA 的研究与国际事务部在细致阅读后提供了修改意见；斯科特·厄本在初稿阶段，对海湾货币联盟、货币制度和国际货币体系的相关章节提出了意见；杰里米·史密斯对书中所有图表给出了意见；格里和塔比莎·巴特承担了编辑和代理工作；斯特芬·赫托格和安德鲁·坎宁安对初稿进行了专业阅读；来自牛津分析公司（Oxford Analytica）的分析和咨询团队给出了专业讨论意见；里卡多·德苏亚雷斯·奥利韦里亚提供了关于其他石油经济体的分析和见解；帕尔格雷夫·麦克米伦出版社的编辑雷切尔·克劳福德、萨拉·劳伦斯和阿莉森·诺伊布格。我们还要感谢家人、朋友和同事，是他们的帮助、支持和鼓励，让我们得以完成本书，特别是我们各自的妻子，长期以来忍耐并支持着我们漫长的研究和写作。

最后，感谢 SAMA 管理层和前任总裁们给予我们的支持。本书中的观点和分析仅代表我们自己，并不代表 SAMA。

译后记

2024年3月30日，当我把石油美元三部曲的最后一本《石油英镑》译文发给中信出版集团的编辑后，我的大女儿如释重负——"你这两年可算是折腾完了"。我算了一下时间，对她说："不到两年，但一年半多的时间，也确实超出我的预期了。"

2022年下半年，我着手翻译这三本书时，不时收到朋友转发过来"人民币对美元未来两三年升破'5'甚至更高"的言论；当年年底至2023年5月，全世界又风行"去美元化""布雷顿森林体系3.0"的言论。到我完成三本译稿时，这些言论大多销声匿迹。2023年年中至2024年年中，美元的走势与这些预期截然相反，其强势给大部分经济体（货币）都带来了巨大的压力。当然，可以说这是短期趋势，美元只是强弩之末，但我相信读完石油美元三部曲，你会对美元的地位有新的认知。

时下，各界、学术领域、各个群体中不乏对美元同石油的关系以及"美元霸权"的误解，并产生了深远的影响。2024年4月，我就看到一位资深金融学者在一个学术会议直播现场谈及"美国通过战争打压欧元、美元绑定石油"等话题，这样的认知难免失之偏颇。

阴谋论强势货币地位，配合以故事，很容易被人接受。这样的思维基础是钱、货币及货币的全球地位是可以被单方面设计和决定的。《石油英镑》里英国政府和英镑的经历说明事实并非如此，即便是曾经的全球帝国——英国；《石油央行》则从国际货币的接受者角度，展示了一个乙方的立场和选择及其影响力；《石油美元》记录了落后经济体（不分信仰）对钱的渴求，以及美元对重塑战后中东格局所发挥的作用，尤其是时下的中东乱势，美元在其中的角色，即为"霸权"所在——影响力。自然，当美元某一天走下坡时，美国单方面努力也是徒劳的。但在可见的未来，这一天仍遥不可及。

我对"石油美元"问题的关注，始于2008年全球金融危机（见《时运变迁：世界货币、美国地位与人民币的未来》译后记），其间一直在寻找能够全面阐述这一问题的出版物。美国国会早期的相关讨论虽然翔实，但难免是一面之词。这三本书的组合，从不同参与者（英国、沙特和美国）的角度，给出了一段货币切换（英镑、美元和中东货币）的简史；几位作者的国别、身份和参考资料，使得叙事更显客观。

《时运变迁：世界货币、美国地位与人民币的未来》被国内大学列为延伸读物，据说也被相关部门研读。石油美元三部曲是"时运变迁"系列的重要构成，解释了一系列事件的背景，是真实世界的普及性读物，胜过各种臆想。

认知错误，于个人是损失钱财、错失机会；于企业，则不乏存亡；于国家，则至少是误判、折腾。在这一领域，要避免在现实中被教育，须多寻历史、杜绝盲从。

感谢中信出版集团的黄静副总编辑和李婕婷编辑，时下的当口，出版这类图书需要勇气，多谢你们帮我联系到两本书的作者；感谢中信出版图书发行集团的沈家乐总经理，尤其是中信出版集团的潘岳副总经理。你们的帮助，使我得以将大约十年前酝酿的"时运变迁"系列图书（《时运变迁：世界货币、美国地位与人民币的未来》《管理美元：广场协议和人民币的天命》《通胀螺旋——中国货币经济全面崩溃的十年：1939—1949》《石油英镑》《石油央行》《石油美元》）的出版变成现实。在科技日益发达、数字存储不确定性却在增加的今天，纸质书籍给出了可靠的真实感。

读好书，免于无知。

于杰

2024 年 5 月